Menschenwürde in der Drogenpolitik
Ohne Legalisierung geht es nicht!

W0067663

Menschenwürde in der Drogenpolitik

Ohne Legalisierung geht es nicht!

Herausgeber:
akzept, Bundesverband für akzeptierende Drogenarbeit
und humane Drogenpolitik e. V., Berlin, in Zusammenarbeit mit Buntstift e. V., Göttingen und Frankfurt a. M.
Redaktion:
Ingo Ilja Michels, Berlin
Heino Stöver, Bremen

KONKRET LITERATUR VERLAG

© 1993 Konkret Literatur Verlag, Hamburg
Umschlaggestaltung: Peter Albers, Hamburg
Umschlagfoto: Torsten Schmidt, Frankfurt
Satz: KCS GmbH, Buchholz bei Hamburg
Druck: PDC Paderborner Druckcentrum, Paderborn
ISBN 3-89458-122-0

Inhalt

Vorwort

Mit etwa 1000 Teilnehmerinnen und Teilnehmern aus dem In- und Ausland hat vom 3. bis 6. 6. 1993 in der Hamburger Universität der 2. Bundeskongreß des Bundesverbandes für akzeptierende Drogenarbeit und humane Drogenpolitik akzept e. V. stattgefunden. Der Kongreß stand unter dem Motto: »Menschenwürde in der Drogenpolitik! Ohne Legalisierung geht es nicht.«

Ausgehend von der Prämisse, daß das derzeit diskutierte Drogenproblem in allererster Linie ein Drogenpolitikproblem ist, haben sich auf diesem Kongreß Wissenschaftler, Politiker, Drogengebraucher, Sozialarbeiter, Psychologen, Eltern und Angehörige zusammengefunden, um auf der Basis einer Bestandsaufnahme nach einer Drogenpolitik ohne Strafrecht zu suchen. Dabei wurde deutlich, daß nur ein straffreier Zugang zu qualitativ kontrollierten Drogen die Basis für einen menschenwürdigen und selbstbestimmten Umgang mit Drogen bildet.

Politische und juristische Modelle eines legalen Umgangs mit Drogen wurden auf diesem Kongreß erarbeitet.

Daß der Kongreß auf eine derart hohe Resonanz gestoßen ist und damit zur bisher größten Veranstaltung zu diesem Thema in Deutschland wurde, beweist die weitverbreitete und notwendige Suche nach einer grundsätzlichen Neuordnung der Drogenpolitik und Drogenhilfe in unserem Land. Betrachtet man die Ereignisse in Deutschland in den letzten Wochen und Monaten, so unter anderem das Urteil des Bundesverfassungsgerichtes zum § 218 StGB, die Entscheidung des Bundestages zum § 16 GG, die faschistischen Gewalttaten in den letzten Jahren und die extrem repressive Drogenpolitik, so wird deutlich, daß es um das Selbstbestimmungsrecht des einzelnen und die Menschenwürde in Deutschland erschreckend schlecht bestellt ist.

Diese Gründe machen es daher um so dringlicher, das diskutierte Drogenproblem als Teil einer globalen Entwicklung innerhalb unseres Landes zu sehen. Die Bemühungen verschiedenster Institutionen und Personen, eine Umkehr der repressiven Drogenpolitik zu erreichen, bedürfen eines gemeinsamen Sprachrohrs, um dem längst fälligen Erneuerungsprozeß bundesdeutscher Drogenhilfe endlich gesellschaftspolitisches Gewicht zu verleihen. Dies ist das Ziel und die Aufgabe von akzept e. V.

Der akzept-Kongreß »Menschenwürde in der Drogenpolitik! Ohne Legalisierung geht es nicht« sowie die Entscheidung des Bundesrates vom 18. 6. 1993 für eine kontrollierte Heroinfreigabe sind Schritte in diese Richtung.

Wir bedanken uns beim Ersten Bürgermeister der Freien und Hansestadt Hamburg, Herrn Dr. Henning Voscherau, für die Übernahme der Schirmherrschaft über den akzept-Kongreß, für die Unterstützung der Behörde für Arbeit, Gesundheit und Soziales der Freien und Hansestadt Hamburg, bei der Stiftung Buntstift e. V. sowie bei allen anderen Einzelpersonen und Institutionen, ohne deren Unterstützung der akzept-Kongreß 1993 nicht zustandegekommen wäre. Ein besonderer Dank gilt der aktiven Unterstützung aus den Reihen der Selbsthilfe von Drogengebrauchern und Drogengebraucherinnen.

Edwin Scholz, 1. Vorsitzender
des Bundesverbandes für
akzeptierende Drogenarbeit
und humane Drogenpolitik
akzept e. V.   Berlin, im Juni 1993

Vorwort

Lokale Entwicklungen und Lösungsansätze müssen, gerade in der Drogenhilfe, einem breiteren Publikum oft erst vermittelt werden, um sie wirklich diskutieren zu können. Dabei ist es dringend erforderlich, auch kleine Veränderungen genau zu registrieren und darin enthaltene Perspektiven offenzulegen.

Denn nur so können die gesellschaftlichen Einschätzungen und die damit verbundenen Rahmensetzungen (rechtlicher, sozialer und medizinischer Art) erkannt und eingeschätzt werden.

Das läßt sich beispielsweise an den Erfahrungen der letzten Jahre im Bereich Ökologie zeigen. Ein Jahr nach der Rio-Konferenz wächst das Ozonloch weiter, als wäre nichts gewesen. Das »Klimabündnis« dagegen, ein dezentraler Zusammenschluß vieler Kommunen und Initiativen, hat wahrscheinlich mehr direkte Wirkung entfaltet als die Papiere und Grundsatzerklärungen der Staatsoberhäupter von Rio.

Drogen, Drogenpolitik und -hilfe ein Thema für politische Bildungsarbeit? Sicherlich. Wohl wenige potentielle Tätigkeitsfelder einer politischen Stiftung sind in so unterschiedlicher und zugleich umfänglicher und interdisziplinärer Art zu bearbeiten wie dieses. Die offensichtlich gescheiterte Drogenpolitik der letzten Jahrzehnte macht ein Engagement im Interesse *aller* heute dringend erforderlich. Sind doch die Leidtragenden einer blind auf Kriminalisierung setzenden Politik nicht allein die Konsumenten von Drogen, sondern mittelbar wir alle. Ob als frühzeitig kriminalisierte Probierer, Opfer von Beschaffungskriminalität, Finanziers gesundheitlicher Folgekosten oder Betroffene vom Abbau rechtsstaatlicher Prinzipien.

Es gibt wenige Bereiche, in denen Aufklärung so dringend notwendig ist. Aufklären über die Hintergründe einer derzeit europaweit festgefahrenen Drogenpolitik, die implantierte und gescheiterte Konzepte perpetuiert, ohne den eigenen kulturellen Bedürfnissen und Verantwortlichkeiten der Bürgerinnen und Bürger »vor Ort« dabei gerecht zu werden.

Kritisches Hinterfragen der derzeitigen Konzepte auch der Drogenpolitik ist eine zentrale Aufgabe im Selbstverständnis der Stiftungsarbeit des »Buntstifts«. So wollen wir versuchen, einen Teil dazu beizutragen, den produktiven Streitprozeß über unterschiedlichste Methoden im Umgang mit dem Konsum von Drogen mit in Gang zu setzen und den sich aus möglichem »falschen« Konsum ergebenden Problemen pragmatische Lösungsmöglichkeiten entgegenzustellen, damit neue Verfahrensweisen in der Praxis ausprobiert werden können.

Wie müssen etwa Präventionsbemühungen zukünftig ausgerichtet sein, um etwa Jugendlichen tatsächliche Hilfen im Umgang mit psychotropen Stoffen an die Hand zu geben, ohne Drogen zu verherrlichen oder schlimmer: sie einfach dümmlich zu dämonisieren? Ein geradezu unerschöpfliches Handlungsfeld politischer Bildungsarbeit. Allein die seit ein paar Jahren geführten drogenpolitischen Expertenauseinandersetzungen innerhalb unterschiedlichster Disziplinen wären heute ohne ständige Vermittlungsbemühungen kaum mehr überschaubar. Wird es doch selbst für den interessierten Laien immer schwieriger, in diesen Kontroversen, die vielfach eher von persönlichen Meinungen als von der Rezeption wissenschaftlicher Erkenntnisse geprägt werden, einen Überblick zu behalten.

Gerade hier ist die Arbeit einer politischen Stiftung besonders gefragt, die es sich zum Ziel gesetzt hat, auf der Suche nach alternativen Wegen, unterschiedliche Positionen gegenüberzustellen. So könnte diese erste Zusammenarbeit mit »akzept e. V.« vielleicht ein Weg sein, das Feld der Drogenpolitik stärker in die Bildungsarbeit insgesamt zu integrieren.

Viele der neuen Ansätze in der Drogenhilfe, von »akzeptierenden und suchtbegleitenden« Angeboten über »null-schwellige« und »klientenorientierte« Einrichtungen bis hin zu umfassenden Konzepten wie der »harm reduction«, sind überwiegend von kleinen Trägern vor Ort entwickelt und zur Diskussion gestellt worden. In Zeiten der »Bunkermentalität«, etwa von Ärztekammern gegenüber jeder Art der Substitution, waren es niedergelassene Ärzte in den Zentren des sogenannten »Drogenproblems«, die, vom Drogenstrafrecht kriminalisiert, Substitutionsbehandlungen begonnen haben.

Die »Frankfurter Resolution«, verabschiedet 1990 und mittlerweile über 30 Städten unterschrieben, stellt eine weitere Aktion vor Ort dar. Die dort festgelegte Positionsbestimmung europäischer Städte, mit den Forderungen nach dem Rückzug des Strafrechtes auf der Ebene der Konsumenten, nach Entkriminalisierung von Cannabis sowie der Vergabe von Heroin, stellt eine europäische Position zur Diskussion, die von den jeweiligen Staatsregierungen in der Regel nicht geteilt wird. Ein weiterer Beleg, wie wichtig lokale Impulse für eine internationale Diskussion sein können und bereits sind.

»Buntstift e. V.« ist die Föderation der grünnahen Landesstiftungen und Bildungswerke. Seine föderative Struktur bildet zugleich eine wichtige Grundlage für das Verständnis und die Praxis einer »anderen« politischen Bildung in der Bundesrepublik Deutschland.

Das bedeutet für uns: Aufgabe ist die Organisation des Dialogs über Themen von gesellschaftlicher Bedeutung vor der Folie einer Analyse der bestehenden Strukturen. Hier interessiert den »Buntstift« besonders die Entwicklung und Diskussion langfristiger gesellschaftlicher Perspektiven und Interventionsmöglichkeiten. So bemühen wir uns, einen Dialog zwischen Gesellschaft, Politik, Wissenschaft und Kunst als Vermittler zu ermöglichen und anzuregen. Dabei wird die Zusammenarbeit in der Regel mit kleinen Initiativen, also kleinen Projektpartnern »vor Ort«, wie mit überregionalen und internationalen Bewegungen und Netzwerken durchgeführt.

So war es nur folgerichtig, daß »Buntstift« den 2. Kongreß des »Bundesverbandes für akzeptierende Drogenarbeit und humane Drogenpolitik, akzept e. V.« mitunterstützt. Ist doch das Selbstverständnis bezüglich Arbeitsweisen und Strukturen in beiden Institutionen durchaus ähnlich. Die Eigenverantwortlichkeit und Autonomie der Handelnden bzw. betroffenen Personen stellen ein weiteres konstituierendes Element in beiden Organisationen dar. Sie sollen durch aktive Beteiligung, wie etwa durch die kontinuierliche Einbindung von JES (Junkies, Ehemalige und Substituierte) beim 2. akzept-Kongreß, unterstützt und gefördert werden.

Die Stoßrichtung »Europäische Drogenpolitik« für den 3. Bundeskongreß von akzept 1994 weist in die richtige Richtung. Gilt es doch besonders die europäischen Rahmenbedingungen darauf abzuklopfen, inwieweit sie rational begründet sind oder schlicht Ergebnis von Ideologisierung. Und eine Vielzahl produktiver Vorschläge enden derzeit an den Grenzen innerhalb Europas.

Sebastian Popp,
»Buntstift e. V.«   Göttingen/Frankfurt, im Juni 1993

I. Bestandsaufnahme von Drogenhilfe und Drogenpolitik in der Prohibition

Manfred Kappeler

Die Würde des Menschen ist unantastbar! –
Aber wer sich berauscht...

*»Die Menschenwürde hat die Eigentümlichkeit, immer
dort zu fehlen, wo man sie vermutet, und immer dort zu
scheinen, wo sie nicht ist.«* Karl Kraus

In Artikel 1 des Grundgesetzes wird die Menschenwürde feierlich
proklamiert und allen anderen Werten der Verfassung vorangestellt:
»Die Würde des Menschen ist unantastbar. Sie zu achten und zu
schützen ist die Verpflichtung aller staatlichen Gewalt. Das Deutsche Volk bekennt sich darum zu unverletzlichen und unveräußerlichen Menschenrechten als Grundlage der menschlichen Gemeinschaft, des Friedens und der Gerechtigkeit in der Welt!«

Das Bundesverfassungsgericht hat 1950 in einem Grundsatzurteil
ausgeführt, daß die mit dem Grundgesetz errichtete Wertordnung
ihren Mittelpunkt *ohne Zweifel* »in der innerhalb der sozialen
Gemeinschaft sich frei entfaltenden Persönlichkeit und ihrer
Würde« hat. Die Grundrechte hätten vor allem die Funktion, »die
Freiheitssphäre des einzelnen vor Eingriffen der öffentlichen Gewalt zu sichern«.[1] Keine Vorschrift unseres Rechtssystems dürfe
dazu im Widerspruch stehen – jede rechtliche Vorschrift müsse in
diesem Sinne ausgelegt werden.

Nach der vorherrschenden rechtsphilosophischen und juristischen Interpretation gehört die Menschenwürde zur menschlichen
Natur. Sie ist ein Wert der Person an sich, der nicht erworben werden muß und nicht verlorengehen kann. Sie macht das Wesen des
Menschen aus. Die Würde des einzelnen wird zum Grundprinzip
der Gerechtigkeit erhoben, das von jedem fordert, die Würde des
anderen zu respektieren.

Menschenwürde und Freiheit gehören zusammen. Diesen Zusammenhang betont Karl Jaspers mit großer Radikalität, wenn er
sagt, die Würde des Menschen erweise sich auch darin, »sich im
Äußersten selbst den Tod geben zu können«.[2]

Die Menschenrechte kann der Staat nicht gewähren oder verweigern, er hat sie zu gewährleisten: die Menschenwürde, das Recht
auf Leben und körperliche Unversehrtheit, die Gleichheit vor dem
Gesetz, die Glaubens- und Gewissensfreiheit.

Die rechtspositivistische Gegenposition lautet: »Als Recht gilt nur, was der Staat als Recht deklariert!« Die grauenvollen Konsequenzen dieses Standpunktes haben wir in Deutschland erlebt. Die beschwörenden Formulierungen der Menschenrechte im Grundgesetz wurden alle unter dem unmittelbaren Eindruck der faschistischen Gewaltherrschaft nieder- und festgeschrieben.

Wir wissen aber, daß es eine Kluft zwischen Verfassungsanspruch und Rechtspraxis gibt, daß es einen ständigen Kampf um die Durchsetzung, Erhaltung und Ausweitung der Freiheitsrechte gibt, daß diese nie ein für allemal gesichert sind, gerade dann nicht, wenn es sich, wie bei der Menschenwürde, um die höchsten Rechtsprinzipien überhaupt handelt. Die unsägliche »Asyldebatte« und die Zweidrittelmehrheit im Bundestag für den sogenannten Asylrechtskompromiß haben uns das vor kurzem in aller Deutlichkeit vorgeführt.

Diese Erfahrung soll uns nicht entmutigen, sondern anspornen. Die Verfassung gehört nicht dem Staat, sie gehört uns, den Menschen, die in diesem Staat leben. Wir müssen ihre Werte, die unsere Rechte sind, notfalls gegen das staatliche Handeln durchsetzen und verteidigen. Wir nehmen die Menschenwürde in ihrer Bedeutung als Generalklausel des Grundgesetzes ernst, die besagt, daß es die Verpflichtung aller staatlichen Gewalt ist, die Menschenwürde zu achten und zu schützen. Es ist gut, daß Artikel 1 GG nicht vom Parlament geändert werden kann – auch nicht mit einer Zweidrittelmehrheit der staatstragenden Parteien. Das Grundgesetz verpflichtet den Staat umfassend auf die Würde des Menschen, und das bedeutet für die Praxis staatlichen Handelns – von der großen Regierungspolitik bis zum letzten Verwaltungsakt –, daß der Mensch der Zweck des Staates ist und nicht umgekehrt!

»Deutschland muß leben, auch wenn wir sterben müssen...« lautet der Refrain eines Soldatenliedes aus dem Ersten Weltkrieg. Der Staat an sich, die Nation an sich, das Vaterland an sich, die abstinente Gesellschaft an sich: alles abstrakte Prinzipien, für die Menschen in den Tod geschickt wurden und werden; eine deutsche Leidenschaft, die das private Glück des einzelnen dem kategorischen Imperativ der Pflichterfüllung für ein abstraktes und ideologisches Ganzes zu opfern bereit ist, immer »im Namen von...«.

Die Jugendlichen und Erwachsenen beiderlei Geschlechts, die verbotene Drogen nehmen, werden verfolgt und unterdrückt »im Namen der Volksgesundheit« – einem Begriff aus dem Wörterbuch des Unmenschen. Angesichts von Millionen RaucherInnen, die selbstbestimmt ihre Gesundheit ruinieren dürfen, angesichts von Millionen FresserInnen, die mit ihrem Übergewicht und einem ständig zu hohen Cholesterinspiegel ihr Herz- und Kreislaufsystem zugrunde richten dürfen, angesichts der alltäglichen Zerstörung unserer natürlichen Lebensgrundlagen durch Profit- und andere Interessen ist die Legitimation staatlicher Drogenpolitik mit dem Rekurs auf die »Volksgesundheit« zynisch. Dies um so mehr, weil diese Politik die Gesundheit und das Leben der KonsumentInnen von illegalisierten Drogen bedroht und oft genug zerstört. Hier wird, wie schon so oft, das Wohlergehen einzelner einem abstrakten und ideologischen Prinzip geopfert. Damit stellt der Staat dieses verdächtige Ideologem der Volksgesundheit über die Menschenwürde und verletzt jeden Tag den obersten Grundsatz unserer Verfassung. »Im Namen des Volkes . . .« werden an den Gerichten die Urteile gegen Heroin-, Kokain- und Cannabis-KonsumentInnen verkündet, im Namen des Volkes, das sich in Artikel 1 GG zu »unverletzlichen und unveräußerlichen Menschenrechten« bekennt »als Grundlage jeder menschlichen Gemeinschaft, des Friedens und der Gerechtigkeit in der Welt«.

Was für ein engstirniges, kleinkariertes und jämmerliches Machwerk ist das Betäubungsmittelgesetz, wenn wir es messen mit den Maßstäben des Artikel 1 GG: Statt menschlicher Gemeinschaft Diskriminierung, Ausgrenzung und Entzug der Freiheit durch Gefängnis und Zwangstherapie, statt Frieden permanente Verfolgung, Beunruhigung und psychische Belastung, statt Gerechtigkeit, die sich in der Gleichheit von Lebenschancen und der Gleichheit vor dem Gesetz realisieren muß, Zerstörung von Lebenschancen und willkürliche Verbote von psychoaktiven Substanzen und selbstbestimmtem Umgang mit ihnen, statt Solidarität mit den in Not Geratenen paternalistische Fürsorge und Gängelung.

Die durch dieses Gesetz und die ihm zugrundeliegende Politik erzwungene Praxis schafft für mehr als hunderttausend Menschen mitten in unserer demokratischen Gesellschaft eine menschenunwürdige Alltagssituation, in der sich ihr Leben verbraucht, und für Millionen von Jugendlichen, die in ihrem Hunger nach sinnlichen, grenzüberschreitenden Erfahrungen mit verbotenen Drogen experimentieren, wird damit eine Gefährdungssituation hergestellt, die für jene, die sich nicht anpassen wollen oder können, die Weichen ins gesellschaftliche »Aus« stellt.

Diese Kritik an der staatlichen Drogenpolitik war ein entscheidender Anlaß für die Gründung von »akzept«. Es geht uns um die Verwirklichung einer humanen Drogenpolitik auf allen Ebenen des Drogenkonsums, die die Menschenwürde der DrogenkonsumentInnen achtet, ob es sich nun um experimentierende und probierende Jugendliche, um kontrollierten Dauergebrauch oder um Drogenabhängige handelt. Dem selbstbestimmten Gebrauch von Drogen soll, auch dann, wenn es sich um risikoreiche und problematische Formen des Konsums handelt, die Freiwilligkeit jeder angebotenen Unterstützung und Hilfe entsprechen. Der Umgang mit Drogen soll in die Verantwortung der Menschen zurückgegeben werden. Die Heranwachsenden sollen die Chance haben, einen kultivierten Umgang mit psychoaktiven Substanzen durch eine offene, nicht tabuisierende Drogenerziehung zu lernen, statt mit einer verbietenden und auf Abstinenz festgelegten sogenannten Prävention in die Situation von Außenseitern und Minderheiten gedrängt zu werden. Die abhängig Gewordenen sollen die Chance haben, sich auf selbstgewählten Wegen, durch Selbsthilfe und professionelle Unterstützung aus der Abhängigkeit zu befreien, wenn sie es wollen, und mit ihrer Abhängigkeit ein menschenwürdiges Leben zu führen, wenn sie es nicht wollen oder können.

An diesem Punkt nun scheiden sich die Geister. Die ApologetInnen und NutznießerInnen der heute (noch) dominierenden Drogenpolitik wehren sich gegen den Vorwurf der Verletzung der Menschenwürde mit der Behauptung, daß wer sich mit Hilfe von Drogen berauscht, im Rausch sein rationales Bewußtsein, seinen Verstand, seine Vernunft aufgibt, sich selbst die Menschenwürde nimmt, sich menschenunwürdig benimmt, eine Beleidigung für die Menschheit ist. Durch die Preisgabe seines Willens an die Wirkung der Droge in Abhängigkeit geraten, süchtig geworden, verliere er seine Persönlichkeit, die Trägerin der Menschenwürde. An diesem Nullpunkt menschlicher Existenz müsse die Gesellschaft mit *helfendem Zwang* und mit den besten Absichten die Voraussetzungen für das in die Un-Würde gesunkene und verstrickte Individuum schaffen, den Weg zur eigenen Würde zurückzufinden.

Diese Argumentation ist der Kern aller aus der repressiven Drogenpolitik resultierenden Strategien der Kriminalisierung, der Pathologisierung und der Hilfe, die als »fürsorgliche Belagerung« (Heinrich Böll) immer im Verein und mit je spezifischen Gewichtungen auftreten. Alles wissenschaftliche, professionelle, moralische Brimborium, das mit viel Fleiß, Erfindungsreichtum und Ausdauer um diesen Kern gelegt wird und mal sachlich, mal pathetisch, mal zynisch und nur selten hilflos daherkommt, soll uns Professionelle in Praxis und Wissenschaft nicht länger täuschen und moralisch erpressen und immer wieder verstricken in diese *Befriedigungsverbrechen* (wie Basaglia und Foucault dieses Handeln nennen). Es soll die Junkies und User nicht länger kirre machen an sich selbst und zur Anpassung, zur Unterwerfung führen oder zwingen. Und sie sollen sich nicht länger ihre Würde abhandeln und ausreden lassen durch die Übernahme der Stigmata, die ihnen im ideologischen Sammelbegriff der »Fixer-Identität« von Fachleuten und Politikern angeboten werden, die sich selbst und gegenseitig zu Experten ernannt haben.

Wir halten dagegen, daß die Menschenwürde weder im Rausch noch in der Sucht preisgegeben wird oder preisgegeben werden kann. Die Verletzung der Würde des Menschen — nur so ist der Sinn des Artikels 1 GG zu verstehen — ist immer ein Angriff von außen, der mich in der Konsequenz erniedrigt, und erfolgt immer durch Menschen und durch von Menschen geschaffene Verhältnisse und nicht durch einen Stoff, durch eine psychoaktive Substanz. Alle Beurteilungen individuellen Handelns mit problematischen Folgen für die Handelnden, die Beurteilung dieser Folgen selbst, sind Interpretationen, Auffassungen, Sichtweisen von Privaten gegenüber Privaten, auch von Professionellen gegenüber »KlientInnen«, über die man sich streiten kann. Das ist so lange in Ordnung, wie sie keine Definitionsgewalt beanspruchen, keine Entscheidungsgewalt bekommen, nicht zu öffentlicher Gewalt werden in der Form und mit der Kraft von Gesetzen, nicht zu staatlichem Handeln werden, das für sich das Recht beansprucht, meine Würde gegen mich selbst zu verteidigen. Das wäre die absolute Entmündigung!

Schützen soll mich staatliches Handeln vor allen Angriffen auf meine Menschenwürde, die von außen kommen, sofern ich mich nicht selbst gegen sie schützen kann. Und vor allem muß staatliches Handeln selbst meine Würde achten, die sich in meiner Freiheitssphäre realisiert, in Akten der Selbstbestimmung also, auch in der Selbstbestimmung zum Rausch. Die Selbstbestimmung als Möglichkeit geht in keinem Stadium der Sucht verloren. In Artikel 4 der Menschen- und Bürgerrechtserklärung der Französischen Revolution vom August 1789 heißt es: »Die Freiheit besteht darin, alles tun zu können, was anderen nicht schadet.« Der Konsum von verbotenen Drogen schadet niemand anderem, wenn die KonsumentInnen nicht gezwungen werden, sich den Stoff ihrer Wahl durch Beschaffungskriminalität zu besorgen.

Eine freiheitliche, die Würde des anderen achtende Beratung und Therapie appelliert an die Kräfte der Selbstbestimmung. Die Ethik einer so verstandenen Drogenarbeit ist getragen von dem Glauben an diese Möglichkeit. Diese Ethik hat sich gerade dann zu bewähren, wenn jeder Augenschein dagegen spricht, wenn ich das Handeln des anderen/Fremden nicht mehr verstehend nachvollziehen kann, weder emotional noch intellektuell, wenn ich meine Grenze gegenüber dem Fremden erreicht habe. Gerade hier, an diesem äußersten Punkt wird der Umgang mit dem Fremden zu einem Indikator für meine Achtung vor der Würde des Menschen. Gesellschaften und einzelne, die keinen Code für das sittliche Verhalten in solchen Grenzsituationen entwickelt haben, neigen dazu, sich durch inhumane Handlungen zu entlasten, mit dem Ziel, das, was Angst macht und bedrohlich erscheint, zu neutralisieren und zu eliminieren: Rassenhaß, Ausländerfeindlichkeit, alle Formen der Diskriminierung von Minderheiten, die immer die Würde der Angegriffenen verletzen.

Die KonsumentInnen von verbotenen Drogen sind durch dieses Verbot und seine vielfältigen Konsequenzen in den Status einer gesellschaftlichen Minderheit gebracht worden. Sie sind eine der Gruppen, denen gegenüber diese Gesellschaft keinen Code für einen sittlichen Umgang entwickelt hat. In Zeiten wie diesen, in denen die Frustrierten und Chauvinisten aller Schichten nach neuen praktikablen Feindbildern suchen, bedeutet dieser Status eine akute Gefährdung.

Die Drogenpolitik des Staates trägt massiv dazu bei, daß sich der notwendige Code sittlichen Handelns gegenüber Minderheiten auch fürderhin nicht entwickeln kann, ja, sie ist selbst der zugespitzte Ausdruck der Inhumanität gegenüber denen, die vom verbotenen Rausch nicht lassen wollen und die die in der Konsum- und Profitgesellschaft erlaubten, legal angepriesenen, erwünschten und genormten Räusche einer gelenkten hedonistischen Gesellschaft für sich ablehnen.

Wie können wir uns diese Härte, diese blinde Verstocktheit und Unbeweglichkeit in den politischen, kulturellen und ökonomischen Schaltstellen dieser Gesellschaft erklären? Wie verstehen, warum sie mit Macht versuchen, jede längst fällige Bewegung und Veränderung zu verhindern?

Ich meine, daß die historischen Wurzeln in der übersteigerten, ja absoluten Wertschätzung des rationalen, auf ökonomische Zweckmäßigkeit gerichteten Denkens liegt. Dieses eindimensionale Denken war und ist die Leitlinie der patriarchalen abendländischen Kulturgeschichte, die in eben jener Aufklärung, die die Menschenrechte als heilige und unveräußerliche Rechte der Person auf das politische Programm setzte, ihren bis heute wirkenden Höhepunkt fand. Diderot schrieb 1759 in der »Enzyklopädie«, dem Hauptwerk der französischen Aufklärung: »Wer nicht vernünftig denken will, verzichtet darauf, menschlich zu sein.« Wer aber auf die Eigenschaft des Menschen verzichte, müsse von den übrigen Mitgliedern der Gattung als »entartetes Wesen« und als »wildes Tier« behandelt werden, denn er sei »moralisch böse.«

In Deutschland trieb Kant in seiner Philosophie und Pädagogik diese Tendenz auf die Spitze. »Weise Mäßigung«, schrieb er, sei das Wesen der Sittlichkeit, die ein Mensch nur erreichen könne, wenn er seine »Leidenschaften aus seinem Leben weggeräumt« habe. Nur in Mäßigkeit und Enthaltsamkeit könne der Mensch seine Würde erlangen, »die ihn vor allen Geschöpfen adelt, und seine Pflicht ist es, diese Würde der Menschheit in seiner eigenen Person nicht zu verleugnen«.[3] Im Rausch, schrieb Kant, erniedrige sich der Mensch unter das Tier, verleugne und verletze seine Menschenwürde. Das Idealbild der bürgerlichen Aufklärung, in dem sich bis heute zentrale Werte dieser Gesellschaft verkörpern, ist der seine Pflichten erfüllende Mensch, der keinen Wert legt auf den »Genuß der Ergötzlichkeit des Lebens« (Kant). Die vollkommene Tugend hat nach Kant der erreicht, der von sich sagen kann: Eine Handlung muß mir wert sein, nicht, weil sie mit meinen Neigungen stimmt, sondern weil ich dadurch meine Pflicht erfülle.

Das Gegenbild für die Philosophen und Pädagogen der Aufklärung und für ihre Epigonen waren und sind die »Wilden«, die, so Kant, »ihre gesetzlose Freiheit lieben«, ihre »tolle Freiheit der vernünftigen vorziehen« und damit eine »viehische Abwürdigung der Menschheit« betreiben. Wer verbotene Drogen nimmt, sich berauscht, gar süchtiges Verlangen nach den Wirkungen psychoaktiver Substanzen hat, macht sich nach dieser Auffassung selbst zum »Wilden«, verweigert das rationale Denken, die intellektuelle und psychische Disposition für die ihm von der Gesellschaft abverlangten Bereitschaften und Handlungen. Er hat sich selbst aus der Vertragsgemeinschaft der Zivilisierten ausgeschlossen, ist unberechenbar und gefährlich. Er muß zwangsintegriert oder auf sichere Weise ausgegrenzt werden. Auf keinen Fall darf man ihn gewähren lassen. Er könnte mit seinem Lebensstil ein Beispiel geben für andere »Gefährdete« und »Labile«. An ihm muß ein Exempel statuiert werden, das öffentlich unter Beweis stellt, daß so ein Lebensstil bei uns keinen Platz hat, daß er nur mit ungeheuren Risiken und persönlichen Kosten gewagt werden kann, daß er ins Elend führt und die gerechte Strafe provoziert. Das ist symbolische Politik, die nicht den Menschen um seiner selbst willen zum Zweck hat, sondern ihn benutzt für die eigenen verborgenen Zwecke.

Menschen, die sogenannte kulturfremde, »exotische« Drogen nehmen – und nur solche sind hierzulande verboten –, nehmen die Drogen der »Wilden« und Kolonisierten. Das wird von den Spießern als Mißachtung der bürgerlichen Ordnung interpretiert. Die KonsumentInnen illegalisierter Drogen werden selbst zu »Exoten« gemacht, die behandelt werden dürfen wie diese, die der rassistische Haß des Bürgers gegen alles »Wilde«, gegen das »Chaos« und den »Urwald« trifft. Die staatliche Drogenpolitik ist Ausdruck solcher Sichtweisen und verstärkt sie. Die Angriffe von Rechtsradikalen auf Junkies, die verbreiteten Kontroll- und Strafbedürfnisse gegen illegalisierte DrogenkonsumentInnen in der Masse der Bevölkerung sind eine Variante des Rassismus und schaffen für diese Gruppe eine prekäre Menschenrechtssituation in Deutschland, wie sie für Flüchtlinge schon lange besteht.

Hinter all dem steht das Bild vom gespaltenen Menschen, der mit den Kräften seines vernünftigen Denkens seine Sinnlichkeit, sein Streben nach Lust und Transzendenz, das als »Triebhaftigkeit« denunziert wird, bekämpfen muß und seine Niederlagen umsetzt in den Haß oder die »Fürsorge« gegen jene, die sich durch ihr Handeln deutlich diesem Anspruch entziehen. Dieses gespaltene Doppelwesen: göttliche und tierische Natur, Leib und Seele, Geist und Materie, Stoff und Form, sterblich und unsterblich, triebgesteuert und vernunftbegabt, soll die gedachten und empfundenen Gegensätze zur Einheit bringen, aber es gelingt ihm nicht. Vor allem deswegen nicht, weil in dieser vorgestellten »Einheit« kein wirklicher Ausgleich angestrebt wird, sondern eine Hierarchie, an deren Spitze sich das rationale Zweckdenken unter allen Umständen behaupten soll.

Statt nach allen historischen und individuellen Erfahrungen mit den negativen Konsequenzen dieses Menschenbildes das polarisierende und hierarchisierende Denken aufzugeben, den unfruchtbaren Kampf zu beenden, endlich die patriarchalen Paradigmen fahren zu lassen, die schon längst gegen das Leben selbst gerichtet sind, wird verbissen weitergemacht, und dafür sind die Minderheiten unerläßlich. Der »Krieg gegen die Drogen« ist ein Krieg gegen die KonsumentInnen dieser Drogen und eine Variante des verbissenen Weitermachens. Gegen alle Erfahrungen und gegen alle Vernunft wird von den Aposteln des rationalen Denkens und Handelns an einer schon längst gescheiterten Strategie irrational festgehalten. Daran zeigt sich, daß es sich nicht um eine Rationalität im Dienste des Lebens handelt, sondern um die Logik der Macht, die von denen festgehalten wird, die ihre Macht nicht hergeben wollen.

Wenn *wir* das nicht ändern, die wir uns in diesem Feld gesellschaftlicher Auseinandersetzungen bewegen, wer soll es dann tun?

Solange sich das dominierende patriarchale Bild von Selbstverwirklichung gegen und auf Kosten der Sinnlichkeit (nach der Maxime, den Zwang zum Selbstzwang machen) immer wieder durchsetzt, werden die Rausch- und Liebesbedürfnisse der Menschen keinen freien und kultivierten Ausdruck gewinnen können. Solange werden alle, die die vorgeschriebenen Bahnen der »Selbstverwirklichung«, die zugestandenen Spiel-Räume, die Grenzen der Reservate und Ghettos nicht akzeptieren, weiter der Verachtung und Verfolgung ausgesetzt sein, wenn ihnen schuldhaftes Versagen, ein Mangel an gutem Willen angelastet wird, oder sie werden der paternalistischen Fürsorge ausgesetzt sein, wenn ihnen durch Experten ein Mangel an Fähigkeiten als Folge von Krankheit und diversen Sozialisationsdefiziten diagnostiziert wird.

Die Menschenrechtssituation von illegalisierten DrogenkonsumentInnen ist durch beides bestimmt: Kriminalisierung und Pathologisierung, es sei denn, sie können sich dieser perfekten Umzingelung durch privilegierte Lebensbedingungen, die einen privilegierten Drogenkonsum gestatten, entziehen. Für die vielen, die solche Bedingungen nicht haben, bleibt nur ein Weg. Zusammenschluß und Bündnis und das Prinzip der gegenseitigen Hilfe. Dazu müssen wir uns wechselseitig unterstützen: DrogenkonsumentInnen und Professionelle, gemeinsam im beharrlichen Widerstand. Freilich, die Belastungen und Möglichkeiten sind ungleich verteilt, und die auf den Straßen und Plätzen haben weniger Chancen zur Geduld als die in den sicheren Räumen.

Es hat schon gut begonnen: »akzept« und »J.E.S.« sind Zeichen für diesen Anfang, aber es wird lange dauern, und es gibt keine Sicherheit für ein gutes Ende.

Selbstkritisch müssen wir überprüfen, wo wir in Gefahr sind, einzuschwenken auf die vorgeschriebenen Straßen, oder schon auf ihnen gehen, wo wir erpreßbar sind oder bestochen werden sollen. Wir müssen uns kritisieren lassen, und es gibt Streit und wird Streit geben unter uns über die Mittel und Wege und das Tempo der Bewegungen und die Radikalität der Auseinandersetzungen, weil die Standorte der einzelnen und Gruppen — bei allen Übereinstimmungen in den Zielen — so unterschiedlich sind: Von illegalisierten DrogenkonsumentInnen und Professionellen, von WissenschaftlerInnen und PraktikerInnen, von Männern und Frauen, Jungen und Alten.

Die Chance dieses Kongresses und von akzept überhaupt ist, daß hier eine weitgehende Einigkeit über das selbstgesteckte Ziel besteht: die Formulierung und Durchsetzung einer an der Würde des Menschen orientierten Drogenpolitik!

Das ist der Sinn unseres Leitspruchs für diesen Kongreß: Ohne Legalisierung geht es nicht!

Anmerkungen
1 Vgl. *Konrad Löw,* Die Grundrechte, München 1977, S. 22.
2 Zitiert nach *R. P. Horstmann,* Stichwort »Menschenwürde« in: Historisches Wörterbuch der Philosophie, hrsg. von Joachim Ritter und Karlfried Gründer, Basel 1980.
3 Vgl. *Manfred Kappeler,* Drogen und Kolonialismus, Frankfurt 1991, S. 155 ff.

Dr. Manfred Kappeler ist Professor für Sozialpädagogik mit den Schwerpunkten Jugendarbeit und Drogenarbeit am Institut für Sozialpädagogik an der Technischen Universität Berlin.

Mischa Hübner

Menschenwürde? Für mich ein schwieriges Thema

Ich bedaure es außerordentlich, daß Werner Hermann, den ich als
Freund und Mitstreiter sehr schätze, aus persönlichen Gründen von
diesem Vortrag zurückgetreten ist. Leider läßt gerade jetzt auch
mein Gesundheitszustand sehr zu wünschen übrig, so daß ich versuchen muß, mich auf das Wesentliche zu beschränken, wofür ich
um Verständnis und Nachsicht bitte.

Als ich das erste Mal das Motto dieses Kongresses hörte − Menschenwürde und Legalisierung −, dachte ich spontan: Wenn das
wirklich so einfach wäre!

Gerade letzte Woche haben Verfassungsorgane und Politiker aller
Couleur wieder einmal unter Beweis gestellt, welche Beachtung
dem Artikel 1 unserer Verfassung tatsächlich widerfährt, der da
heißt:»Die Würde des Menschen ist unantastbar.« Er scheint ja im
Zusammenhang mit § 218 des Strafgesetzbuches nicht für Frauen
zu gelten, wie uns das Bundesverfassungsgericht in Karlsruhe
belehrte. Es waren überwiegend Männer, ein paar alte Männer, die
die zur Würde der Frau gehörende Selbstbestimmung zu Grabe
getragen haben, und das auch noch im Namen des Volkes.

Ein weiterer Beitrag zu diesem traurigen Motto ist das neue Asylrecht. Aber nicht genug damit! Auch bei der Pflegeversicherung
konnten wir lernen, wir, die wir von HIV und AIDS betroffen sind,
und alle anderen Kranken, daß wir Urlaub nicht brauchen, es sei
denn, wir können uns sechs Tage Lohnausfall leisten.

Menschenwürde? Für mich ein schwieriges Thema!

Ich möchte dazu drei Aspekte beleuchten: den retrospektiven,
den gegenwärtigen und den künftig möglichen Stand und Zusammenhang. Ich konsumiere seit 1968 sogenannte harte Drogen:
Opium und dessen Derivate sowie Amphetamine. Oder andersherum gesagt: Ich habe die Auswirkungen einer verfehlten Drogenpolitik wie viele andere auch mitbekommen; nur mit dem kleinen
Unterschied, daß ich bis heute noch lebe, aber viele andere leider
nicht mehr.

Anfang der siebziger Jahre versuchte man das Drogenproblem

mit harten Strafen für die Konsumenten zu lösen. Es war damals nicht ungewöhnlich, für zwei Gramm Heroin eine Freiheitsstrafe von 32 Monaten und eine Einweisung nach § 64 StGB von 24 Monaten zu bekommen, was mir selbst so widerfahren ist. Eine hohe Zahl von Drogengebrauchern ist durch die langen Haftstrafen und deren Begleitumstände zerbrochen, und nach ihrer Entlassung waren sie psychische und physische Wracks. Bei wieder anderen hat der Knast kriminelle Energie hervorgerufen und sie so zu Linkern und Gewalttätern gemacht. Das, was in der »Flower-power«-Zeit Ende der sechziger Jahre als eine Lebensart, Lebensphilosophie, verbunden mit etwas »play with fire« angelegt war, wurde zu einem Spiel mit dem Tod.

Noch 1971 hat es in der Bundesrepublik keine Institution gegeben, die auf den psychischen Langzeitentzug für Drogengebraucher ausgerichtet gewesen wäre. Das, was ursprünglich ein brillantes therapeutisches Konzept war, ist leider bis heute zu einer Einbahnstraße in der Drogentherapie verkommen, die Menschenwürde wird nicht nur mit Füßen getreten, sondern praktisch außer Kraft gesetzt, so daß junge Heranwachsende oder Erwachsene mit Windeln und einem Schnuller herumlaufen.

Heute sind solche spektakulären Fälle eher die Ausnahme oder Gott sei Dank die Ausnahme! Dennoch hat sich in der Mißachtung der Menschenwürde gegenüber Drogengebrauchern leider immer noch nichts geändert. Noch immer wird unterstellt, daß der Sucht ein größerer Krankheitswert zukommt als den Komplikationen der Sucht, die aus der Beschaffungsnot und den körperlichen und seelischen Folgekrankheiten resultieren. Somit wird 1993 noch immer Leidensdruck, Verelendung und Kriminalisierung als therapeutisch wirksames Agens angesehen und eingesetzt. Ein Vorgang, der wohl mehr mit schwarzer Erziehung und Ausgrenzung zu tun hat als mit wissenschaftlicher Medizin.

Es wundert daher wohl kaum mehr, wenn man die Schwächsten der Schwachen vergißt, nämlich die Kinder von drogengebrauchenden Menschen. Groben Schätzungen nach handelt es sich um zwanzig- bis dreißigtausend Kinder in der Bundesrepublik. Für sie gibt es trotz einer zwanzigjährigen »Drogenpolitik« noch immer keine Hilfsangebote. Die Eltern sind also gezwungen, ihre Sucht so lange zu verstecken, bis es sich letztlich doch nicht mehr verbergen läßt. Ich bitte Sie, hier einmal kurz zu überlegen, ob Sie in den genannten zwanzig Jahren auch nur ein einziges Mal von Hilfen für die Eltern und die Kinder gehört haben. Mir fällt jedenfalls nichts dazu ein. Auch das hat viel mit Menschenwürde zu tun!

Ein weiterer Punkt ist die Substitution mit Methadon. Wenn wir das kombinierte Therapieangebot des Auslands einmal näher betrachten, wo auch und gerade der kurative Charakter der Substitution längst belegt ist, läßt sich feststellen: Die Unterlassung der Substitution ist die Behandlung mit Krankheit und Leidensdruck, ohne daß irgendein anderer Erfolg dieser »Behandlung« nachweisbar wäre als eben Krankheit und Leidensdruck. Es fehlt jede Legitimation dafür, die Unterlassung der Substitution eine menschenwürdige Abstinenzbehandlung zu nennen! Auch die vierte Betäubungsmittelrechtsänderungs- und -verschreibungsverordnung hat bisher nicht viel dazu beigetragen, das Elend auf unseren Straßen, der sogenannten Szene, wirklich zu verringern.

Nach wie vor wird propagiert, daß der kalte körperliche Entzug aus medizinischer Sicht wie eine Grippe zu betrachten sei. Diese »Grippe« stellt sich allerdings für die Betroffenen als Alptraum dar, und gerade deshalb werden mehr als 80 Prozent der Drogengebraucher von dem derzeitigen Angebot nicht erreicht. Wir haben mehr Menschen in den Gefängnissen als in Therapieeinrichtungen. Mehr Menschen sind als sogenannte Drogenflüchtlinge im Ausland.

Wir brauchen Therapieangebote, die sich an den Realitäten der Betroffenen ausrichten und nicht nach medizinischen Theorien, die anderswo längst ad acta gelegt sind. Hätten wir spätestens 1984 in der Bundesrepublik gesundheitsstabilisierende und lebenserhaltende Polamidon-Behandlungsmöglichkeiten gehabt, die vielen Betroffenen den Ausstieg aus dem Szeneleben ermöglicht hätten, müßten wir heute nicht das Heer von HIV-infizierten Drogengebrauchern beklagen.

Natürlich wäre es schön und gut, wenn drogengebrauchende Menschen wie andere ohne »Stoff« leben könnten, aber das ist einfach Illusion. Daß viele von ihnen von AIDS betroffen und damit in einer schlechten psychischen und physischen Verfassung sind, beweist auch, daß es keine adäquaten Angebote gab und gibt, mit der zur Krankheit gewordenen Drogensucht unter medizinisch vertretbaren Voraussetzungen und in einem toleranten Umfeld, wie es bei anderen Suchtkrankheiten durchaus besteht, menschenwürdig zu leben.

Wenn heute Drogengebraucher, zumal HIV-infizierte, sich in der

Öffentlichkeit zu ihren Problemen bekennen und äußern, kann es ihnen – wie mir – passieren, daß ihre Wohnung zerstört wird und an die Wände geschmiert wird »AIDS-Sau raus!«. Und das mehrmals in kurzer Zeit. Das zeigt, wie die Gesellschaft heute mit einer Krankheit, den von ihr Betroffenen und sogar deren Familien umgeht. Dagegen steht im krassen Widerspruch, mit welcher großen Toleranz die Gesellschaft den alltäglichen Genuß »legaler« Drogen hinnimmt und mit der daraus resultierenden Sucht und Abhängigkeit dieser Menschen helfend und akzeptierend umgeht.

Legalisierung des Drogengebrauchs – das ist keine Freigabe von Drogen! – in Verbindung mit einer objektiven Aufklärung der Bevölkerung anstelle einer Mystifizierung könnte für die Betroffenen ein menschenwürdiges Leben leichter machen. Damit könnte für sie ein Stück Menschenwürde mit den darin eingeschlossenen Freiheitsrechten und dem Anspruch auf solidarische Unterstützung und Hilfe in Krisensituationen verwirklicht werden. Drogenhilfe ist eben ein sich ständig verändernder, dynamischer Prozeß, der auch auf aktuelle Entwicklungen eingehen muß.

So müssen wir ferner der unerbittlichen Realität ins Auge sehen, daß viele tausend Menschen auf den Straßen unserer Städte leben, die sich täglich mehrmals Heroin spritzen und sich wegen fehlender hygienischer Voraussetzungen ständig in tödliche Gefahr begeben. Für die große Mehrzahl dieser Menschen gibt es derzeit keine Alternative. Auch Methadon ist für sie im heutigen Umfeld kein Thema. Sie benötigen einen legalen Zugang zum Heroin, wie das unter bestimmten Voraussetzungen in England z. B. der Fall ist. Diese Forderung läßt sich nicht auf das pauschale Schlagwort »Legalisierungsparolen« reduzieren. Wer solche Vereinfachungen propagiert, ist an einer ernsthaften und sachlichen Diskussion über Drogenpolitik in Deutschland überhaupt nicht interessiert.

Menschenwürde beinhaltet vielmehr, bezogen auf die verschiedenen Betroffenen, nicht nur miteinander konkurrierende Angebote vorzufinden, sondern sich ergänzende und flexible Angebote zur Auswahl zu haben. So würde der Einstieg in den Ausstieg aus der Droge ebenso ermöglicht wie das erfolgreiche Bestehen eines selbständigen Lebens in der Zeit danach.

Für den Kreis der HIV-Betroffenen gilt: Dauerhafte Erfolge in der vorbeugenden Bekämpfung von AIDS können nicht wir, sondern nur die Betroffenen selbst bewirken. Wir, d. h. Wissenschaft, Politik und Hilfesysteme, können dafür allerdings wichtige Rahmenbedingungen und materielle Möglichkeiten schaffen und bereithalten. Solche wären beispielsweise:

- bundesweit auf Dauer zugelassene Substitution nicht nur mit Polamidon, sondern mit allen verfügbaren Opiaten;
- kostenlose Abgabe von sterilen Spritzen auch durch Apotheken;
- Gesundheitsräume, in denen unter hygienischen Bedingungen der Konsum stattfinden kann.

Mischa Hübner ist Vorstandsmitglied der Deutschen AIDS-Hilfe e. V. und arbeitet in Bonn bei J.E.S. (Junkies, Ehemalige, Substituierte) und in der Drogen- und AIDS-Selbsthilfe mit.

Peter Raschke

Folgen der Kriminalisierung

Das Motto, unter das sich dieser Kongreß gestellt hat — Menschenwürde —, ist ein großes Wort und stellt einen hohen Anspruch. Es besteht die Gefahr, je höher und hehrer er daherkommt, desto folgenloser bleiben die Forderungen, die sich aus diesem Anspruch ergeben. Warum? Weil solche generellen Zielsetzungen, isoliert hervorgehoben, übersehen, daß Politik sich nicht an Werten und Normen ausrichtet, sondern an konkurrierenden Interessen. Gerade die letzten Entscheidungen des Bundesverfassungsgerichts zum § 218 und die Entscheidungen des Bundestages zum Asylrecht zeigen, daß die Menschenwürde nicht als oberste Leitlinie der Entscheidungsfindung diente, sondern andere Interessen vorrangig bedient wurden. Auch die endlosen Beispiele der Hilflosigkeit moralischer Appelle oder die fundierte Erfahrung, wie gut man sich einrichten kann neben dem Elend der anderen, machen deutlich, daß »Drogenelend« allein keine zwingende Motivation zu einer anderen Drogenpolitik hervorrufen muß.

Globale Ziele stoßen immer an partikulare Interessen, die insbesondere in der Drogenpolitik einen hohen Verfestigungsgrad erreicht haben. Wenn sich etwas ändern soll, so ist es einerseits notwendig, von der politisch vorgegebenen normativen Leitlinie der aktuellen Drogenpolitik, dem Abstinenzparadigma, zu einer, um mit Max Weber zu sprechen, verantwortungsethischen Orientierung zu gelangen, in der nicht nur die Grundsätze, sondern auch die *Folgen* der eingeschlagenen Politik berücksichtigt werden. Es genügt aber nicht, Menschenwürde in der Drogenpolitik zu fordern, um den Betroffenen zu helfen. Erforderlich ist andererseits auch, weitere Interessen und Interessenten zu benennen, die über den Kreis der direkt Betroffenen hinausgehen. Erst wenn *andere* Interessen auch betroffen sind, die jeweils *ihren* Nutzen aus einer *anderen* Drogenpolitik erkennen können, steigt die Wahrscheinlichkeit, daß Änderungen politisch durchsetzbar sind.

In diesem Sinne möchte ich in meinem Vortrag einige Hinweise liefern, daß die Kriminalisierungsstrategie weder ihr Ziel erreicht hat noch sich die Auswirkungen nur auf die Drogenkonsumenten beschränken. Auf fünf Aspekte soll eingegangen werden. Erstens auf die quantitative Größenordnung des Problems und zweitens auf seinen qualitativen Charakter. Drittens soll ein Fragezeichen hinter die Erreichbarkeit der Ziele der Kriminalisierungsstrategie gesetzt werden. Viertens wird besonders eingegangen auf die nichtintendierten Folgen der Kriminalisierung und schließlich fünftens eine Abwägung des Nutzen und Schadens versucht.

Quantitative Größenordnung des Problems

Aus repräsentativen Erhebungen können wir in etwa abschätzen, wie verbreitet der Cannabiskonsum ist. Bezogen auf die Gruppe der Jugendlichen und Heranwachsenden bis ca. 25 Jahre schwankt der Anteil je nach Bezugsgruppe und Erhebungsmethode zwischen 15 bis 20 Prozent. Das bedeutet, daß heute − ca. zwanzig Jahre nach Beginn der »Drogenwelle« − etwa vier Millionen Deutsche Erfahrungen mit Cannabisprodukten im Laufe ihrer Biographie gewonnen haben.

Die quantitative Einschätzung der wichtigsten Problemgruppe, der Konsumenten harter Drogen, ist schwieriger, weil hier repräsentative Erhebungsmethoden nicht greifen. Der systematischste Zugang eröffnet sich immer noch über die polizeiliche Kriminalstatistik (PKS). Das erste Schaubild zeigt Ihnen die vertraute, fast stetig ansteigende Entwicklung an polizeilich registrierten BtmG-Tätern (genauer: Tatverdächtigen). Die allgemeinen Delikte können in der Regel als »Konsumdelikte« interpretiert werden, die anderen als Dealer- oder Schmuggeldelikte. Die Interpretation dieser Zahlen ist aber schwierig, da ein und derselbe Täter mehrfach und mit unterschiedlichen Delikten in dieser Statistik auftreten kann.

Einen besseren Überblick erhält man, wenn diese Statistik um die Doppelzählungen bei den Tätern bereinigt wird und die Täter nach ihren Delikten typisiert werden. So können Konsumenten harter Drogen, die wegen eines Dealerdeliktes auffällig wurden, von denen unterschieden werden, die allein wegen Dealerdelikten erwischt wurden, ohne selber Konsument harter Drogen zu sein. In dem Zeitraum von 1983 bis 1990 hat die Polizei in Nordrhein-Westfalen insgesamt 116 000 BtmG-Täter gefaßt, von denen höchstens 5000 sogenannte »reine« Dealer harter Drogen waren.[1] Es sind also letztlich und fast ausschließlich die Konsumenten und

Schaubild 1:
Entwicklung der Zahl der BtmG-Delikte seit 1973 in der Bundesrepublik Deutschland

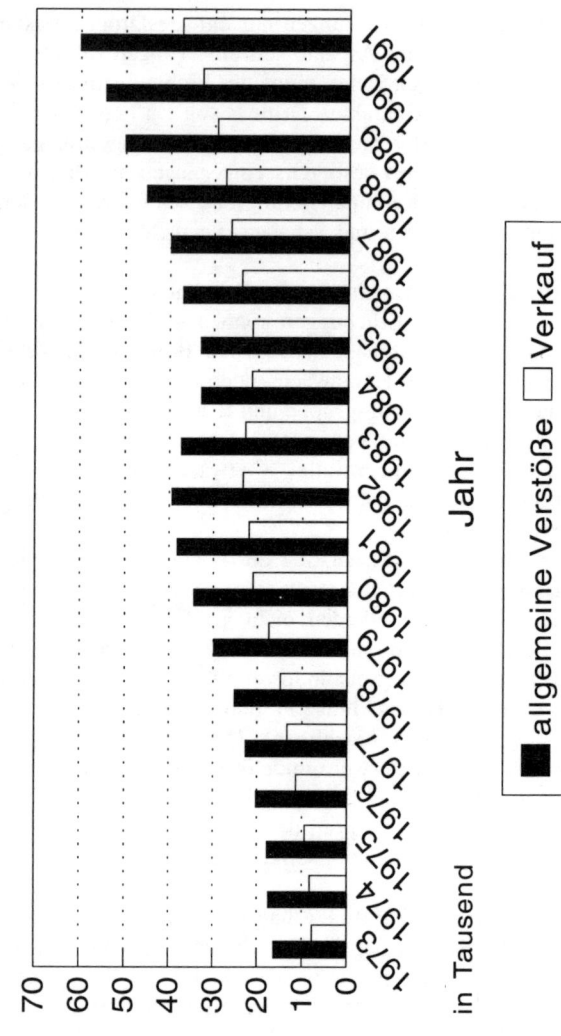

Quelle: Polizeiliche Kriminalstatistiken

der Cannabishandel, der polizeilich verfolgt wird, und nicht die wirklichen Dealer. Von den Konsumenten harter Drogen werden zwei Drittel wegen Konsum- *und auch* Dealerdelikten in diesem Zeitraum auffällig. Es sind also *Konsumenten-Dealer*, die erwischt werden, d. h. Abhängige, die ihre Sucht auch durch Dealen finanzieren. Sie werden oft mehrfach auffällig. Vor allem unter ihnen sind die verelendeten Junkies zu finden. Bei den harten Drogen richtet sich die Polizeiarbeit also primär gegen die Konsumenten.[2]

Drogenkonsum ist jedoch nicht unbedingt gleich Drogenelend. Ein Drittel der von der Polizei registrierten Konsumenten harter Drogen fielen innerhalb des Zeitraums von acht Jahren nur einmal auf. Sie waren nicht arbeitslos, hatten einen festen Wohnsitz und begingen auch keine Diebstahls- oder andere Delikte. Das gibt Hinweise auf einen zumindest für einen längeren Zeitraum kontrollierten oder gelegentlichen Drogenkonsum. Insofern muß zwischen der Gruppe der verelendeten Fixer und der integrierter Konsumenten harter Drogen unterschieden werden. Es scheint auch nicht sinnvoll zu sein, solche Formen unauffälligen Drogenkonsums zu verfolgen. Es könnten daraus erst wirkliche soziale Problemfälle werden.

Versucht man eine Gesamtschätzung der Konsumenten harter Drogen, so zeigt allein die um Doppelzählungen bereinigte Statistik, daß innerhalb eines achtjährigen Beobachtungszeitraums in NRW ca. 36 000 Konsumenten harter Drogen polizeilich registriert worden sind. Wird eine Dunkelziffer − etwa gemäß den Ergebnissen von Skarabis und Patzak − berücksichtigt, so gibt es in NRW ca. 70 000 Menschen, die häufig oder gelegentlich harte Drogen konsumieren. Die offizielle Schätzung liegt dagegen bei 25 000.

Den politisch vereinbarten und nicht wissenschaftlich ermittelten Schätzzahlen über den Umfang des Drogenkonsums sollte daher mit großer Vorsicht begegnet werden. Zum Beispiel wurde zehn Jahre lang, bis in die 80er Jahre hinein, eine *konstante* Anzahl von Konsumenten harter Drogen behauptet: ca. 40 000 bis 50 000, obwohl die Zahl der Neueinsteiger deutlich größer war als die Zahl der Therapieplätze. Danach wurde binnen zweier Jahre diese Zahl vom Innenministerium auf 100 000 nach oben korrigiert, neuere Vermutungen tasten sich zur Zahl 120 000 vor. Solche unseriösen und sprunghaften Schätzungen zeigen nur an, daß die Langfristigkeit und die damit verbundenen kumulativen Effekte der Drogenabhängigkeit unzureichend berücksichtigt werden und die Zahl größer ist als angenommen.

Schaubild 2:
Kriminalität in der Bundesrepublik Deutschland

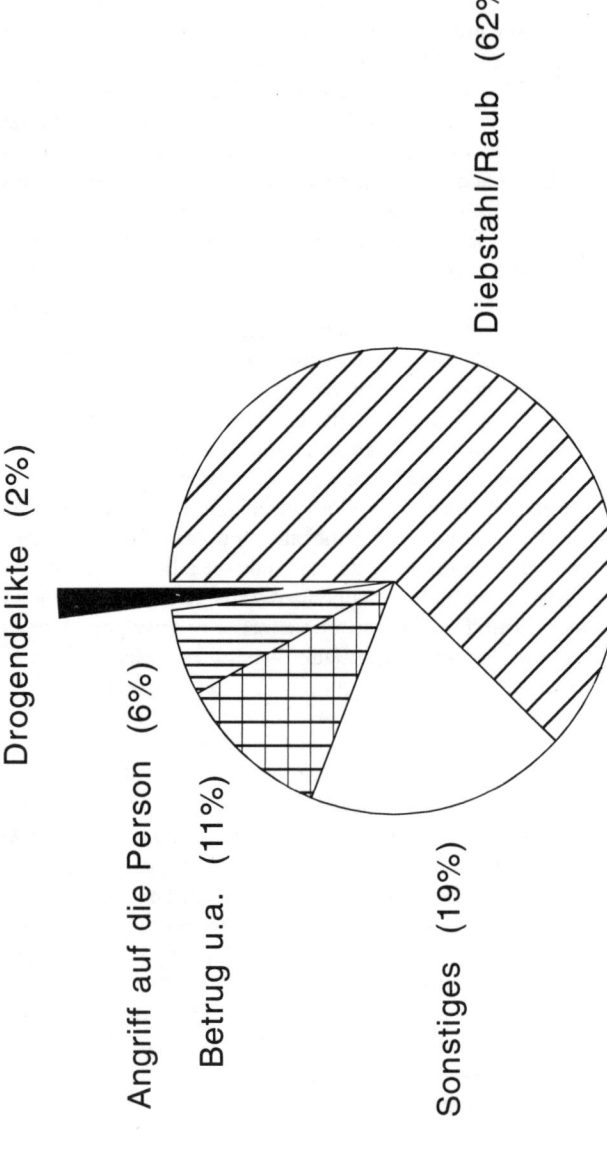

Diebstahl/Raub (62%)

Drogendelikte (2%)

Angriff auf die Person (6%)

Betrug u.a. (11%)

Sonstiges (19%)

Der qualitative Charakter des Problems

Worin liegt eigentlich das Problem? Das zweite Schaubild zeigt, daß nur zwei Prozent aller Delikte in der Bundesrepublik (alte Länder) BtmG-Delikte sind, es sich aber in 62 Prozent aller Fälle um Diebstahl oder Raub handelt. In dieser Diskrepanz zeigt sich die qualitative Differenz zwischen Eigentums- und Drogendelikten: Die einen werden von den Betroffenen angezeigt, die anderen nur von der Polizei aufgespürt; im einen Fall geht es um Fremdschädigung, im anderen Fall um Selbstschädigung. Dabei sei von der hinterhältigen juristischen Differenz zwischen verbotenem Besitz von Drogen und erlaubtem Konsum abgesehen, da man höchstens beim Passivrauchen konsumieren kann, ohne zu besitzen.

Worin liegt nun die Selbstschädigung? Es entstehen – nicht immer – Formen der Abhängigkeit, die Mittel regelmäßig zu nehmen. Bei Heroin führt dies, im Gegensatz zu Cannabis, zu körperlicher Abhängigkeit, d. h., beim Absetzen des Mittels entstehen für einige Tage Entzugserscheinungen. Bei richtiger Dosierung und Applikation entstehen aber keine organischen Veränderungen, und die Nebenwirkungen halten sich in Grenzen: Schwitzen, Miktionsstörungen, Verstopfungen, Libidodämpfung. Der Stoff als Stoff führt nicht zu einer gesundheitlichen Verelendung – sonst wäre es ethisch auch nicht vertretbar, das zu Heroin kreuztolerante Opiat Methadon oder Polamidon medizinisch über lange Zeit zu verabreichen, wie dies in Substitutionstherapien geschieht. Das Mittel führt auch nicht zu einer erhöhten Aggressivität oder zu einer Folgekriminalität.

Die Verelendung von Fixern liegt zu einem wesentlichen Teil in den erzwungenen Anforderungen, Geld und Stoff zu beschaffen, und zum anderen in den Risikobedingungen, unter denen konsumiert werden muß. Dies wird besonders bei den Drogenkonsumenten deutlich, die an einer Substitutionstherapie teilnehmen. Am schnellsten verbessert sich ihr gesundheitlicher Zustand, obwohl sie weiterhin ein Opiat einnehmen, das Substitutionsmittel, und in drastischer Weise nimmt ihre Kriminalität ab, mit der sie sich vorher ihren Stoff finanziert haben.

Sind die Ziele der Kriminalisierungsstrategie überhaupt erreichbar?

Worin liegt also die Rationalität des Verbots dieser Mittel, wenn dagegen Alkohol legal ist, eine direkte und finale Selbstschädigung der Organe bewirken kann (die Anzahl der Alkoholtoten ist 20mal höher als die der Drogentoten) und die Fremdschädigung als Folge des Alkoholkonsums außerordentlich hoch ist (Verkehr, Gewaltdelikte)? Sie liegt primär in der vermuteten generalpräventiven bzw. abschreckenden Wirkung auf potentielle oder auf bereits abhängige Drogenkonsumenten.

Cannabiskonsumenten tauchen selten in den Beratungsstellen auf, und die Therapie beschäftigt sich nicht mit ihnen. Allein die Polizei nimmt sich ihrer an (siehe Schaubild 3). Ein wesentlicher Teil der polizeilichen Ressourcen wird dafür beansprucht: Etwa 60 Prozent aller Drogendelikte betreffen Cannabis − und doch hat die Verfolgung nur symbolischen Charakter. Genauer: Bezogen auf einen achtjährigen Beobachtungszeitraum (1983 bis 1990) wurden zum Beispiel in NRW zwei Drittel der polizeilich registrierten Drogenkonsumenten nur aufgrund eines *einzigen* Cannabisdeliktes auffällig: Eine Hälfte von ihnen aufgrund eines Konsum-, die andere Hälfte wegen eines Dealerdelikts. All diese Werte sind um Doppelzählungen bereinigt. Es besteht also eine Zufälligkeit bzw. Unwahrscheinlichkeit des erneuten »Erwischtwerdens«. Nur für die, die auffällig werden − immerhin sieben- bis achttausend Personen pro Jahr −, dürften die sozialen Folgen der Kriminalisierung gravierender sein als der Joint.

Bezieht man jedoch die Zahl der von der Polizei erwischten Cannabistäter auf die Gesamtzahl der Cannabiskonsumenten, die wir für die alten Bundesländer aus repräsentativen Umfragen kennen, so liegt das Risiko für den einzelnen, überhaupt irgend einmal erwischt zu werden, unter fünf Prozent, und gemessen an der Häufigkeit des Cannabisrauchens müßten wir in Promille rechnen. Eine generalpräventive Wirkung des Cannabisverbotes ist hier nicht zu sehen. Wer will, kann es ohne großes Risiko tun. Stoff ist genügend auf dem Markt, und wer teilnimmt, hat in diesem Lotteriespiel eine sehr hohe Gewinnchance.

Es geht hier nur noch um eine symbolische Verbrechensbekämpfung. Oder anders ausgedrückt: Es besteht eine *faktische* Legalisierung von Cannabis mit der zentralen Einschränkung: Die Polizei sorgt für das Risiko, und der Dealer kassiert den Profit.[3]

Bei Heroin dagegen muß zwischen zweierlei unterschieden werden. Zum einen hat es ein hohes Suchtpotential, das zu körperlicher Abhängigkeit führt, und eine falsche Dosierung kann tödlich wirken. Aufgrund seiner kurzen Wirkdauer und Toleranzentwick-

Schaubild 3:
BtmG-Delikte (insgesamt) in der BRD seit 1981, differenziert nach Drogenart

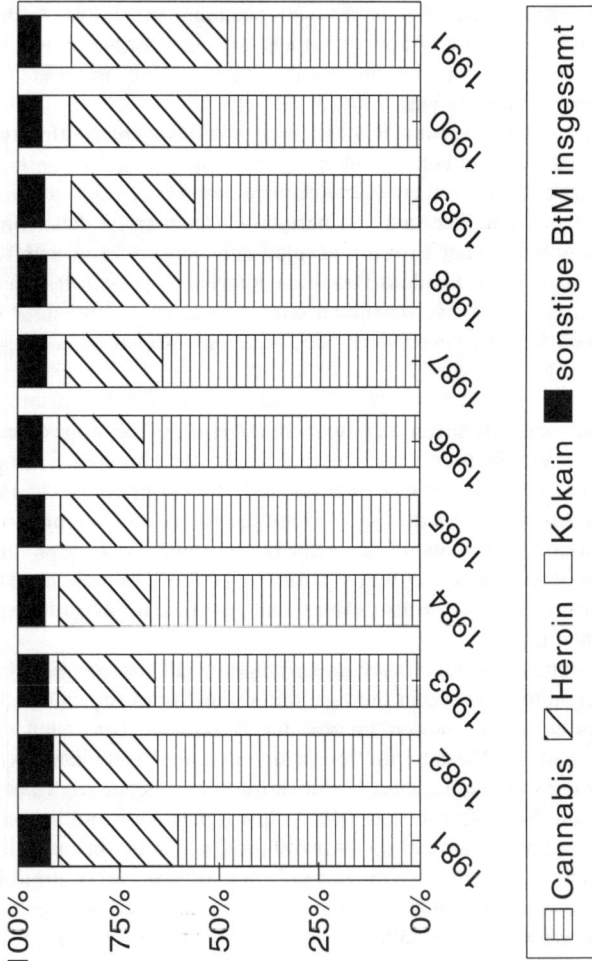

Cannabis ☐ Heroin ☐ Kokain ☐ sonstige BtM insgesamt ■

Quelle: Polizeiliche Kriminalstatistiken

lung, die bei bestehender Abhängigkeit eine mehrfache Applikation pro Tag erfordert, kann es leicht zu einer Entwicklung sozialer Desintegration kommen. Insofern kommt eine umstandslose Abgabe nicht in Frage.

Zum anderen führt das Mittel als solches nicht zu einer gesundheitlichen Verelendung, aber wir wissen, daß selbst ein helfender Zwang nicht genügt, den Konsum von Abhängigen zu beenden. Eine Kriminalisierung von bereits Abhängigen ist daher unsinnig. Sie nehmen eher extreme Formen der Depravierung und Verelendung in Kauf, als dem Druck nachzugeben, sich *so* helfen zu lassen, wie die Hilfe angeboten wird. Die lange vertretene Problemdruckthese ist gescheitert. Sie sollte endgültig ad acta gelegt werden.

Die nichtintendierten Folgen der Kriminalisierungsstrategie

Selbstverständlich verbindet sich unter den heutigen Bedingungen Drogenkonsum oft mit einem hohen Maß an Fremdschädigung. Ist bei Alkohol der Stoff die Ursache der Fremdschädigung, so erzeugen die relativ hohen Kosten der Beschaffung von Drogen und nicht der Stoff selber die Fremdschädigung. Sie berühren die Drogenkonsumenten, uns als Bürger und das politisch-gesellschaftliche System.

Empirische Untersuchungen zeigen, daß die Kriminalisierung von Abhängigen kein therapieförderndes Mittel ist, daß sie kontraproduktiv ist für den Prozeß des Herauswachsens, daß sie eine wesentliche Ursache für das Leiden und die Verelendung von Drogenkonsumenten darstellt, ohne etwas zu erreichen, daß sie mitverantwortlich ist für mangelnde Spritzenhygiene und damit einen Risikofaktor für die HIV-Ausbreitung darstellt, daß sie Erschöpfungseffekte (Beschaffungsstreß) und Risikolagen verursacht, die für die Drogentoten mitverantwortlich sind, und daß sie isolierte und verborgene Situationen des Konsums provoziert, in der die rettende Hilfe oft zu spät kommt.

Die beiden folgenden Schaubilder 4 und 5 zeigen die alarmierende Situation an. Die Zahl der Drogentoten steigt auf über zweitausend an. Die Zahl der Toten in den letzten vier Jahren ist ebenso hoch wie in den ganzen 15 Jahren davor. Vor wenigen Jahren noch hat der ehemalige Bundesdrogenbeauftragte Franke den Erfolg der deutschen gegenüber der holländischen Drogenpolitik mit der relativ niedrigeren Zahl an Toten begründet. Müssen wir heute nach

Schaubild 4:
Die Zahl der Drogentoten in der Bundesrepublik Deutschland seit 1973

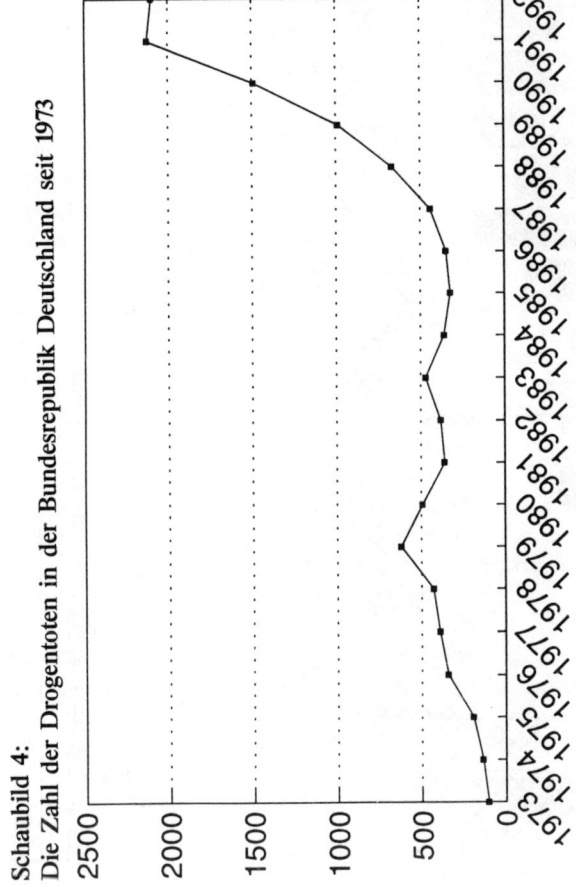

Quelle: Polizeiliche Kriminalstatistiken

Schaubild 5:
Prozentuale Altersgruppenanteile der Drogentoten in Nordrhein-Westfalen

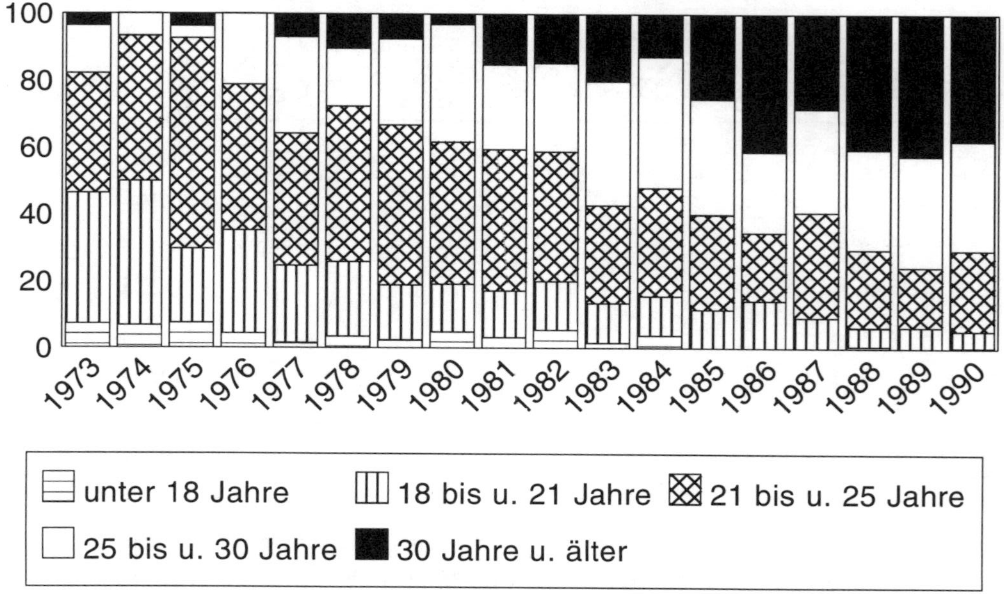

Quelle: Polizeiliche Kriminalstatistiken des LKA Nordrhein-Westfalen

Holland schauen, die jetzt günstigere Zahlen vorzeigen können? Bei den Toten hat sich eine dramatische Altersverschiebung ergeben: ca. 40 Prozent der Toten sind heute über 30 Jahre alt. Es sind also nicht die Neueinsteiger, sondern die langjährigen Fixer, die hier sterben. Sie bedürften am dringendsten der Hilfe.

In den Gefängnissen sitzen mehr Drogenkonsumenten als in den Therapieeinrichtungen. Die Strategie des Verfolgens hat die des Helfens schon längst eingeholt. Das ganze Hilfesystem ist von der Logik der Kriminalisierung bestimmt. Die meisten beginnen ihre Therapie unter dem Vorzeichen »Therapie statt Strafe«, und abgebrochene Therapien stehen unter der Drohung des Widerrufs der Bewährung. Niedrigschwellige Hilfen helfen den Leidensdruck zu mildern, aber gegenüber den Ursachen der Verelendung unter den Bedingungen der Kriminalisierung sind sie machtlos. Methadonprogramme, die die Logik der Beschaffungssituation außer Kraft setzen, werden in einzelnen Ländern bisher hoch- oder mittelschwellig angeboten und haben nur eine begrenzte Reichweite.

Auch die einzelnen Bürger sind von der Kriminalisierung betroffen. Sieht man von der Beschaffungsprostitution und dem illegalen Drogenstrich ab, auf dem es die Freier sind, die häufig den kondomlosen Verkehr erzwingen trotz erhöhtem HIV-Risiko, so gibt es die ganz gewöhnliche Kriminalität.

Das Schaubild 6 zeigt die Gesamtkriminalität in Hamburg von Drogenkonsumenten im Zeitraum von 1983 bis 1990, soweit die entsprechenden Delikte angezeigt und von der Polizei aufgeklärt worden sind.[4] In dieser Zeit wurden über zwei Millionen Delikte angezeigt und ca. 750 000 aufgeklärt. Das entspricht einer durchschnittlichen Aufklärungsquote von 35,9 Prozent. Von den aufgeklärten Delikten wurde fast ein Fünftel von Personen verübt, die in dem betrachteten Zeitraum auch, eventuell zu einem anderen Zeitpunkt, wegen Drogendelikten polizeilich erfaßt worden sind. Unter ihnen sind ca. 5000 Konsumenten harter Drogen, die über 80 000 der aufgeklärten Delikte begangen hatten. Der Schwerpunkt liegt eindeutig bei der sogenannten Beschaffungskriminalität: Diebstahl und Einbrüche in Wohnungen. Sie machen fast 60 Prozent aller aufgeklärten Delikte von Konsumenten harter Drogen aus. Nimmt man die Vermögensdelikte sowie die direkten Beschaffungsdelikte — Einbrüche in Apotheken — noch hinzu, so sind über drei Viertel dieser Delikte der Beschaffungskriminalität zuzurechnen.

Wird darüber hinaus unterstellt, daß die bei den aufgeklärten

Delikten ermittelten Tatanteile der Konsumenten harter Drogen auch für die angezeigten, aber noch nicht aufgeklärten Delikte gilt, so sind von den Konsumenten harter Drogen ca. 300 000 Delikte begangen worden, von denen über vier Fünftel direkt oder indirekt der Beschaffung dienen, um die Abhängigkeit zu finanzieren. Dies dürfte eine eher konservative Schätzung sein.

Ferner ist die Beschaffungskriminalität gerade in den Bereichen sehr hoch, in denen die Aufklärungsquote außerordentlich gering ist: Beim Diebstahl aus Wohnungen beträgt sie 12,9 Prozent, bei anderen Diebstahlsdelikten sind es 21,9 Prozent. In den anderen Deliktbereichen liegt die Aufklärungsquote dagegen über 50 und über 60 Prozent.

Schaubild 6:

Anzahl der Drogenkonsumenten und Dealer an der Gesamtkriminalität (ohne BtmG-Delikte) gemäß dem abgeglichenen Datenbestand im Verlauf von 1983 bis 1990 in Hamburg

	Anzahl der registrierten Delikte	Aufklärungsquote	Anteil der Delikte von BtMG-Tätern an den aufgeklärten Delikten		Anzahl der registrierten Delikte von Konsumenten harter Drogen
			alle BtMG-Täter	Konsumenten harter Drogen	
Direkte Beschaffung	2.758	64,5	61,9	57,4	1.583
Diebstahl aus Wohnungen	199.608	12,9	38,5	27,2	54.293
Sonstiger Diebstahl	1.209.617	21,9	24,7	16,1	194.748
Vermögensdelikte	277.311	84,9	10,6	6,2	3.100
Rohheitsdelikte	110.712	69,9	4,7	2,8	17.193
Andere Delikte	267.692	51,7	23,4	11,8	31.588
insgesamt		35,9	18,5	11,3	
Anzahl der Delikte	2.067.698	743.321	137.385	83.734	302.505
Anzahl der Täter			11.220	5.146	5.146

Bei einem nicht unerheblichen Teil der Konsumenten harter Drogen kommt es zu einer Parallelisierung von Drogen- und Kriminalitätskarriere (siehe Schaubild 7). Auch noch sieben Jahre nach der Erstauffälligkeit in dem hier betrachteten Zeitfenster werden über die Hälfte erneut polizeilich auffällig. Die lange Dauer der Abhängigkeit perpetuiert die echte Kriminalität. Davon sind alle betroffen.

Schaubild 7:
Wiederauffälligkeitsraten von Drogenkonsumenten und Dealern gemäß dem abgeglichenen Datenbestand im Verlauf von 1983 bis 1990 in Hamburg

	%-Anteil der Täter, die nach n-Jahren erneut auffällig werden bei den		
	Konsumenten		Dealern
	harter Drogen in %	weicher Drogen in %	in %
nach einem Jahr	46	26	27
nach 2 Jahren	45	23	22
nach 3 Jahren	46	22	19
nach 4 Jahren	48	22	18
nach 5 Jahren	53	24	21
nach 6 Jahren	54	24	24
nach 7 Jahren	56	23	22

Schließlich sei auf die verwiesen, die die eigentlichen Profiteure sind: den organisierten Drogenhandel und das organisierte Verbrechen. Die Geschehnisse in diesem Bereich, die sich oft auch noch mit illegalem Waffenhandel und mit der Arbeit von Geheimdiensten verbinden, sind schwer zu durchleuchten und zu überschauen. Die Beispiele in anderen Ländern zeigen jedoch, welche Macht und welchen Einfluß solche Verbrechersyndikate oder -kartelle gewinnen können. Ihre exorbitanten Gewinne erreichen Größenordnungen, die sonst nur von Weltkonzernen erzielt werden. Sie können es sich sogar erlauben, einem Staat − Kolumbien − anzubieten, dessen gesamte Auslandsschulden von 14 Milliarden Dollar gegen politische Tauschgeschäfte zu begleichen.
Ein Sahnebonbon in diesem Geschäft ist der Drogenhandel, da er sich auf die Zahlungsfähigkeit und das Schweigen seiner abhän-

gigen Kunden verlassen kann. Die aufgrund der Kriminalisierung erzielten Extragewinne erreichen Dimensionen, die nicht mehr durch privaten Luxus verkonsumiert werden können. Das so akkumulierte Geld drängt darauf, sich in politische und gesellschaftliche Macht zu transformieren, und stellt damit für die demokratischen Gesellschaften und deren Institutionen eine Gefahr dar.

Schaden und Nutzen der Kriminalisierung – eine Abwägung

Was wir letztlich haben, sind bleibende Ursachen des Drogenkonsums, eine quantitative Zunahme, soziale Deklassierung und Depravierung der Drogenkonsumenten, eine erhöhte Mortalität von Menschen, die als Jugendliche in die Abhängigkeit hineingeraten sind und als ältere nicht davon loskommen, sowie eine steigende Beschaffungskriminalität und gefährlich anwachsende organisierte Kriminalität. Hinzu tritt das mit dem i. v.-Drogenkonsum verbundene erhöhte HIV-Infektionsrisiko.

Die Ursachen der Risiken und der Verelendung resultieren jedoch aus der fatalen Verquickung von strafrechtlichen und sozialen Schwierigkeiten, sich Geld und Drogen zu beschaffen, von den erzwungenen Umständen, unter denen konsumiert werden muß, und den psychischen Problemen, die mit dem Drogenkonsum verbunden sind.

Durch die Kriminalisierung wird in sehr effizienter Weise die Abhängigkeit vom Stoff mit den hohen Kosten des Stoffes für den Endverbraucher, der Beschaffungskriminalität und dem hohen Profit für die Hauptdealer, deren Vertriebswege ausgeklügelter Organisation bedürfen, zu einem wechselseitig abhängigen »Gesamtbetrieb« mit hoher krimineller Energie *zusammengeschweißt*. Es entsteht die paradoxe Situation: Je erfolgreicher die Polizei arbeitet, desto katastrophaler wird die Lage. Denn erfolgreiche Polizeiarbeit unter den jetzigen rechtlichen Bedingungen liefert den Kick, der den Profit noch weiter ansteigen läßt: das Risiko. Steigender Profit und höhere Kosten verstärken aber die nichtintendierten Folgen. Opfer sind nicht nur die Drogenkonsumenten selber, sondern auch die Bürger, deren Eigentumsgarantie durch jämmerliche Aufklärungsquoten unterhöhlt wird, und auch die zivile, demokratische Gesellschaft, deren verfassungsrechtliche Garantien – zum Beispiel die Unverletzlichkeit der Wohnung – unter dem Vorzeichen eines sogenannten Kriegs gegen die Drogen eingeschränkt werden und deren Institutionen durch die exorbitant angesammelten Geldmengen im Drogengeschäft in Bedrängnis gebracht werden können. So weitet sich der Kreis der Betroffenen auf Bürger und demokratische Öffentlichkeit aus, auf deren Kosten kleine Gruppen Profitmaximierung betreiben.

Trotz aller Fahndungserfolge treten Engpässe auf dem Drogenmarkt nicht auf. Selbst das Bundeskriminalamt schätzt ihren Erfolg auf höchstens zehn Prozent des vorhandenen Stoffes. Bewirkt wird damit *nur* die Erhöhung des Verkaufsrisikos, und das bedeutet im Drogengeschäft Profit. Vor allem die Konsumenten »harter« Drogen werden dadurch einer fatalen Handlungslogik unterworfen. Durch die Kriminalisierung des Stoffbesitzes erhöht sich der Preis, und die *Abhängigkeit* der Konsumenten vom Stoff *garantiert* dem Dealer, daß der *überhöhte* Preis auch gezahlt wird und der Konsument um *jeden Preis* das dafür nötige Geld auftreibt. Die Kriminalisierung des Konsums ist daher die *unentbehrliche* Hilfe *für* die Dealer. Ohne Kriminalisierung gäbe es keine solchen Gewinne, die die Organisierung des Drogenhandels so lukrativ machen und die die Herstellung in den armen und verschuldeten Ländern zu einem so wichtigen Wirtschaftszweig werden lassen. Daher sind alle Versuche, das Drogenproblem an der Herstellungsquelle oder der Anbieterseite zu bekämpfen, zum Scheitern verurteilt. Eine solche Politik ist illusorisch und dient bestenfalls der Symbolik und billiger Legitimation, die auf Vorurteilen, Nichtwissen und irrationalen Ängsten beruht.

Der Kern des Problems ist und bleibt die Nachfrage und nicht das Angebot oder die Herstellung in fernen Ländern. Die Nachfrager sind wir. Die meisten konsumieren gelegentlich, ein kleiner Teil von ihnen wird stark davon abhängig. Aber das Problem der Abhängigkeit, d. h. die zeitweise Unfähigkeit, aufhören zu können, läßt sich repressiv nicht lösen. Das haben 20 Jahre Drogenpolitik, die sich ausschließlich am Paradigma der Drogenfreiheit orientiert, gelehrt. Die erstaunliche, wirklich erstaunliche Resistenz von Abhängigen, selbst schärfste Grade der Verwahrlosung zu ertragen und sich trotzdem nicht von der Droge lösen zu können, sollte uns zu denken geben.

Die gesellschaftliche Legitimation und Akzeptanz, bestimmte Handlungen und Verhaltensweisen zu kriminalisieren, liegt in ihrer Schutzfunktion. Sie ist besonders hoch, wenn Schaden durch Dritte zugefügt wird. Dann gehen Betroffene und Polizei gleichsam eine

Koalition ein, um dem Mißstand abzuhelfen. Im Drogenbereich jedoch wird die falsche Koalition zwangsweise erzeugt, da zuwenig der Unterschied von Selbst- und Fremdschädigung beachtet wird. So werden die Täter einerseits und die Opfer aufgrund ihrer Abhängigkeit andererseits zu einem symbiotischen Zweckbündnis gegen die Polizei gezwungen, so daß die Schutzfunktion der Kriminalisierung sich in ihr Gegenteil verkehrt und Verelendung produziert sowie neue, meist viel gravierendere Kriminalität hervorruft. Diese Kriminalisierungsstrategie verliert damit aber ihre Legitimation, da sie nicht mehr schützt, sondern *alle* bedroht.

Will man nicht unter die Räder dieses Problem geraten und nicht weiter hinnehmen, daß der Schaden für die Betroffenen sowie für die Gesellschaft durch die nichtintendierten Folgen größer ist als der präventive Nutzen, so kann das Motto nicht lauten »Noch mehr von dem Bisherigen«. Das Drogenproblem in unseren modernen Gesellschaften ist äußerst komplex − unter diesem Aspekt wären selbstverständlich auch u. a. Alkohol und Medikamente miteinzubeziehen −, und es ist aufgrund seiner Verbreitung außerordentlich ernstzunehmen. Die Grundannahmen der heutigen Doppelstrategie des Helfens und Verfolgens, daß die strafrechtliche Verfolgung des Drogenbesitzes und damit auch des Drogenkonsums einerseits generalpräventiv wirkt und andererseits den Problemdruck bei den Betroffenen so erhöht, daß sie sich den gleichfalls angebotenen Hilfen und Therapien anvertrauen und dadurch gleichsam geheilt und geläutert wieder in die gesellschaftliche Normalität eingegliedert werden können, haben sich als falsch erwiesen. Alternativen sind dringend nötig und neue Erfahrungen erforderlich.

Anmerkungen

1 Das sind hier die Personen, die im betrachteten Zeitfenster nur wegen Dealerdelikten auffällig geworden sind und auch nicht von der Polizei als Konsumenten harter Drogen identifiziert werden konnten. Da das Zeitfenster begrenzt ist, kann ein Teil von ihnen noch nicht identifizierte Konsumenten harter Drogen sein. Insofern stellt diese Zahl eine konservative Schätzung dar. Da im betrachteten Zeitfenster eine personenbezogene Abgleichung der Daten der PKS stattgefunden hat, sind die Zahlen um die Mehrfachzählungen bereinigt. Sie geben also die Täter wider und nicht ihre Taten, deren Zahl wesentlich größer ist.

2 Um keine falschen Fronten aufzubauen: Diese Zahlen richten

sich nicht gegen die Polizei, die nach ihrem gesetzmäßigen Auftrag handelt. In Frage stehen die Gesetze und die verfolgte Strategie der Drogenpolitik.

3   Das im Prinzip richtige Argument, daß niedrige Aufklärungsquoten kein Argument gegen die Aufrechterhaltung von Strafbarkeit ist, greift hier nicht, da es sich hier, wenn überhaupt, um Selbstschädigung handelt. Die Strafbarkeit spielt genau in dem Moment wieder eine Rolle, wenn es um Fremdschädigung geht (Straßenverkehr).

4   Die erste Spalte gibt die Zahl der registrierten bzw. angezeigten Delikte für die verschiedenen Deliktgruppen an. Die zweite Spalte gibt die Aufklärungsquote wider. Die dritte und vierte Spalte geben an, wieviel Prozent der aufgeklärten Delikte von Drogenkonsumenten bzw. Konsumenten harter Drogen begangen wurden, und die letzte Spalte stellt unter Berücksichtigung der Aufklärungsquote eine Hochrechnung dar, wie viele Delikte tatsächlich von den Konsumenten harter Drogen begangen worden sind. Für die Ermittlung der Täterschaft wurde ein doppelter Abgleich vorgenommen. Zuerst wurde ermittelt, zu welchem Konsumententyp die wegen Drogendelikten auffällig gewordene Person gehört, danach wurde geprüft, ob sie innerhalb des Zeitfensters wegen anderer Delikte auch polizeilich erfaßt worden ist, selbst wenn sie im jeweiligen Tatzusammenhang (z.B. beim Diebstahl) nicht als Konsument harter Drogen erkannt worden ist

Dr. Peter Raschke ist Professor am Fachbereich Politische Wissenschaft der Universität Hamburg.

Harald Eichler

»Über«-lebenszeit schaffen

Der Verbund sozialtherapeutischer Einrichtungen, im folgenden VSE genannt, ist ein in Deutschland anerkannter Träger der Heimerziehung. Seit Mitte der 70er Jahre arbeitet der VSE im Rahmen von öffentlicher Erziehung schwerpunktmäßig im Jugendbereich. Das von ihm entwickelte Konzept der »Mobilen Betreuung« mit dem Credo: »Sich am Jugendlichen orientieren« ist mittlerweile zu einem Regelangebot der stationären Jugendhilfe geworden. Mobile Betreuung heißt, daß von einem Koordinationsbüro aus eine Anzahl von Jugendlichen in eigenen Wohnungen betreut wird.

Hier wie auch in anderen Einrichtungen der Heimerziehung tauchen immer mehr Jugendliche auf, die über das Stadium des Probierens von harten Drogen hinaus sind, das heißt, bei denen sich Drogenkonsum als Bewältigungsstrategie im Sinne der Selbstheilungsmotivation verfestigt hat. Der gewöhnliche Umgang mit solchen Kids, geprägt durch die Angst der Pädagogen vor dem »Dämon« Droge, ist ausgrenzen, isolieren und abschieben, notfalls auf die Straße. Wünsche nach Betreuung werden mit Forderungen nach Abstinenz verbunden. Geschlossene Unterbringung, Einweisung in Jugendpsychiatrien und Inhaftierung sind weiterhin probate Maßnahmen, mit diesem Problem nicht umgehen zu müssen. Notwendige institutionelle Hilfe wird auf mannigfaltige Art und Weise verhindert. (So existiert in einer deutschen Großstadt z. B. ein Erlaß, drogenkonsumierenden Kids in Jugendzentren mit Hausverboten zu begegnen.) Dieses Beispiel läßt sich um viele ergänzen: Schule, Ausbildungsstellen usw. Aber auch Drogenberatungsstellen, Entgiftungseinrichtungen und Langzeittherapiebetriebe sind auf dieses Klientel nicht eingestellt.

Trotz aller Probleme, die ein Spezialprojekt für drogenabhängige Jugendliche im Sinne von Stigmatisierung und damit weiterer Ausgrenzung bringt, haben wir uns für das unter den herrschenden Bedingungen am praktikabelsten handhabbare Modell eines solchen entschieden (Kosten-, Abrechnungs- und Organisationsfragen).

48

Wie wir arbeiten

Wir arbeiten mit Jugendlichen ab 15 Jahren, die in Einzelwohnungen betreut werden. In aller Regel kommen sie aus anderen Einrichtungen der öffentlichen Erziehung, an denen oder in denen sie gescheitert sind, weil eine adäquate Betreuung nicht möglich war. Einziges Kriterium für die Aufnahme in unser Projekt ist der Wunsch des Jugendlichen, »betreut zu werden«. Alle Biographien unserer Kids sind durch vielfache Traumatisierungen gekennzeichnet. Gründe, warum sie harte Drogen injizieren, lassen sich eine Menge finden. Es ist ganz sicher interessant, diese Gründe zu erfahren, aber in einem Projekt mit dem Logo »*Über-lebenszeit schaffen*« geht es in allererster Linie darum, das »Know-how« für das Überleben des kriminalisierten Alltags zu vermitteln.

Dazu gehört die Aufklärung über »safer use« genauso wie über »safer sex«. Wir üben den risikoärmsten Umgang mit der Nadel, beraten über Wechselwirkungen von Drogen und mischen uns in Auseinandersetzungen mit Zuhältern ein. Wohl wissend, daß ein großer Teil unserer Arbeitskraft nicht dem Jugendlichen mit seinen Problemen, sondern den illegalisierten und kriminalisierten Konsumbedingungen einer Substanz gilt. Diese Bedingungen machen es aus, daß der Abhängigkeit von dieser Droge der gesamte Tag gewidmet werden muß. So ein Tagesablauf zwischen Entzug, Drogenbeschaffung, Drogenkonsum, Gelderwerb durch Prostitution, Polizei, Krankenhäusern, Psychiatrien, Gefängnissen und Szene, wohlgemerkt unter den Prämissen der Illegalität, der Kriminalität und der daraus resultierenden Verfolgung, läßt sich mit einer jugendgemäßen Entwicklung nicht vereinbaren.

Ruhepausen gibt es in diesem Leben nicht. Selbst ein 16jähriges Mädchen, das sechs Stunden durch einen perversen Freier vergewaltigt und gequält wurde, deren Arme zahlreiche behandlungsbedürftige Abzesse aufwiesen, wurde mit dem Hinweis auf die »Nichtzuständigkeit für Drogenprobleme« die Aufnahme in ein Krankenhaus verweigert. In so einem Zustand zurück auf die Straße!

Es gibt keinen Platz, der Jugendlichen in so einer Situation den Schutz, die Ruhe und das passende Substitut anbietet. So etwas mit auszuhalten mangels anderer Möglichkeiten gehört zum Betreuungsalltag. Das macht Betreuung überhaupt erst aus. Nicht weggehen, sondern dableiben, nicht hilflos, aber akzeptierend dabeizusitzen, wenn ein Kid sich mit ungeeigneten Mitteln die Venen versaut, sondern hier konkrete Alternativen zeigen. Spritzen-Abzesse werden nicht als »Kainsmal« des Drogenabhängigen, sondern als eine Verletzung, die Behandlung und Trost braucht, beachtet.

Unter prohibitiven Bedingungen können altersgemäße Aufgaben wie Schule, Ausbildung, Entwickeln von Autonomie und Lebensplanung nicht gelebt werden. Unter Beteiligung der Institutionen wird das Sozialisationsfeld drogenkonsumierender Jugendlicher auf die illegalisierte, kriminalisierte und verfolgte Drogenszene beschränkt. Aufgrund fehlender sozialer Bindung außerhalb der Szene stehen als Identifikationsmuster und Identifikationsfiguren nur noch solche zur Verfügung, die von Illegalität, Kriminalität und Verfolgung gekennzeichnet sind. Auch das sind Gründe, weshalb wir bei unseren Jugendlichen ein dramatisches Tempo der Hochdosierung und eine extreme Risikobereitschaft beobachten.

Mobile Betreuung heißt, diesen Bedingungen angemessene, am Alltag des Jugendlichen orientierte und zur Schadensbegrenzung verpflichtete Hilfe anzubieten. Die Gratwanderung zwischen Legalität und Illegalität muß unter der Prämisse »Über-lebenszeit schaffen« parteilich, am Wohl des Jugendlichen orientiert ausgehalten werden. Auch wenn es uns lieber ist, wenn die Jugendlichen ihre Drogen in unserem Beisein unter hygienischen Bedingungen konsumieren, in einem Klima, wo »safer-use«-Botschaften auch greifen, und nicht in irgendwelchen öffentlichen Toilettenanlagen mit der Angst vor Entdeckung und unzureichenden hygienischen Bedingungen.

Substitutionsbehandlung bei Jugendlichen –
Sinn oder Unsinn?

Ich möchte über unsere Erfahrungen mit Codeinsubstitution bei drogenabhängigen Jugendlichen berichten, die in unserer »Mobilen Betreuung« in Dortmund leben. Wir nutzen Dihydrocodeinsaft in einer 2,5prozentigen Lösung, gemischt mit Kirschsaft, was die intravenöse Applikation unmöglich macht. Die Halbwertzeit liegt bei sechs bis acht Stunden, d. h., es reichen drei Dosen pro Tag. Die Dosis wird der Heroindosierung angepaßt. Ein »je mehr, desto besser« ist dabei ebenso zu vermeiden wie ein »so wenig wie möglich«. Wir probieren gemeinsam mit den Jugendlichen die Tagesration aus, um zu sehen, wieviel in welchen Dosen am besten ist.

Warum wählen wir Codein als Substitut? Erstens, zweitens und drittens, weil wir aufgrund des BtmG nicht in der Lage sind, die

Originalsubstanz, sprich Shore, zur Verfügung zu stellen. Zudem kann man wegen geltender Vorschriften (NUB) in NRW Jugendliche nur in Ausnahmefällen mit L-Polamidon behandeln. Welche Jugendlichen haben schon abgebrochene Langzeittherapien vorzuweisen, wo es doch zudem kaum Therapieplätze für Jugendliche gibt?

Da Codein nicht unter das BtmG fällt, können wir die Vergabemodalitäten flexibler handhaben, den Bedingungen der Jugendlichen (besser) anpassen.

Die Vergabe des Medikaments erfolgt durch den behandelnden Arzt, delegiert durch uns, die Betreuer der MoB. Dabei legen wir größten Wert darauf, daß die Jugendlichen die Verantwortung für die Substitution mehr und mehr übernehmen können. Wir wollen die Jugendlichen nicht mit Codein versorgen, sondern Hilfe leisten, daß sie sich selbst mit Codein versorgen (wenn sie es wollen). Wir fahren also nicht hinterher, wenn eine Jugendliche vergißt, sich den Saft zu besorgen, setzen aber ebensowenig die Codeinvergabe als Druckmittel gegen die Jugendlichen ein. Wir versuchen, und das ist im einzelnen ganz schön schwierig, in der Konstellation Arzt – Jugendliche – Betreuer jedem seinen Verantwortungsbereich klar zu überlassen.

Das ist selbstverständlich alles ein bißchen abstrakt, daher zur Konkretisierung jetzt zwei Fallbeispiele, an denen ich Möglichkeiten und Grenzen der Codeinsubstitution zeigen kann.

Anja, 17 Jahre: Ende vergangenen Jahres hat sich Anja dermaßen hochdosiert, daß wir etwas unternehmen mußten, wollten wir nicht ihren Tod in Kauf nehmen. Anja lebt seit mehr als einem Jahr in der Szene, ist dort auch zu Hause, d. h. hat ihre ganzen sozialen Bezüge dort. Sie geht auf den Strich, um sich mit Shore versorgen zu können, und war dabei kurz hintereinander mehrfach vergewaltigt worden. Zuletzt von einem perversen Freier, der sie sechs Stunden lang vergewaltigte und quälte. Sie dosierte sich daraufhin höher, um das Erlebnis wegzudrücken, hatte aber bald keine brauchbare Vene mehr, war von da an auch gezwungen, ihren Schmerz mit Rohypnol zu betäuben. Sie landete mehrfach mit Überdosis im Krankenhaus. Eine reguläre Aufnahme aufgrund ihrer zahlreichen Spritzenabzesse wurde verweigert; »für Drogenprobleme nicht zuständig« hieß es. Wir sahen, wie verzweifelt sie war, wie sie auf dem Weg war, sich totzudosieren, und machten ihr daher den Vorschlag zur Codeinsubstitution. Vermittelt durch

J.E.S. Dortmund fanden wir auch einen Arzt, der zur Substitution bereit war. Mit Beginn der Substitution setzte schlagartig eine Verbesserung von Anjas Situation ein. Ich würde sagen, das war ihr Honeymoon: Lange verschüttete Wünsche traten zu Tage, Entgiftung, Therapie, Schule . . ., aber Anja lebte weiterhin in der Szene, hatte Beigebrauch, den sie aber recht verantwortlich handhabte. Jedenfalls zunächst. Nach einigen Wochen aber wurde ihr (und uns) klar, daß die Substitution keineswegs alle ihre Probleme löste. Ihre Defizite, was Schule, soziale Kompetenz usw. anging, waren zu groß, sie sah sich mit ihren Wünschen scheitern. Jetzt fing sie wieder an zu ballern, und allmählich wurde aus dem Substitut ein Beigebrauch. Mit der erneuten Hochdosierung von Heroin traten auch wieder all die alten Probleme auf, der Kreislauf: drücken, Stoff besorgen durch Prostitution, Vergewaltigung, mehr drücken setzte wieder ein.

Wir bekamen Zweifel am Sinn der Substitution. Zudem gab Anja jede Verantwortung für die Substitution auf: Mal kümmerte sie sich um den Saft, mal nicht, mal kam sie mitten in der Nacht, um ihren Saft zu bekommen. Dem Arzt versuchte sie hinsichtlich ihres Beigebrauchs was vorzumachen, uns verpflichtete sie zu Stillschweigen. Wir sahen nur die Möglichkeit, die aktuelle Situation in einem Dreiergespräch offenzulegen. Der Arzt machte dabei erneut die Bedingungen deutlich, unter denen er zur Substitution bereit war, Anja mußte sehen, daß auch ein Verlust der Substitution möglich war.

Damit begann die dritte Phase in Anjas Substitution: Sie hat Beigebrauch, aber in geringerem Umfang, u. a. hat sie einen Stammfreier, der ihren Beigebrauch finanziert. Was trug zu dieser Stabilisierung bei? Das Dreiergespräch? Der Stammfreier? Die Substitution? Oder noch ein anderer Umstand, den wir gar nicht kannten?

Diese Frage berührt uns weniger. Wichtig ist für uns, daß es diese Stabilisierung gibt und damit eine Grundlage dafür, daß Anja doch mehr Verantwortung für ihre Substitution übernimmt, so daß wir letztlich ihr die Zusammenarbeit mit dem Arzt überlassen können. Uns geht es darum, ihr Rahmenbedingungen zu schaffen, doch noch ihre Wünsche nach Schule, anderen sozialen Kontakten, Ausstieg aus der Prostitution zu realisieren, ihre Entwicklung zum Erwachsenen fortzusetzen. Dabei nehmen wir auch ihren Wunsch nach ambulanter Therapie ernst.

Bea, 19 Jahre: Bea konsumiert seit einem Jahr harte Drogen. Das

Geld dafür beschafft sie sich auf dem Strich. Bei ihr kam der Anstoß zur Substitution von ihr selbst. Sie erzählte, es sei ihr alles zuviel, das Anschaffen, die Jagd nach Stoff. Auch Bea hatte zu Beginn ihrer Substitution ihren Honeymoon. Allerdings experimentierte sie nicht mit ihrer Codein-Dosis, wie Anja das tat. Ich denke, das lag daran, daß sie viel niedriger dosiert war. Auch Bea träumte von einer Ausbildung, aber vor allem davon, sich mal so richtig zu verlieben, ohne Shore.

Der Honeymoon war – genau wie bei Anja – bald vorbei, als ihr klar wurde, was für sie realistisch sein könnte – in der nächsten Zeit. Sie brauchte mehr Saft, auch der Beigebrauch stieg an – aber sie ließ den Saft immer weg, wenn sie Beigebrauch hatte. Der Beigebrauch von Benzodiazepinen blieb fast ganz aus.

So war das Ende des Honeymoon für Bea keine Krise, die Subsitution war nicht in Frage gestellt, und jetzt, wo sich die Substitution stabilisiert hat, steht sie vor der Entscheidung, ob sie die im Honeymoon gefaßten Perspektiven Beruf, Ausbildung, verlieben etc. verfolgen soll oder sich auf ein Leben mit Codein, Shore, Sozialhilfe und ein bißchen Prostitution einstellen soll.

Was können wir aus dem Vergleich beider Substitutionen folgern?

Die Substitution mag für Anja lebensrettend gewesen sein, ob sie ihr eine Lebensmöglichkeit bietet, bleibt unklar. Es ist z. Z. nicht zu sehen, daß sie Teile ihres Lebens, d. h. etwa auch die Substitution, in eigene Hände nehmen wird. Was ist ihr Lebensentwurf?

Anja ist jünger als Bea, hat viele Entwicklungsaufgaben, u. a. was die Bewältigung eines Lebensalltags angeht, noch nicht gemeistert. Sie braucht noch viel Zeit und vielleicht ist die Substitution eine Möglichkeit, ihr diese Zeit zu lassen. Für Bea dagegen ist die Substitution eine Möglichkeit zu verhindern, daß die Szene ihr einziges Lebensfeld wird, und bietet damit Perspektiven auch über ihre jetzigen Lebensverhältnisse hinaus

Wir denken daher: Substitution kann ein wichtiges Angebot für Jugendhilfe sein. Muß es aber nicht in jedem Fall! Substitution im Rahmen von Jugendhilfe sollte langfristig angelegt sein. Auch mit zwei oder mehreren Anläufen sollte man rechnen, dann kann Substitution Raum geben, versäumte Entwicklungsabschnitte nachzuholen und ein eigenständiges Leben (mit oder ohne Substitut/Shore) aufzubauen. Ein erster Schritt dahin scheint uns aber zu sein, die Substitution in die eigenen Hände zu nehmen. Und das ist auch das Ziel, unter dem wir weiterhin Substitution mit Jugendlichen versuchen wollen.

Harald Eichler ist Erzieher und Suchttherapeut beim Verbund sozialtherapeutischer Einrichtungen (VSE) in Dortmund.

Franz Trautmann

Autonomie und/oder Bevormundung – zum Spannungsverhältnis von akzeptierender Drogenarbeit und KonsumentInnen(organisationen)

Akzeptierende Drogenarbeit hat sich als Kritik der etablierten »Suchthilfe«, die sich am Abstinenzparadigma orientiert, entwickelt. Auf der Grundlage dieser Kritik sind Forderungen entwickelt worden, denen akzeptierende Drogenarbeit zu entsprechen hat (Schuller/Stöver 1991; Herwig-Lempp/Stöver 1988). Zu diesen Forderungen gehört u. a., daß Hilfe voraussetzungslos und niedrigschwellig geboten wird, daß das Hilfeangebot sich an den Bedürfnissen der User orientiert und daß Hilfe nicht bevormundet. Letzteres, was positiv formuliert, das Recht der User auf Selbstbestimmung meint, verdient meines Erachtens nähere Aufmerksamkeit.

Erstens sind die Folgerungen, die sich daraus ableiten, nicht unumstritten. Das Recht auf Selbstbestimmung beinhaltet schließlich, wenn man es ernst nimmt, nicht nur z. B. das Recht, sich als User die den eigenen Bedürfnissen entsprechende Behandlung aussuchen zu können, sondern auch das Recht, den eigenen Bedürfnissen entsprechend zu leben. Das heißt, zum Beispiel Drogen (weiter) zu konsumieren. Zweitens, und damit kommen wir zum Thema dieses Beitrags, ist auch der der Akzeptanz verpflichtete Drogenhelfer nicht immer gegen die Verführungen der Bevormundung gefeit.

Aus den genannten Forderungen geht bereits hervor, daß akzeptierende Drogenarbeit – explizit – Partei ergreift. Wie auch das Thema dieses Kongresses deutlich macht, beinhaltet dieser Ansatz eine grundsätzliche Kritik der vom BtmG sanktionierten repressiven Drogenpolitik, die einer menschenwürdigen Existenz von Konsumenten für illegal erklärter Drogen zuwiderläuft. Kriminalisierung und Marginalisierung sind hier die Stichworte, hinter denen sich das Elend des Junkie-Alltags verbirgt. Gefordert wird denn auch eine Drogenpolitik, die Menschenwürde von Drogenkonsumenten nicht nur respektiert, sondern auch mit konkreten Maßnahmen dazu beiträgt, daß Drogenkonsumenten ein menschenwürdiges Leben führen können. Das heißt, hinter der Kritik der politischen Realität verbirgt sich ein moralischer, an Humanität orientierter Anspruch.

Es ist gerade dieser Anspruch, der nähere Beachtung verdient. Das wird mit Nachdruck bei der Umsetzung der allgemeinen Forderungen in konkrete, an Akzeptanz orientierten Maßnahmen deutlich. Dabei spielt wiederum die Tatsache, daß in der heutigen Situation − gesetzlich festgelegt − Nichtakzeptanz den Rahmen der Drogenpolitik bestimmt, eine entscheidende Rolle. Akzeptierende Drogenarbeit versteht sich in dieser Situation, in der Usern das Recht auf Selbstbestimmung kategorisch bestritten wird, auch als Anwalt der Drogenkonsumenten. Auf dem Hintergrund der repressiven Drogenpolitik ist dies verständlich und unbestreitbar wichtig. Akzeptierende Drogenarbeit hat auch ohne Zweifel − vielfach zusammen mit Bündnispartnern in der Wissenschaft, der Politik, etc. − eine wichtige Rolle sowohl bei dem Thematisieren als bei der Planung und Durchführung konkreter Veränderungen in Richtung auf eine humanere Drogenpolitik gespielt. Diese Anwaltrolle birgt aber auch einige problematische Aspekte in sich, die hier, auch weil sie ab und zu übersehen zu werden drohen, diskutiert werden sollten.

Ein Problem ist z. B., daß diese Rolle aufgrund der entmündigten Position der Drogenkonsumenten nur allzuleicht in Vormundschaft und Fürsorge abgleiten kann. Als Anwalt tritt man schließlich nicht selten stellvertretend für seinen Klienten auf, man rät oder beschließt, was dieser sagen oder tun sollte, etc. Da Drogenkonsumenten von der Öffentlichkeit in der Regel als unzurechnungsfähig angesehen werden, droht diese Anwaltrolle aber − vergleichbar der Situation im Psychiatriebereich − in einer Bestätigung oder Verstärkung der entmündigten Position der User zu resultieren. Dies bedeutet eine Ungleichwertigkeit im Verhältnis zwischen akzeptierender Drogenarbeit und Usern, die wohl kaum mit dem Ausgangspunkt der Akzeptanz in Einklang zu bringen ist.

Problematisch ist meiner Ansicht nach in diesem Zusammenhang auch, daß das in dieser Anwaltrolle enthaltene soziale Engagement sich nur allzuleicht vermengt mit oder unterschwellig bestimmt wird von meist etwas unklaren persönlichen Motiven des Drogenhelfers. Die Situation der Ausgrenzung und damit Rechtlosigkeit von Usern ist verführerisch. Sie lädt gewissermaßen dazu ein, sich in der Rolle des Anwalts der Entrechteten, in der man das Beste mit den Usern vorhat, zu gefallen. Diese Rolle appelliert − was durchaus verständlich ist − an Florence-Nightingale-, Robin-Hood- oder Che-Guevara-Träume. Dies mag übertrieben klingen, ist es aber meiner Meinung nach nicht.

Und zuletzt ist da noch das Risiko des übertriebenen Verantwortungsgefühls, das dazu führt, daß man sich als Drogenhelfer in seiner Anwaltrolle für alles verantwortlich fühlt, daß man sich überall einmischt.

An Hand von zwei Beispielen aus der Praxis akzeptierender Drogenhilfe – den Druckräumen und der Einbeziehung von Userinitiativen (Selbsthilfe oder Interessenvertretungen) in die Drogenarbeit – möchte ich diese Probleme darstellen.

Druckräume

Das Thema Druckräume für User ist ein im Rahmen einer Drogenpolitik, die sich am Begriff Akzeptanz orientiert, unbestreitbar wichtiger Aspekt. Akzeptanz bedeutet schießlich auch, daß man Drogenkonsum akzeptiert, und infolgedessen, daß man – im Hinblick auf Schadensbegrenzung – dem User die Möglichkeit bietet, ungestört und unter hygienischen Umständen konsumieren zu können. Dies ist ebenso wie die Vergabe von Spritzen eine Bedingung von »safe use«.

Die Tatsache, daß der Drogenkonsum (und auch der -handel) sich heute vielfach auf der Straße abspielt, ist eine Folge der repressiven Drogenpolitik. Polizeirazzien, Obdachlosigkeit zwingen User, auf der Straße zu leben. Die Existenz von offenen Szenen in verschiedenen Großstädten ist ein Beweis, daß Alternativen fehlen. Das führt zu Problemen, sowohl für die User selbst als auch die Nachbarschaft. Es ist nicht selten alleine schon diese sichtbare Präsenz des Drogenkonsumenten, die von den Bewohnern eines Viertels als Bedrohung oder Belästigung interpretiert wird.

Damit ist deutlich, daß die Realisierung von Frei-Räumen ein elementarer Teil emanzipatorisch verstandener Normalisierung ist. Die Frage ist allerdings, ob die Einrichtung derartiger Frei-Räume Aufgabe der Drogenhilfe sein kann oder sollte.

Ein wichtiges Argument dagegen ist meiner Meinung nach, daß der Drogenhelfer, auch der Streetworker, kein Zugehöriger der Szene ist. Sein Motiv, sich in die Szene einzumischen, ist ein wesentlich anderes als das vom User oder Dealer. Dieser Unterschied wird noch deutlicher sichtbar, wenn der Drogenhelfer die Rolle des Verwalters eines Frei-Raums auf sich nimmt. Letztlich ist ein Frei-Raum, dessen einziges oder Hauptziel es ist, Gelegenheit zum Konsum zu bieten, nicht viel anderes als eine Art Opiatkneipe, das heißt von seinem Zweck her eher Teil der Szene als der Drogenhilfe.

Die brennende Frage bezieht sich aber in der gegenwärtigen Situation immer auf den Dealer: Darf in einem Frei-Raum Heroin verkauft werden oder nicht? Konsum setzt schließlich Verkauf voraus. Obwohl es in Amsterdam vor Jahren ein Drogenhilfeprojekt mit einem Hausdealer gegeben hat, dürfte es in der gegenwärtigen Situation generell unvorstellbar sein, daß der Drogenhelfer als Verwalter eines Raums auftritt, in dem konsumiert *und* gehandelt wird. Es ist auch die Frage, ob dies vernünftig wäre. Aus dieser Situation kann sich ein klarer Interessenkonflikt entwickeln zwischen Drogenhelfer und Szene. Von Usern kann zum Beispiel nicht erwartet werden, daß sie sich in einem Konfliktfall gegen den Dealer wenden. Gerade in der gegebenen Situation, in der Druckräume nur unter der Auflage toleriert werden, daß Handel ausgeschlossen wird, kann ein solcher Konflikt nur allzuleicht entstehen. Diese Situation dürfte denn auch zwangsläufig dazu führen, daß der Drogenhelfer zum Ordnungshüter dieses Teils der Szene wird. Ein Vertrauensverhältnis zwischen ihm und dem User ist in dieser Situation nur schwer aufrechtzuerhalten.

Zudem ist diese weitgehende Einmischung der Drogenhilfe in die Szene auch in anderer Hinsicht − und darum geht es mir hier − indiskutabel. Drogenhilfe sollte meines Erachtens nicht der Selbstüberschätzung erliegen, daß sie für alle Probleme Lösungen bieten kann oder sollte. Ein Zuviel an Einmischung kann eben auch Bevormundung sein, die User in ein noch stärkeres Abhängigkeitsverhältnis zur Drogenhilfe drängt. Und eine Situation wie bei einigen Druckraum-Initiativen in der Schweiz, in der ein Drogenhelfer zusieht, daß alles ordnungsgemäß verläuft, daß nichts passiert und möglicherweise gar daß man den »safe-use«-Maßstäben getreu konsumiert, macht meiner Meinung nach peinlich deutlich, wieweit Bevormundung hier eine Rolle spielen kann (Jauslin 1992). Man kontrolliert, ob der Fixer wohl gut fixen kann. Für einen Großteil der Szene bedeutet dies − jedenfalls implizit − eine Leugnung des Erfahrungsfachwissens, das sich der User schon lange angeeignet hat. An diesem negativen Bild ändert meiner Ansicht nach auch die Tatsache nichts, daß Druckräume − auf jeden Fall implizit − einer »Aufsichtspflicht« unterliegen. Eventuelle Überdosisfälle können schließlich immer gegen Druckräume verwendet werden.

Obwohl es in der gegebenen Situation verständlich ist, daß die Drogenarbeit sich dazu berufen fühlt, als Anwalt der User Druckräume zu entwickeln, zeigt sich hier, inwieweit sich − durch auferlegte Bevormundung — Elemente von Bevormundung und Fürsorge in die Anwaltrolle schleichen können. Zudem haben aufgrund des beschränkten Angebots die bisher entwickelten Druckraum-Initiativen meiner Meinung nach eher Bedeutung als politisches Signal als tatsächliche Alternative für die Drogenkonsumenten. Rein praktisch-finanziell ist es auch unmöglich, für alle Drogenkonsumenten, die eines Frei-Raums bedürfen, einen solchen im Rahmen des Drogenhilfeangebots zu realisieren.

Diese Einwände gegen die Drogenhilfe als Verwalter von Frei-Räumen bedeuten allerdings keineswegs, daß damit das Thema Frei-Raum als unausführbar zur Seite geschoben werden muß. Meines Erachtens ist es aber für die Drogenhilfe angemessener, sich in diesem Bereich — jeden Fall auf Dauer — auf eine eher unterstützende Rolle zu beschränken.

Eine erwägenswerte Alternative kann die Entwicklung von Frei-Räumen als Eigeninitiativen, z. B. Privatwohnungen, wo sich Konsumenten und damit nicht selten auch kleine Dealer zusammenfinden, sein. Dies hat allerdings nur dann eine Chance, wenn, wie teilweise z. B. in Rotterdam geschehen, die Polizei diese nicht mehr rücksichtslos räumt. Dabei gilt als Voraussetzung, daß die öffentliche Ordnung — den üblichen Maßstäben entsprechend — nicht gestört wird. Wie die Erfahrungen in verschiedenen Städten in den Niederlanden zeigen, ist die Drogenhilfe in dieser Situation nicht zwangsläufig zur Untätigkeit verurteilt (Trautmann 1992). Sie kann sich auf der politischen Ebene für diese Initiativen einsetzen, sie kann aber auch diese Adressen besuchen, z. B. um saubere Spritzen zu liefern und Abfallbehälter für gebrauchte etc. Auch an eine Beratung oder Unterstützung dieser Initiativen kann man in diesem Zusammenhang denken.

Eine Duldung verschiedener mehr oder weniger privater Räumlichkeiten hat nicht nur Vorteile für den Drogenkonsumenten selbst, sondern auch für sein Umfeld. Drogenkonsum findet dann nicht mehr in versteckten Winkeln auf der Straße oder in überlaufenen Anlaufstellen statt, was entweder als anstößig oder als Belästigung erfahren wird. Eine Konzentration auf ein paar Adressen läßt sich auf diese Art vermeiden.

User-Initiativen

Das zweite Beispiel, an dem sich die problematischen Aspekte der Anwaltrolle darstellen lassen, ist die Einbeziehung von User-Initiativen in die Drogenarbeit. In verschiedenen Ländern sind in den letzten Jahren Initiativen auf diesem Gebiet gestartet worden, nicht nur von der akzeptierenden Drogenarbeit. So wurde z. B. in den Niederlanden im Zusammenhang mit AIDS auch von ministerieller Seite darauf gedrängt, die Möglichkeiten von »peer education« oder »peer support« für die AIDS-Prävention zu untersuchen. Den Hintergrund für dieses Interesse bildet einerseits die Erkenntnis, daß das Resultat der regulären AIDS-Präventionsmaßnahmen für Drogenkonsumenten zu wünschen übrig läßt. Andererseits wird heute auch teilweise anerkannt, daß User-Initiativen in diesem Bereich einen wichtigen Beitrag leisten können. Beispiele dafür sind u. a. die initiierende Rolle der Amsterdamer Interessenvertretung von Drogenkonsumenten MDHG auf dem Gebiet des Spritzentauschs und die Studien von z. B. Friedman in den USA, die zeigen, daß die Entwicklung zu weniger riskanten Formen des Drogenkonsums in nicht geringem Ausmaß auf Einflüsse von anderen Drogenkonsumenten zurückzuführen ist (Friedman u. a. 1987).

Diese »peer«-Einflüsse werden nicht notwendigerweise bewußt ausgeübt. Im Szenenalltag laufen sie täglich — teils von einer bestimmten Absicht (z. B. Besorgtheit um einen Freund) gesteuert, teils unbewußt (über Gruppennormen, etc.) — ab. Teilweise haben User-Initiativen aber auch selbst im Rahmen gezielter Interventionen Einfluß genommen, z. B. durch das Thematisieren von »safe use« in Kontakten mit Usern.

Ein bekanntes und im Zusammenhang mit AIDS-Prävention als komplizierender Faktor bewertetes Problem von User-Gruppen ist, daß ihre Existenz häufig von begrenzter Dauer ist. Die Lebensweise von Usern läßt eben in der Regel — großenteils als Folge der repressiven Drogenpolitik — keinen kontinuierlichen Einsatz zu. Zudem fehlen meistens die Geldmittel, aber teilweise auch organisatorische Fähigkeiten und Kenntnisse und auch Sachwissen (z. B. über AIDS).

Dies hat in den Niederlanden dazu geführt, daß man sich bei drei von den bis jetzt vier gestarteten experimentellen »peer-support«-Projekten dafür entschieden hat, diese bei Drogenhilfeeinrichtungen unterzubringen. Das vierte ist dem MDHG zugeordnet. Auf diese Weise will man die Kontinuität der Projekte und ihre professionelle Unterstützung sichern. Erklärtes Ziel ist allerdings auch, die Erfahrung und Sachkunde von Drogenkonsumenten (z. B. über Konsumtechniken, soziale Normen in der Szene, usw.)

für die Drogenhilfeprofessionellen zu erschließen (Trautmann 1993 a/b).

Diese Zielvorstellungen sind zwar im allgemeinen sicher gut gemeint, ihre Übersetzung in die Praxis ist aber nicht so einfach. Gerade die in ihnen behauptete Gleichwertigkeit zwischen Drogenkonsument und -helfer läßt sich nicht so leicht verwirklichen. Das liegt einerseits an dem Mißtrauen, das viele Drogenkonsumenten gegen die Drogenhilfe − und eventuell von ihr beschäftigten Usern − hegen. Dieses Mißtrauen reflektiert die vielfach schlechten Erfahrungen der User mit der Drogenhilfe. Andererseits spielt auch das fehlende Vertrauen von Drogenhelfern in die Kapazitäten von Usern eine Rolle.

Es fällt Drogenhelfern, auch im Rahmen der akzeptierenden Drogenarbeit, nicht immer leicht, User oder Ex-User als gleichwertig oder gar als Kollegen zu sehen. Wenn von Gleichwertigkeit keine Rede ist (nicht selten kommt die Ungleichwertigkeit übrigens auch in der Bezahlung zum Ausdruck), kann sich eine Haltung ergeben, die sich im Spektrum von Bemuttern bis zur Geringschätzung bewegt. Eine Mitarbeiterin eines der niederländischen Projekte hat mir z. B. einmal amüsiert mitgeteilt, daß eine der in ihrer (niedrigschwelligen) Einrichtung im Rahmen der AIDS-Prävention angestellte Drogenkonsumentin sich bei Kontakten mit anderen Einrichtungen immer als ihre Kollegin präsentierte. Hinter dieser amüsierten Bemerkung verbirgt sich sowohl Leugnung der Gleichwertigkeit als auch Bevormundung im Sinne eines »Oh, wie niedlich«.

Diese Ungleichwertigkeit führt zwangsläufig dazu, daß der Einfluß von Usern auf den Arbeitsinhalt relativ beschränkt ist. Der angestrebte Erfahrungs- und Kenntnisaustausch zwischen Drogenkonsumenten und professionellen Drogenhelfern kann in dieser Situation wohl kaum zur Entfaltung kommen.

Das Verhältnis droht zudem in seiner Quasigleichwertigkeit in einer klassischen Double-bind-Situation zu resultieren: Aus den Worten spricht Gleichwertigkeit, aus der Haltung spricht das Gegenteil. Eine unangreifbare, weil nicht diskutierbare Position ist der Erfolg. Denn die aus der Haltung hervorgehende Botschaft wird in der Regel geleugnet.

In diesem Zusammenhang können übrigens auch die oben angesprochenen, etwas unklaren persönlichen Motive des Drogenhelfers eine Rolle spielen. Der aufs Verbale beschränkte Anspruch auf ein gleichwertiges Verhältnis zu den Drogenkonsumenten droht ab und zu in Diskussionen als ein Beweis für das wahre soziale Engagement und die eigene Fortschrittlichkeit angesehen zu werden. Das Einbeziehen von Drogenkonsumenten z. B. in die AIDS-Prävention kann außerdem eine rein instrumentelle Funktion haben. Drogenkonsumenten werden dann als Mittel zum Zweck gesehen, d. h. als Instrument, um Drogenkonsumenten erfolgreich mit der AIDS-Präventionsbotschaft zu erreichen. Auch eine Alibifunktion ist denkbar.

Schlußbemerkungen

Resümierend soll festgehalten werden, daß auch die sich als nicht-bevormundend verstehende akzeptierende Drogenarbeit mit dem Risiko, in bevormundendes Verhalten zu verfallen, konfrontiert wird. Die Anwaltrolle, die Ungleichwertigkeit, das soziale Engagement und das Verantwortungsgefühl sind in diesem Zusammenhang wichtige Faktoren. Sie bergen das Risiko in sich, daß akzeptierende Drogenarbeit die Verantwortung übernimmt oder, anders ausgedrückt, dem Klienten abnimmt. Die Forderung nach Selbstbestimmung sollte von den Usern selber kommen, ohne daß die akzeptierende Drogenarbeit als Souffleuse – wie Eltern beim Kindertheater hinter dem Vorhang – den Spruch vorflüstert. Soziales und politisches Engagement droht so in einer »over-protective«, d. h. übermäßig beschützenden Haltung zu resultieren, wie das Beispiel von Druckräumen unter Aufsicht zeigt. Dieses Engagement enthält immer auch das Risiko einer moralisierenden Haltung.

Man droht mit akzeptierender Drogenarbeit demselben Fehlverständnis der gesellschaftlichen Realität aufzusitzen wie in den sechziger und siebziger Jahren die – stark akademisch geprägte – linke Bewegung: mit einem fertig formulierten Konzept von der und Rezept für die Emanzipation der unterdrückten Klasse vor Augen sich selbst in der Vorhut wähnen und dann kläglich an der komplexen Realität scheitern.

Hinter dieser Idee steckt genau wie hinter dem traditionellen, mit der repressiven Drogenpolitik eng verknüpften, entzugsorientierten Ansatz die (arrogante) Unterstellung, daß man – um ein schönes Lied von Degenhardt zu zitieren – weiß, wie's richtig ist und wie man's machen soll. Man geht von der Annahme aus, daß man die Interessen der Klientel vertritt, häufig ohne diese Interessen bei den Usern abzufragen.

Die Aufgabe, wie man, ohne zu bevormunden, User-Initiativen

stimulieren und unterstützen kann, bleibt eine Art Gratwanderung. Im Grunde genommen ist die Unterstellung sogar paradox, daß Drogenhelfer Eigeninitiativen von Usern stimulieren können. Eine gesunde Portion Selbstkritik, Desillusion und Realitätssinn erscheint mir für die Erfüllung dieser Aufgabe nötig.

Literatur

Friedman, S. R., Des Jahrlais, D. C., Sotheran, J. L., Garber, J., Cohen, H., Smith, D., Aids and Self-Organization among Intravenous Drug Users, in: The International Journal of the Addictions, Jg. 22, Nr. 3, 1987, S. 201–219.

Herwig-Lempp, J., Stöver, H., Grundlagen Akzeptierender Drogenarbeit, in: Wiener Zeitschrift für Suchtforschung, Jg. 11, Nr. 2/3, 1988, S. 51–64.

Jauslin, G., FixerInnenstübli Basel, in: Streetcorner, Jg. 5, Nr. 2, 1992, S. 21–24.

Schuller, K, Stöver, H., Akzeptierende Drogenarbeit. Ein Gegenentwurf zur traditionellen Drogenhilfe. Freiburg im Breisgau (Lambertus Verlag) 1991.

Trautmann, F., Perspektiven akzeptierender Drogenarbeit in den Niederlanden, in: Streetcorner, Jg. 5, Nr. 2, 1992, S. 82–90.

Trautmann, F., Dutch experiences with AIDS prevention by drug users for drug users, in: National Committee on AIDS Control, Encouraging peer support for risk reduction among injecting drug users. Amsterdam/Utrecht (NCAB/NIAD) 1993a, S. 23–31.

Trautmann, F., Jong, W. de, Some critical issues in encouraging peer support among injecting drug users, in: National Committee on AIDS Control, Encouraging peer support for risk reduction among injecting drug users. Amsterdam/Utrecht (NCAB/NIAD) 1993b, S. 47–50.

Franz Trautmann ist Diplompädagoge und Mitarbeiter des Projekts »AIDS und Drogen« beim Niederländischen Institut für Alkohol und Drogen (NIAD) in Utrecht.

Michael Joho

Hamburg-St. Georg — ein Stadtteil im Umgang mit Drogen-KonsumentInnen und DrogenpolitikerInnen

In den Medien unserer Republik rangiert St. Georg wechselweise als »Supermarkt des Elends« (»Hamburger Morgenpost«, 1. Februar 1990), als »Krebszelle einer Stadt« (»Neue Revue«, 17. Juli 1992) oder schlicht als »Hamburgs Drogenviertel« (»Bild«, 12. März 1993). Selbst das weithin für kritisch gehaltene Politmagazin »Spiegel-TV« zeichnete im vergangenen Jahr in einer dreiviertelstündigen Reportage das Horrorszenario eines Quartiers, in dem angeblich kaum noch jemand ohne Waffe herumlaufen würde.

All diese Beschreibungen haben den Charakter von Halbwahrheiten, sie gehen an der Lebenswirklichkeit dieses quirligen und bunten Viertels vorbei und verstärken gar vorhandene Ängste und Vorbehalte. Im Vordergrund steht nun einmal die Befriedigung vermarktungsfähiger Sensationsgelüste. Den Vogel schoß in diesem Zusammenhang die mittlerweile verblichene »Quick« ab. »Peter Mahnke, 11. Klasse, Lohmühlen-Gymnasium Hamburg: ›In der Pause brauch' ich einen Schuß‹«, titelte die Illustrierte am 12. Oktober 1989 über die St. Georger Schule mit ihrem überdurchschnittlichen Anteil von Kindern aus Arbeiter- und Nichtdeutschenfamilien. Nur gab es weder einen Mahnke noch überhaupt den aufwendig und mit allerlei Fixerutensilien abgelichteten Schüler. Die Recherchen der »taz« brachten es am 14. Oktober 1989 ans Tageslicht: »Die ›Quick‹-JournalistInnen scheiterten mit ihrem Versuch, Angehörige der Schule für 50 Mark als Sucht-Playmate zu verpflichten. Folglich mußten die Quickis das dramatische Standfoto mit Schulfremden stellen.«

Die Lage des sozialen Brennpunktes St. Georg soll nicht bagatellisiert werden. Seit Ende der achtziger Jahre hat sich hier die Konzentration von Problemen und Problemgruppen zu einem konfliktträchtigen, zeitweilig explosiven Gemisch verdichtet. Unmittelbar neben dem Hamburger Hauptbahnhof leben in diesem Viertel heute etwa 16 300 Menschen, darunter über 54 Prozent AusländerInnen aus mehr als 100 Nationen. Gut 2000 AnwohnerInnen sind über das Sozialamt Hamburg-Mitte, das Landessozialamt und die

Jugendbehörde in Billigpensionen mehr oder weniger zwangsuntergebrachte Flüchtlinge, unbegleitete Jugendliche und Obdachlose. Nach einer groben Schätzung von DrogenberaterInnen befinden sich darunter ca. 300 bis 500 Junkies, vereinzelt auch solche, die gerade eine anstrengende Entzugstherapie hinter sich haben. Es gibt in Hamburg wohl keinen Stadtteil, in dem auf so engem Raum – 1,8 Quadratkilometern – so viele entwurzelte Menschen von den Behörden untergebracht sind. Ein im Quartier ansässiger Journalist äußerte vor einiger Zeit einmal, daß dieser Anteil auch deswegen so hoch liege, weil – hier können die Grünen und andere linke Gruppierungen einen Wählerstamm von 20 bis 25 Prozent für sich verbuchen – in diesem Viertel eine größere Toleranz als in anderen zu unterstellen sei.

Tatsächlich geht vielen AnwohnerInnen das Verständnis ab, wenn betuchtere Stadtteile ein Riesenspektakel inszenieren, sobald in ihrer Nachbarschaft ein kleines Containerdorf für hundert AsylbewerberInnen oder gar eine Drogenberatungsstelle eröffnet werden soll. Trotz aller Belastungen leben wir in St. Georg mit den verschiedensten Menschen und Bevölkerungsgruppen seit vielen Jahren im wesentlichen friedlich nebeneinander, blicken aber angesichts von gegenwärtig bereits 32 000 Arbeitsplätzen und weiteren 6000 bis 8000 projektierten Büroarbeitsplätzen mit wachsender Skepsis in die drohende Zukunft eines aufgeschickten und verödeten Stadtteils.

Doch zurück zur Problematik illegalisierter Drogen und ihrer Folgeerscheinungen vor Ort. Seit 1988 erleben die St. GeorgerInnen eine dramatische Zuspitzung ihrer Lebens- und Wohnbedingungen. Neben der anhaltenden Konzentration von Problemgruppen im sogenannten Bahnhofsviertel nahmen die Anzahl und das offensichtliche Elend der Junkies beträchtlich zu. Aber die Mahnungen und Forderungen der Bewohnerschaft, der SozialarbeiterInnen und der sich vereinzelt auch äußernden Drogenabhängigen wurden nicht umfassend ernst genommen. Im Gegenteil: Über Jahre konnte man die Verschleppung grundlegender sozialer Maßnahmen und eine permanente Verschärfung der Problemlage beobachten, bis sich die Wut der AnwohnerInnen im letzten Jahr in zwei großen Stadtteilbewegungen niederschlug. Ich will diese Entwicklung im folgenden an einigen markanten Daten nachvollziehen.

Am 5. November 1988 führte der anderthalb Jahre zuvor gegründete »Einwohnerverein St. Georg von 1987 e. V.« – der »erste alternative Bürgerverein Hamburgs« und damit die Konkurrenz zum »Bürgerverein zu St. Georg von 1880 RV« – eine erste Aktion auf einem der drei Spielplätze des Quartiers durch. Dort waren vermehrt benutzte Spritzen gefunden worden, da Junkies den Platz mangels anderer Möglichkeiten zum Dealen und Fixen nutzten. »Unsere Kinder haben ein Recht auf ihren Spielplatz«, lautete damals das Motto auf dem Haupttransparent. Gefordert wurde u. a. die täglich mehrmalige Reinigung der Spiel- und Grünflächen, eine pädagogische Betreuung und die Aufstellung kindersicherer Container zur Entsorgung gebrauchter Spritzen. Es war die Phase, in der die Betroffenheit und die politischen Forderungen zunächst noch auf den eigenen Nahbereich reduziert waren; gleichzeitig ist festzuhalten, daß seitens des Einwohnervereins einer inhumanen Strategie der Vertreibung der Junkies zu keinem Zeitpunkt das Wort geredet worden ist. Dies hat in den darauffolgenden Jahren das menschlich und politisch wichtige Bündnis von AnwohnerInnen, Junkies und SozialarbeiterInnen wesentlich mit entwickeln geholfen.

Ergebnis der Aktion war eine intensivierte Reinigung der Spielplätze, und auch der erste Spritzencontainer Hamburgs wurde sehr bald aufgestellt. Aber an welcher Stelle? – An einer von allen Seiten einsehbaren Kreuzung! Drogenabhängige, die hier eine verantwortungsvolle Entsorgung ihrer Spritzen vornehmen wollten, mußten durch die Presse erfahren, daß die Polizei wahrscheinlich aus einem der umliegenden Fenster observierte und womöglich auch fotografierte.

Es ist nur verständlich, daß der Container seit diesem Zeitpunkt von den Junkies gemieden wird. Weitere in der Folgezeit aufgestellte Sammelbehälter erinnern mittlerweile nur noch an diese Phase des widersprüchlichen Umgangs mit den Spritzen. Seitdem die verschiedenen Drogen- und Prostituiertenberatungseinrichtungen den Tausch von gebrauchten gegen neue »Pumpen« übernommen haben, sind nicht nur die Spritzenfunde im Stadtteil spürbar zurückgegangen, sondern die Container auch weitgehend überflüssig geworden.

Doch zunächst wuchs die Anspannung im Stadtteil 1989/90 weiter. Diskutiert wurde die Frage: »Kippt St. Georg?« Die Kleindealer- und Konsumentenszene versammelte sich nach und nach auf dem in St. Georg zentral gelegenen Hansaplatz. Viele AnwohnerInnen fühlten sich durch den mehr oder weniger offenen Drogenhandel gestört und wurden in ihren Hausfluren erstmals in breitem Ausmaße mit fixenden Junkies konfrontiert. Mit einer Hundertschaft Polizei wurde der bundesweit über die Medien bekanntgemachte Platz dann am 29. August 1990 ebenso pressewirksam besetzt und für einige Wochen rund um die Uhr kontrolliert.

Diese auch in Fachkreisen umstrittene Aktion führte selbstverständlich zur Auflösung der Szene direkt auf dem Hansaplatz und zur Entschärfung der Lage unmittelbar darum. Auf einer großen Veranstaltung pries der Leitende Polizeidirektor Hamburg-Mitte, Richard Peters, den Erfolg der Intervention wenig später. So sei damals die Zahl der Autoaufbrüche im Umfeld des Hansaplatzes um etwa 30 Prozent zurückgegangen. Glücklicherweise war eine Anwohnerin einer wenige hundert Meter entfernten Straße zugegen, die die Anwesenden auf den Anstieg der Autoaufbrüche in ihrer Umgegend hinwies. Vor allem aber begründete Peters den positiven Effekt der Aktion mit dem zweifelhaften Argument, es sei Unsicherheit in die Drogenszene hineingetragen worden, was sich schon daran zeige, daß der Preis für Heroin angestiegen sei. Ein anderer Anwohner schilderte daraufhin, daß die nun vermehrt an verschiedenen Stellen auftauchenden Junkies aggressiver geworden seien. Im übrigen war er durchaus skeptisch, ob höhere Preise für Heroin nicht für noch mehr Beschaffungskriminalität und -prostitution sorgen würden.

Die Drogenszene war natürlich nicht verschwunden, nur eben nicht mehr am Hansaplatz anzutreffen. Sie verlagerte sich in den darauffolgenden Wochen zum Steintorplatz, etwa 200 Meter vom »clean« gemachten Hansaplatz entfernt. Die Gewerbetreibenden des angrenzenden Steindammes legten nun alles in allem 160 000 Mark zusammen, um eine Garde patrouillierender »schwarzer Sheriffs« zu verpflichten, die die Junkies ständig in Bewegung halten sollten. Man verstand dies auch als Protest gegen unzureichenden polizeilichen Schutz, trieben sich doch immer mehr Junkies vor und in den Läden herum. Den Steindamm bezeichneten viele St. GeorgerInnen damals im übrigen schon als »gekippt«: Spielhallen, Sex-Shops und schmierige Absteigen und das jeweilige Publikum hatten eingesessene Läden und AnwohnerInnen fast gänzlich vertrieben. Innensenator Werner Hackmann wollte jedenfalls den Vorwurf mangelnder Sicherheit nicht auf sich »sitzen« lassen und schickte seinerseits eine Doppelstreife auf den Steindamm. Zu einer wahren Slapstick-Nummer geriet die Situation schließlich, als regelmäßig zwei Polizisten den »schwarzen Sheriffs« in gebührendem Abstand folgten.

Diesem geballten Einsatz von dubiosen und staatlichen Sicherheitskräften war die Szene hilflos ausgesetzt. Konsequenterweise verzog sie sich zu den etwa 150 Meter entfernt liegenden Hauptbahnhofeingängen. Dort standen nun immer Pulks von 30 bis 50 Junkies und kleinen Dealern, die im Schutz der Masse ihre für die Befriedigung der Sucht notwendigen Geschäfte verrichteten. Es war für AnwohnerInnen, PassantInnen und Reisende nicht immer ganz einfach, diese Elends-Schleuse zu durchqueren. Aber irgendwo mußten die Junkies ja schließlich hin. Mit dem Hauptbahnhof aber hatten sie sich den ungünstigsten Standort auserkoren; hier standen und stehen immerhin übergeordnete städtische Interessen auf dem Spiel. Im August 1991 wurde nämlich die zum Einkaufsparadies umgestaltete »Wandelhalle« und wenig später die sogenannte »Schlemmermeile« eröffnet. Namen können bekanntlich Programm sein! »Der Hauptbahnhof prägt als ›Visitenkarte‹ in erheblichem Maße das Image der Freien und Hansestadt Hamburg bei auswärtigen Gästen und das Hamburg-Bewußtsein von Bewohnern der Stadt und ihres Umlands«, hatte es vor dem Hintergrund eines neuen Hauptbahnhof-Konzepts schon im April 1991 in einer Mitteilung des Senats an die Bürgerschaft geheißen.

So war es nur konsequent, daß die Polizeiführung im September 1991 die Sondereinheit »KORA« — für Koordination Rauschgift — aufstellte und in der vis-à-vis zum Hauptbahnhof gelegenen Revierwache 11 an der Kirchenallee ansiedelte. Zusammen mit der verstärkten Bahnpolizei, bald durch Bundesgrenzschutz-Einheiten ersetzt, mit privaten Sicherheitsdienstlern und einer im Aufbau befindlichen, zusätzlichen 30köpfigen E-Schicht an der Revierwache 11 sollte nun der Hauptbahnhof regelmäßig durchkämmt werden, um die das neue Gesamtkunstwerk störenden Elemente in Trab zu bringen. Junkies, Obdachlosen, Strichern und Prostituierten sollte fortan immer wieder die Möglichkeit genommen werden, sich im Bahnhof aufzuhalten oder gar zu lagern. Von September 1991 bis Mai 1993 nahm die Polizei dann mehr als 77 000 Personenüberprüfungen vor, verhängte in 32 000 Fällen rechtlich höchst bedenkliche, auf sechs Stunden ausgelegte Platzverbote und erstattete 6000 Straftat-Anzeigen.

Begründet wurden und werden diese massiven Eingriffe mit der Zielsetzung, die »Verfestigung einer offenen Drogenszene« zu verhindern. Erkennbar für die Bevölkerung geschah etwas anderes: Die Frustrationen und Aggressionen der Junkies nahmen weiter zu, und die Szene verlagerte sich Ende 1991 teilweise wieder ins Wohngebiet, insbesondere aber vor das 150 Meter weiter gelegene »Drob Inn« an der Kirchenallee/Ecke Spadenteich. Die am 7. September 1987 in St. Georg eröffnete, niedrigschwellige Drogenhilfeeinrichtung blieb noch bis zum Frühjahr 1992 die einzige ihrer Art in ganz Hamburg. Wegen der fehlenden flächendeckenden Angebote in der Stadt ging von dieser Einrichtung infolge hoher Akzeptanz in der Szene eine Sogwirkung aus, die durch die polizeilichen Übergriffe und die anhaltende Vertreibungspolitik noch verstärkt wurde, mußten die Junkies das »Drob Inn« doch mehr denn je als Schutzraum und letzte Zufluchtstätte empfinden. Mit dem auch dadurch bedingten Ansturm wurde die Einrichtung nicht mehr fertig. Die Betreuung von täglich 600 bis 800 Abhängigen illegalisierter Drogen auf einer Fläche von vielleicht 50 Quadratmetern, der Tausch von zuletzt 12 000 gebrauchten gegen neue Spritzen jeden Tag sprengte die Kapazitäten. Das »Drob Inn« schloß daher demonstrativ vom 28. Januar bis zum 16. März 1992, um auf die katastrophale Unterversorgung und die unzureichende Drogenpolitik in der Hansestadt hinzuweisen.

In diesen Monaten machten sich St. Georgs Initiativen und soziale Einrichtungen natürlich Gedanken darüber, wie die für alle Seiten belastende Situation zu lösen oder zumindest zu entschärfen sei. Mit jeder Vertreibungsaktion wurde immer offensichtlicher, daß die Junkies im Grunde nur im Kreis gehetzt wurden. Heute warten wir z. B. darauf, daß der Hansaplatz wieder zur neuen alten Drehscheibe des Dealens und Fixens wird. Eingedenk dieser Erfahrungen betrieb die »Soziale und pädagogische Initiative« (Sopi) — der Zusammenschluß der wichtigsten sozialen und pädagogischen Einrichtungen und Bewohnerverbände St. Georgs — am 8. und 9. April 1991 einen »Fixerbus«, in dem sich Drogenabhängige ihren »Druck« unter ärztlicher Aufsicht und hygienischen Bedingungen setzen konnten. Mit der Aktion ging die Forderung einher, im ganzen Stadtgebiet »Fixerstuben« einzurichten, um das »Drücken« nicht mehr in den Hauseingängen, sondern in festen Räumen unter menschenwürdigen Bedingungen zu ermöglichen — auch um St. Georg zu entlasten. Die Aktion beflügelte damals maßgeblich die Diskussion um neue Schritte in der Drogenhilfe. Nach langer Verzögerung sollen noch in 1993 endlich drei Einrichtungen dieser Art in Hamburg, eine vierte dann in St. Georg, als sogenannte »Gesundheitsräume« eröffnet werden. Der inzwischen gegründete Trägerverein »freiraum hamburg e. V.« hat allerdings mit der Schwierigkeit zu kämpfen, daß die Halbheit der Gesetzeslage und ihrer Interpreten das Spritzen in den Gesundheitsräumen offiziell verbietet . . .

Nahezu völlig ohne Ergebnis blieb eine andere Aktion der Sopi vom 13. bis 15. November 1991. Damals wurde ein Zelt für obdachlose Junkies auf dem St. Georger Carl-Legien-Platz errichtet, um mit Blick auf den bevorstehenden Winter auf die katastrophale Unterbringungssituation aufmerksam zu machen. Über hundert Leute − zum größten Teil aus St. Georg − sicherten das Zelt und einen Fixerbus drei Tage lang rund um die Uhr ab. Ein materielles Ergebnis brachte die aufwendige Aktion allerdings nicht, weder stellte die Stadt zusätzliche Wohncontainer auf noch schuf sie andere Unterbringungsmöglichkeiten. Ein spezielles Obdachlosenproblem von Junkies wurde schlichtweg ignoriert.

Auch an ein anderes Thema haben sich Stadt und Polizei bis heute nicht gewagt, obwohl der Einwohnerverein und die Sopi dieses wiederholt eingefordert haben. Es geht um die Schaffung von Plätzen und Freiräumen außerhalb oder zumindest am Rande von Wohngebieten, auf bzw. in denen Junkies nicht ständig Gefahr laufen, beim Beschaffen des Stoffes observiert und festgenommen zu werden. Obwohl allen Beteiligten klar ist, daß »ganz St. Georg ein einziger Fixerraum« ist, wollen Polizei und Behörden nicht wahrhaben, daß man angesichts dieser Lage doch besser gleich darüber spricht, an welchen Stellen längst nicht nur in St. Georg die Polizei etwas weniger genau hinschauen sollte, um den notwendigen Deal zu ermöglichen. Dies geht von der Überlegung aus, daß der Drogenhandel, solange er nicht staatlich sanktioniert ist, in Zonen mit Durchgangscharakter allemal sinnvoller angesiedelt ist, als in dunklen Haus- und Spielplatzecken mitten im Wohngebiet. Polizei und Behörden halten demgegenüber vorrangig noch immer an einer aussichtslosen Repressionspraxis fest, die bis heute noch keinen der ca. 10 000 bis 13 000 Hamburger Junkies aus der Drogenabhängigkeit herausgeführt hat.

Genervt reagieren viele St. GeorgerInnen auf die Auswirkungen, die das permanente Clean-Machen des Hauptbahnhofs für den angrenzenden Stadtteil hat. Seitdem die KORA im Herbst 1991 tätig geworden und der gesamte Sicherheitsapparat um schätzungsweise

100 bis 150 Kräfte aufgestockt worden ist, erleben die AnwohnerInnen eine beständige Vertreibung der Problemgruppen nach St. Georg. Die »Fließrichtung« ergibt sich schon daraus, daß auf der anderen Seite des Bahnhofs das Einkaufsparadies längsseits der Mönckeberg- und Spitalerstraße liegt. Und die Lobby der Kaufhäuser ist natürlich interessiert daran, den Vertreibungsdruck in Richtung St. Georg aufrechtzuerhalten. Tatsächlich ist im Stadtteil seit 1991 das verstärkte, zeitweise auch massive Auftauchen von Junkies und Berbern zu verspüren, Menschen also, denen mit der anhaltenden Vertreibung aus dem Visitenkarten-Bahnhof ein Stück Lebensgrundlage, jedenfalls ein wichtiger, weil heller, warmer und zentraler Treffpunkt immer wieder streitig gemacht wird.

Wie bereits erwähnt, kulminierte der Konflikt schließlich im vergangenen Jahr. Die staatliche Ignoranz, halbherzige Maßnahmen, eine unzureichende Drogenpolitik und sinnlose Hetzereien der Junkies hatten nicht nur die Problemlage verschärft, sondern auch den Zorn der Bevölkerung entfacht. So entlud sich der Protest der St. GeorgerInnen gleich in zwei Bewegungen, in denen sich unter maßgeblicher Beteiligung des Einwohnervereins jeweils viele Menschen engagierten. Zum einen eine Initiative gegen den nervenden Autoverkehr in den sogenannten Freierkreiseln auf dem Beschaffungsstrich. Über Wochen blockierten St. GeorgerInnen nachts Wohnstraßen, um die nach Prostituierten Ausschau haltenden Freier am Kreiseln zu hindern. Zum anderen entwickelte sich eine bundesweit Furore machende Bewegung unter dem Motto »Macht endlich Drogenpolitik!«

Ausgangspunkt dafür war das verstärkte Aufeinanderprallen von Junkies bzw. Kleindealern und Eltern auf einem der drei Spielplätze unterhalb der St.-Georgs-Kirche. Hier wurden Heroin-Briefchen vergraben und benutzte Spritzen achtlos in die Sandkiste geworfen, aber auch offenes Dealen und Fixen war an der Tagesordnung. Eltern forderten Drogenabhängige auf, den Spielplatz zu verlassen, gerieten in Streit mit Dealern, jetzt tauchten ganz vereinzelt auch Waffen und Gassprays auf, ohne daß es wirklich einmal zu dem von StadtteilvertreterInnen so gefürchteten Black-out gekommen wäre. Dennoch war die Lage im Frühjahr 1992 hochbrisant und wurde durch die massiven Polizeieinsätze vor allem am Hauptbahnhof ständig »am Kochen« gehalten, weil die Junkies zunehmend das Umfeld des »Drob Inn«, mithin den Spielplatz und das angrenzende Wohngebiet mit Beschlag belegten.

Um das »Kippen« des ganzen Viertels, aber auch die Zerstörung des Toleranzgebots und des friedlichen Nebeneinanders zu verhindern, um einer sich ausbreitenden Brügerwehrmentalität und der aufkommenden Forderung nach Verlegung des »Drob-Inn« aus dem Stadtteil entgegenzuwirken, setzten der Einwohnerverein und die Elterninitiative »Stadtkinder St. Georg« die ersten Demonstrationen an. Und alle machten plötzlich mit, auch diejenigen, die noch kurz zuvor alles Mögliche raus- und weghaben wollten: die Junkies, Prostituierte, Flüchtlinge etc. Dominiert von den beiden Gruppen standen die Aktionen, diversen Veranstaltungen und insgesamt sechzehn Demonstrationen allerdings unter einer ganz anderen Prämisse: Nicht Vertreiben der Junkies, sondern Betreiben einer vernünftigen und menschenwürdigen Drogenpolitik. Das hieß und heißt:

— Flächendeckende Angebote für Abhängige illegalisierter Drogen in Form von niedrigschwelligen Drob Inns, Übernachtungsplätzen und Fixerräumen in ganz Hamburg;

— massiver Ausbau der (niedrigschwelligen) Therapie- und Entzugsplätze, aber auch des Methadonprogrammes;

— Heroin nach ärztlicher Verschreibung auf Krankenschein ...

Auch wurden vielfältige Forderungen speziell zur besseren Betreuung der Kinder und Jugendlichen aufgestellt und ein zumindest vorübergehender Stopp weiterer Zuweisung von Problemgruppen und die Neueröffnung von sozialen Einrichtungen angemahnt. Leitlinie war und ist die Überlegung, daß St. Georg als interessanter und toleranter Wohnort nur dann Bestand haben dürfte, wenn vor allem die Junkies durch geeignete soziale Maßnahmen entlastet, zugleich aber der Stadtteil in seiner bestehenden Bewohnerstruktur stabilisiert würde.

Nachdem der ganze Sommer 1992 von Demonstrationen, Politiker-Besuchen, Veranstaltungen und Sitzungen alter und neuer Gremien erfüllt gewesen war, drohte den AktivistInnen im Herbst dann langsam die Puste auszugehen. Wäre dann nicht am 24. November 1992 vom Hamburger Senat ein »Sofortprogramm für St. Georg« verabschiedet worden, hätte die Stimmung leicht eine dramatische Wendung nehmen können. Endlich bewegte sich etwas, und der Umfang der bewilligten Sondermittel machte deutlich, daß erste Schritte zur Entlastung unternommen werden: 4,2 Mio. für 1993 und 2,6 Mio. Mark jährlich ab 1994. Davon sollen u. a. finanziert werden:

- die Erweiterung der Therapieplätze;
- der Aufbau einer ambulanten Entgiftung;
- die Ausweitung der Methadonsubstituierung;
- vor allem die Schaffung der bereits angeführten vier Gesundheitsräume.

Aber es wurde auch begriffen, daß die Lage nach umfassenden präventiven Maßnahmen verlangte. So sollen laut Sofortprogramm beispielsweise die Hausmeisterstellen erweitert werden, damit Schulkinder die Schulhöfe auch nachmittags benutzen können. Das Haus der Jugend hat inzwischen auch die Wochenendöffnung eingeführt, das städtische Kindertagesheim und die Hortgruppen werden personell aufgestockt, die drei Spielplätze mit jeweils einem Spielhaus und BetreuerInnen ausgestattet. Das Sofortprogramm wurde im Stadtteil zwar begrüßt, zugleich aber angemerkt, daß es sich dabei nur um die Befriedigung der aktuell brennendsten Forderungen handele. Nicht zufällig wird seit einigen Monaten in St. Georg darüber diskutiert, einen Abenteuerspielplatz und ein anwohnerorientiertes »Haus für alle« zu installieren, Projekte, die wiederum nur mit viel Engagement und breiter Mobilisierung durchsetzbar sein dürften.

Faßt man die Erfahrungen der letzten Jahre kurz zusammen, erscheinen mir folgende Punkte besonders hervorhebenswert.

1. Die Behörden haben auf die Problemlage viel zu spät, im Grunde erst nach massiven Bevölkerungsaktivitäten reagiert. Das Selbstverständnis von Politik und PolitikerInnen muß sich dringend ändern, wenn der Kontakt zur Bevölkerung nicht gänzlich abreißen soll.

2. Die Repressions- und Vertreibungspraxis hat weder AnwohnerInnen noch Junkies, am ehesten noch den Hauptbahnhof- und Boomtown-Interessenten genutzt. Die massiven Polizeieinsätze am Bahnhof und die KORA sind sinnlos und haben die Problemlage in St. Georg eher noch verschärft. Die Polizei ist für das subjektive Sicherheitsempfinden selbstverständlich notwendig, aber auch die größte Polizistendichte in der Bundesrepublik hat dieses nur punktuell herstellen helfen.

3. Der Hauptbahnhof muß auch in Hamburg (wieder) als Lebensmittelpunkt vieler Junkies und anderer Problemgruppen anerkannt werden. Die Betreibergesellschaft des Bahnhofs hat sich ihrer eigenen »Kinder des Bahnhofs« zu stellen und geeignete soziale Entlastungsangebote zu finanzieren.

4. Ohne flächendeckende Angebote für Junkies und eine sozialere und liberalere Drogenpolitik wird sich die Lage in St. Georg wie auch in anderen sozialen Brennpunkten nicht grundlegend verbessern. Alle Stadtteile, letztlich alle Regionen unseres reichen Landes, haben zu lernen und einen Beitrag dazu zu leisten, auch mit den Problemen und Problemgruppen auszukommen, die wir alle durch unser Gesellschaftssystem, unseren Konsum, die verbreitete Kälte und Langeweile, unsere Zerstörung der Erde und der Umwelt überhaupt erst hervorbringen.

5. Für St. Georg selbst muß der Dezentralisierungsansatz zur Folge haben, die Gemengelage der Probleme zu reduzieren. Notwendig ist ein vorübergehendes Moratorium für weitere Sozialeinrichtungen. Hauptbahnhofnah gelegene Gebäude wie das Bieberhaus sind seitens der Stadt gezielt zu sichern und für soziale Einrichtungen zu nutzen, auch, um das Wohngebiet von ausstrahlenden, von vielen KlientInnen besuchten Einrichtungen ein wenig zu entlasten.

6. Soziale Brennpunkte wie St. Georg überhaupt lebensfähig zu erhalten erfordert den Einsatz besonderer Förder- und Stabilisierungsmittel. Ziel ist dabei die Sicherung des Wohnortes, der Erhalt der gemischten Bevölkerungsstruktur und insbesondere die Berücksichtigung der Bedürfnisse von Kindern und Jugendlichen. Für St. Georg werden zur Zeit konkret ein Abenteuerspielplatz und ein bewohnerorientiertes »Haus für alle« gefordert. Vorhandene Akzeptanz- und Toleranzpotentiale in einem Viertel müssen gezielt unterstützt, dürfen aber nicht unendlich strapaziert werden. Ohne Verständigung mit den Gremien des Stadtteils geht gar nichts!

7. Nochmals sei ganz besonders betont: Was den Junkies, Crashkids, Obdachlosen — kurz: den Problemgruppen — nutzt, d. h. ihre unmittelbare Lebenssituation verbessert, kommt direkt auch einem sozialen Brennpunkt wie St. Georg zugute und entschärft die Problemballung für die AnwohnerInnen.

Michael Joho ist Sozialarbeiter im Bereich Drogenhilfe, hat den Einwohnerverein St. Georg von 1987 e. V. mitbegründet und ist in der sozialen und pädagogischen Initiative (Sopi) engagiert.

Gundula Barsch

Alter Wein in neuen Schläuchen — im Osten was Neues?!

Seit der Wende 1989 hat sich in den neuen Bundesländern vieles von dem verändert, was sich um die Drogenthematik rankt — die Verfügbarkeit und der Konsum illegalisierter Drogen, die Umgangsweisen mit legalisierten Drogen, die Wahrnehmung der Drogen- und Suchtproblematik durch die Öffentlichkeit, die Struktur und inhaltliche Ausgestaltung des Drogenhilfesystems, die politischen Aktivitäten und Schwerpunktsetzungen in diesem Bereich u. a. Dennoch — nachdem die von ExpertInnen der alten Bundesländer prognostizierte»Drogenwelle« auch drei Jahre nach der Öffnung der Grenzen ausgeblieben ist, schleicht sich vielfach die Vorstellung ein, daß von den neuen Bundesländern durch den zur Zeit noch nicht gegebenen Problemdruck im Umgang mit illegalisiertem Drogenkonsum kaum Impulse für die Gestaltung der Drogenarbeit und Drogenpolitik in Deutschland ausgehen können.

Übersehen werden vielfach weniger spektakuläre Entwicklungen in den neuen Bundesländern, die nicht ohne Auswirkung für die Drogensituation Gesamtdeutschlands bleiben werden und die ihre Ursachen in der spezifischen Ausgangssituation haben, die sich unter den Bedingungen der DDR herausbildete.[1] Diese Bedingungen werden zu wesentlichen Determinanten des ostdeutschen Entwicklungsprozesses im Drogenbereich und prägen seine ökonomischen, politischen und sozialen Merkmale: Während der gesellschaftliche Umbruch in Ostdeutschland für eine Vielzahl anderer sozialer Problemstellungen mit erheblichen Wandlungen ihrer politischen, ökonomischen und sozialen Facetten verbunden ist, gehört die Drogenthematik zweifellos zu den Bereichen, in denen Prozesse der Herausbildung neuer Problemlagen, die erstmalige Erarbeitung von Vorstellungen zu politischen und praktischen Zielvorgaben und der Aufbau neuer Strukturen des Drogenmanagements überwiegen. Prozesse der Umgestaltung und der Anpassung an aus dem Westteil Deutschlands gekannte Herangehensweisen können aufgrund der objektiv völlig anders gestalteten Problemlagen in den neuen Bundesländern nur eine weniger dominante Rolle spielen. In dieser Situation liegen Innovationsmöglichkeiten, um in den neuen Bundesländern aus dem derzeitigen Dilemma der westdeutschen Drogenpolitik Schlüsse ziehen, aus Fehlern lernend, mit dem Management von Drogenproblemen umgehen und auf diese Weise schließlich Impulse für die gesamtdeutsche Drogenpolitik geben zu können.

Als Chance und als Risiko erweist sich dabei, daß die Bevölkerung Ostdeutschlands in ihrem Verhalten auf sehr komplizierte Weise die Folgen der sozialen Verdrängung und Tabuisierung der Drogenthematik zum Ausdruck bringt. Für die Beschreibung dieser besonderen Einstellungs- und Handlungsmuster wurde der Begriff Drogennaivität geprägt.[2]

Zum Begriff »Drogennaivität«

Unter dem Begriff »Drogennaivität« soll allgemein verstanden werden, daß simplifizierte, oberflächlich-einseitige Erscheinungsbilder über die historische Entwicklung, die sozialen Funktionen, die Wirkungen und die Folgen des Konsums sehr verschiedener Drogen in das gesellschaftliche und individuelle Bewußtsein übernommen werden, so daß Einstellungen und Umgangsweisen mit psychoaktiven Substanzen weniger den Kenntnissen als vielmehr Lebenshaltungen folgen. Drogennaivität ist Resultat des sozialen Umgangs mit Wissen und Kenntnissen zum Drogenthema und wirkt auf diesen zurück, indem auch weiterhin eine umfassende Auseinandersetzung und Aufarbeitung verhindert bzw. nur mühsam zugelassen wird. In Situationen der Konfrontation mit einer differenzierten Bearbeitung von Fragen zu diesem Komplex muß vielmehr mit emotionsgeladenen, irrationalen, abwehrenden Reaktionen gerechnet werden.

Drogennaivität ist kulturell und sozialstrukturell variabel ausgeprägt. Sie ist zum Teil historisch gewachsen und findet ihre Ursachen in massiven ökonomischen und politischen Interessen der Akteure des Drogenmanagements. Bedingt durch diesen Interessenhintergrund verliert Drogennaivität den Anspruch, ein unbefangenes und unbelastetes Verständnis der Drogenthematik zu sein.

Schließlich verhindert/erschwert Drogennaivität in ihrer Konsequenz einen sozialen Erkenntnis- und Reifungsprozeß und fördert damit Profanisierung und Respektlosigkeit im Umgang mit psychoaktiven Substanzen. Auf diese Weise ist Drogennaivität ganz unmittelbar an der Herausbildung problematischer Formen des Drogenkonsums beteiligt.

Der Begriff »Drogennaivität« scheint geeignet, die wesentlichsten Einstellungs- und Handlungsmuster der ostdeutschen Bevölkerung zum Drogenthema zu erfassen — aber auch das Denken westdeutscher BürgerInnen läßt sich wohl in wesentlichen Dimensionen so charakterisieren, obwohl diese bereits einen historisch viel längeren Zeitraum mit durch illegalisierte Drogen hervorgebrachten Problemen umgehen. Offenkundig im eigenen naiven Verständnis wurde vorausgesetzt, daß sich im Zuge der allgemeinen ökonomischen, politischen und sozialen Modernisierung der ostdeutschen Gesellschaft auch die Drogennaivität der Bevölkerung auflösen werde.

Der Anstoß dafür hätte aus der Tatsache kommen können, daß sich mit dem sozialen Umbruch auch die Situation um illegalisierte Drogen in Ostdeutschland geändert hat:

— Mit der Öffnung der Grenzen und der Währungsunion werden auch für die Bürger der neuen Bundesländer illegalisierte Drogen beschaff- und bezahlbar, so daß sich allmählich ein neues, lukratives Marktgebiet für illegalisierten Drogenhandel erschließen läßt.

— Mit dem Angebot von illegalisierten Drogen erweitern sich die Möglichkeiten, unterschiedlichste Rauscherfahrungen über Drogen zu realisieren.

— Die Möglichkeit der Konfrontation mit illegalisiertem Drogenkonsum und seinen Wirkungen erhält nicht nur allgemein eine praktische Relevanz, sondern wird zunehmend im unmittelbaren sozialen Nahfeld denk- und erfahrbar.

— Der unter den Bürgern der neuen Bundesländer im Zuge der Sozialisation kulturell geronnene Konsens bezüglich der prinzipiellen Ablehnung von illegalisiertem Drogenkonsum wird einerseits bestärkt durch die gesetzlich festgeschriebene strafrechtliche Kontrolle und Sanktion, die sich auf jeden einzelnen richtet. Der ausschließlich kommunikativ zustandegekommene Konsens wird andererseits konfrontiert mit einer differenzierteren Sicht auf Rausch und Rauschmittel und bisher nicht gekannte Lebensstile, in denen der Drogenkonsum praktiziert wird.

— Bedingt durch geltende Richtlinien folgt in den neuen Bundesländern die Entwicklung gesellschaftlicher Strukturen zum Management illegalisierten Drogenkonsums, trotz unterschiedlicher Ausgangsbedingungen, dem bundesrepublikanischen Modell. Das betrifft die Kriminalisierung von DrogenkonsumentInnen durch die Instanzen der sozialen Kontrolle ebenso wie das Hilfsangebot an die gleichen Betroffenen durch sozialpolitische Akteure. Auf diese Weise werden die in den alten Bundesländern entwickelten Vorstellungen zu Kontrollsystemen, Netzwerken und Drogenhilfeangeboten auf die neuen Bundesländer gleichermaßen übertragen und installiert wie die Maßstäbe an notwendige Qualifikationen, inhaltliche Strategien und materiell-technische Ausstattungen in Prävention, Therapie und Nachsorge.

Ausgehend von dieser eher äußerlich neu geschaffenen Situation, müssen, praktisch im Nachgang, innerhalb der ostdeutschen Bevölkerung zunächst Prozesse der Formierung einer sozialen Umgangsweise mit Drogenkonsum zustandekommen. Diese beschränken sich nicht nur auf die Durchsetzung subkultureller Wege der Verteilung und des Konsums illegalisierter Drogen. Die Herausbildung einer sozialen Umgangsweise mit illegalisierten Drogen umfaßt das Neustellen und -diskutieren der Konsensfrage zum Umgang mit Rausch und Rauschmitteln, die Entwicklung eines praktisch funktionierenden Systems sozialer Normen mit Normsetzung und -überwachung und schließt auch das Wirksamwerden entsprechender gesellschaftlicher Strukturen für die Bewältigung individueller Risikostrukturen beim Umgang mit psychoaktiven Substanzen innerhalb und außerhalb formaler Strukturen ein.

Auch von denen, die als Akteure in den Bereichen Gesundheit und Soziales, Jugend und Schule, Polizei und Justiz in diese Zusammenhänge involviert sind, müssen entsprechende Entwicklungen vollzogen werden. Hier bietet sich die Chance, die aus dem Westteil Deutschlands vermittelten Handlungsmaximen zu hinterfragen, eigenständig die Lebenswirklichkeit der neuen Bundesländer zu adaptieren und innovativ umzusetzen. Daran, wie diese Chancen wahrgenommen und umgesetzt werden, entscheidet sich wesentlich, in welcher Art und Weise sich die Drogensituation in den neuen Bundesländern gestalten wird. Hier liegt auch für die Gestaltung der gesamtdeutschen Drogenpolitik ein entscheidendes Potential für Innovationen. Betrachtet man jedoch die real verlaufenden Prozesse genauer, so wird zunehmend offensichtlich, wie diese gegebenen Chancen mehr und mehr vergeben werden.

Wesentliches Merkmal von Drogennaivität − Drogen als »äußerer Feind«

Wesentliches Merkmal der Drogennaivität der ostdeutschen Bevölkerung ist das Gefühl, einem entfremdeten Prozeß gegenüberzustehen, und die Vorstellung, die Entwicklung illegalisierten Drogenkonsums sei ein Prozeß, der von äußeren, verbrecherischen Kräften initiiert und installiert, als »Drogenwelle« hereinbrechen wird.

Der Schlüssel für ein solches Verständnis liegt sicher in der Erfahrung der BürgerInnen der neuen Bundesländer, daß zu DDR-Zeiten in der Tat keine Probleme mit illegalisierten Drogen existierten, wobei die Erklärung dafür sehr vereinfachend in der undurchlässigen Abriegelung der Grenzen und der rigiden Strafpolitik auch in diesem Bereich gesehen wird. Statt sich gezielt mit diesen einseitigen Vorstellungen aufklärerisch auseinanderzusetzen, werden diese Ideen jedoch auch weiterhin bestärkt durch die Medien und sogenannte »ExpertInnen« aus dem Westteil Deutschlands, die nicht müde werden, Drogenwellen und Bedrohungen durch die Drogenmafia zu prognostizieren. Diese Vorstellungen vom »äußeren Drogenfeind« bleiben jedoch nicht ohne Folgen für den Prozeß der Herausbildung einer Umgangsweise mit der Drogenthematik in der Bevölkerung.

Die Verhältnismäßigkeit in der Wahrnehmung

Erstens führen sie dazu, daß dem Drogenthema durch die ostdeutsche Bevölkerung zunächst ein unangemessen hoher, irrationaler Stellenwert zugesprochen wird. Besonders eindrucksvoll werden diese Zusammenhänge in den Ergebnissen einer repräsentativen Umfrage unter Ostberliner Erwachsenen im April 1990 deutlich: Danach war zu einem Zeitpunkt, zu dem sich das Ausmaß und die Konsequenzen der anstehenden sozialen Veränderungen bereits deutlich abzeichneten, der illegalisierte Drogenkonsum immer noch jener soziale Sachverhalt, für den mit Abstand die größten negativen Veränderungen (62 Prozent) erwartet wurden; noch vor den Entwicklungen in den Bereichen Kriminalität (41 Prozent) und Arbeitslosigkeit (39 Prozent)![3] Mit der Verbreitung der vielfältigen und selbst erlebbaren Erfahrungen im Zuge der sozialen Veränderungen relativiert sich der Aufmerksamkeitswert des Drogenthemas für die Lebenswirklichkeit der Erwachsenen allmählich: Ein Jahr später, 1991, ist die Beunruhigung über die Situation im Zusammenhang mit illegalisierten Drogen gegenüber anderen Problemen in den Hintergrund getreten – Probleme wie Arbeitslosigkeit (83 Prozent), Aggressivität und Gewalt (82 Prozent), der Zustand der Umwelt (80 Prozent), die wirtschaftliche Lage des einzelnen (80 Prozent) und sozialer Abstieg (73 Prozent) werden in zunehmenden Maße und in Relation zur Drogenthematik als besorgniserregender und bedrohlicher erlebt.

Dennoch ist dem Drogenthema noch immer ein erstaunlich hoher Aufmerksamkeitswert in der öffentlichen Meinung sicher — 50 Prozent aller befragten Erwachsenen fühlen sich durch die Entwicklungen im Drogenbereich sehr beunruhigt, obwohl gleichzeitig mehr als 80 Prozent derselben Befragten angaben, daß illegalisierter Drogenkonsum in ihrem Lebensbereich gegenwärtig noch kein oder nur ein geringes Problem ist![4] Diese Unverhältnismäßigkeit in der Wahrnehmung der illegalisierten Drogen durch die Öffentlichkeit, vor allem aber das damit verbundene kollektive Gefühl der Bedrohung, ist mit einem erheblichen Handlungsdruck auf die Instanzen verbunden, denen das Management von Drogenproblemen zugesprochen wird. Aufgrund des durch die Bevölkerung artikulierten Gefühls der Bedrohung ihrer kollektiven Sicherheit erscheint es folgerichtig, daß als hauptsächliche Instanz zum Umgang mit Drogenproblemen in erster Linie Polizei und Justiz gesehen und ein rascher Aufbau entsprechender Strukturen gefordert werden.

Vor diesem Hintergrund gelingt es in den einzelnen neuen Bundesländern, polizeiliche Strukturen zur Bekämpfung der Drogenkriminalität aufzubauen, die große personelle und materielle Mittel binden und die selbst dann unangetastet bleiben sollen, wenn durch akute andere Problemlagen wie Rechtsextremismus und Gewalt gegen Ausländer eine Umverteilung der Ressourcen notwendig wäre.[5] Diese polizeilichen Strukturen stehen wiederum unter einem enormen Handlungs- und Rechtfertigungsdruck für den Erfolg ihrer Arbeit, der es den darin involvierten Akteuren sehr erschwert, nach pragmatischen Lösungen für Probleme mit illegalisierten Drogen zu suchen, die in den neuen Bundesländern in erster Linie im Umgang mit den ersten Probiererfahrungen von Haschisch auftreten. Wieweit der Aufbau polizeilicher Bereiche für Drogenprävention — die in allen neuen Bundesländern entstehen und teilweise personell umfangreicher besetzt sind als außerpolizeiliche Suchtpräventionsgruppen — bewußt als Möglichkeit genutzt wird, einem sozialen Handlungsdruck nachzugeben, ohne rigide auf Probiererfahrungen reagieren zu müssen, bleibt gegenwärtig noch offen.

Unverhältnismäßige Strafbedürfnisse

Geprägt durch das Festhalten an der Idee von einem »äußeren Drogenfeind«, gestalten sich zweitens die Vorstellungen der ostdeutschen Bevölkerung dazu, wie auf Verhaltensweisen im Zusammenhang mit dem Konsum illegalisierter Drogen reagiert werden sollte, ausgesprochen repressiv: Für den Verkauf von Drogen auf der Straße forderten 1991 die befragten ostdeutschen Erwachsenen am häufigsten Freiheitsstrafen (81 Prozent), während bei anderen Delikten für eine vergleichsweise liberale Umgangsweise plädiert wurde.[6]

Das heißt, zu einem Zeitpunkt, zu dem die unmittelbare Konfrontation mit Problemlagen in bezug auf illegalisierten Drogenkonsum noch eher gering ausgeprägt ist, lassen sich für Delikte im Zusammenhang mit illegalisierten Drogen die mit Abstand höchsten Sanktionsbedürfnisse zeigen. Dies mag einerseits dadurch begründet sein, daß in den Vorstellungen der Bevölkerung diese Strafen nicht das eigene soziale Umfeld betreffen werden, sondern auf äußere »kriminelle Elemente« zielen, die »unschuldige Opfer zum Drogenkonsum verführen, der automatisch in einer süchtigen Karriere endet«. Offenkundig werden in diesen Zusammenhängen nicht nur falsche Vorstellungen von den sozialen Mechanismen, die sich um den illegalisierten Drogenkonsum ranken. Diese extremen Strafbedürfnisse sind zugleich ein Ausdruck dafür, daß die Auseinandersetzung im Drogenbereich ausgesprochen einseitig geführt wird. Das heißt, ein Umgang mit Problemlagen bezüglich illegalisierter Drogen kann offensichtlich nicht ohne die Androhung von Strafe gedacht werden; diese wird unhinterfragt zur gesellschaftlichen Notwendigkeit definiert.[7] Schließlich wird in diesen Befunden das Bestreben deutlich, durch bedingungslose Abwehr Entwicklungen im Drogenbereich aufhalten zu wollen.

Verdrängung in der Suchtprävention

Diese setzen sich auch bei der Gestaltung der Suchtprävention fort, über deren Notwendigkeit es in der Bevölkerung offensichtlich keine Zweifel gibt. Allerdings gehen die Vorstellungen darüber, wer mit welchen Zielstellungen und mit welchen Mitteln im Rahmen von Suchtprävention agieren sollte, sehr auseinander. Die Berufung von DrogenberatungslehrerInnen und die Etablierung von Modellprojekten zur Suchtprävention verweisen jedoch bereits darauf, daß als Mittel der Wahl an ein Separieren des Drogenthemas aus alltäglichen Zusammenhängen gedacht wird. Vor dem Hintergrund von vielfach noch eingestandenen Wissensdefiziten zur Drogenthematik und der damit oftmals zugleich verbundenen Mystifizierung der Drogen finden Tendenzen der Spezialisierung und damit des Abschiebens von Verantwortlichkeiten für die Thematisierung der Zusammenhänge fruchtbaren Boden − nicht nur bei den »NichtspezialistInnen«, die komplizierten Auseinandersetzungen ausweichen können, sondern auch bei den »SpezialistInnen«, die aufgrund ihrer entwickelten Unentbehrlichkeit auch Sicherheiten für ihre soziale/berufliche Existenz schaffen.

Tendenzen der Verdrängung lassen sich schließlich auch bei den gewählten Inhalten von Suchtprävention finden. Nicht immer können sie so schnell geortet werden, wie in den Bemühungen, die darauf orientieren, die zweifellos gegenwärtig noch vorhandenen, aus der DDR-Sozialisation stammenden Angstbarrieren bei Jugendlichen möglichst lange aufrechtzuerhalten, indem nach dem Motto »keine schlafenden Hunde wecken« das Drogenthema gar nicht angesprochen wird oder aber ein Monopol für den Umgang mit dem Wissen über Drogen genutzt wird, um ausschließlich abschreckende Informationen zu transportieren. Der gerade unter DDR-Bedingungen heftig erstrittene Anspruch auf einen sozialen Umgang mit Wissen, der auf die Subjektrolle des einzelnen setzt, keinem das Recht zuerkennt zu entscheiden, wer wieviel worüber wissen darf, ist im Rahmen suchtpräventiver Bemühungen leider oft wieder vergessen oder mit der Rechtfertigung einer, auch schon gekannten, paternalistischen Fürsorge außer Kraft gesetzt.

Auch Suchtprävention, die Drogenkonsum ausschließlich als Konfliktbewältigung verstehen will, tabuisiert nicht nur gerade die wesentlichen Dimensionen, die das gegenwärtige Probierverhalten der ostdeutschen Jugendlichen bestimmen − Neugier, neuartige Erfahrungen, Gelöstheit, gute Stimmungen, Geselligkeit. Sie trägt mit der Bearbeitung des Drogenkonsums als Konfliktbewältigung in Form von negativer Akzeptanz auch wesentlich zur Herausbildung von Erwartungen und Vorstellungen bei, die mit der sozial noch nicht gekannten Verhaltensweise »illegalisierter Drogenkonsum« verbunden werden können:

− Erstens wird die Verwendung von Drogen vor allem in Situationen, die konfliktbelastet sind, suggeriert.

− Zweitens wird eine Motivation zum Drogenkonsum gefördert,

mit der ausschließlich auf Entlastung von psychosozialem Streß abgestellt wird.

– Und drittens wird deshalb der Konsum von Drogen in einer narkotisierenden Menge und Form nahegelegt.

Mit einem solchen Verhaltenskonzept im Umgang mit illegalisierten Drogen werden rekreative, kommunikationsfördernde und genießende Funktionen unvereinbar. Vielmehr zeigen ähnlich gelagerte Zusammenhänge beim Alkoholkonsum, daß mit einem solchen Image die Entwicklung problematischer Formen des Umgangs mit legalisierten und illegalisierten Drogen regelrecht programmiert wird, wenn nicht andere Erfahrungen die realen Umgangsweisen mit Drogen beeinflussen.

Resümee

Der unangemessen hohe und irrationale Aufmerksamkeitswert des Drogenthemas und die Unverhältnismäßigkeit der Strafbedürfnisse in bezug auf illegalisierten Drogenkonsum bleiben nicht ohne Auswirkungen auf die Gestaltung der Drogenpolitik in den neuen Bundesländern:

Erstens werden fatalistische Grundhaltungen, nach denen man dem Spiel übermächtiger Kräfte ausgeliefert sei, gestützt. Sie gehören zu dem Komplex der Vorstellungen vom Wirken dämonischer Kräfte, die sich in vielen Facetten um das Drogenthema ranken und die dafür sorgen, daß sich das Thema emotional in einer Weise auflädt, daß rationale Diskussionen und pragmatische Vorgehensweisen kaum noch zugelassen werden.

Zweitens gipfeln diese Haltungen letztlich im Ruf nach »law and order« und der Illusion, durch Polizei und Justiz problematische Formen des Umganges mit Drogen aufhalten zu können. Damit wird jedoch die Suche nach Wegen zur Entwicklung emanzipierter Umgangsweisen mit Drogen nicht nur weitgehend verhindert und eine Vielzahl sozialer Akteure vom Drogenmanagement ausgeschlossen. Die bereits in einigen neuen Bundesländern praktizierten polizeilichen Strategien, jede Entwicklung auf der Nachfrageseite durch intensive Ermittlungen und eine abschreckende Strafanwendung verhindern zu wollen, führt dazu, daß eine große Zahl von Jugendlichen, die das Probieren von Haschisch in ihre Suche nach neuen Erfahrungen einbeziehen, durch massive Kriminalisierung gefährdet ist.

Drittens besteht die Gefahr, daß die Vorstellungen zu einer eher repressiv angelegten Bewältigungsstrategie von Drogenproblemen umschlagen in Aktionen von Gewalt und Aggressionen gegen DrogengebraucherInnen und im Drogenhilfebereich engagierte BürgerInnen sowie in ihre Ausgrenzung. Nicht nur die auffindbaren Losungen wie »Drogendealer ins Arbeitslager« verweisen darauf, daß reale oder nur vermeintliche DrogenkonsumentInnen mit zu den Minderheiten gehören können, die in der Gefahr stehen, Opfer von Gewaltaktionen zu werden. Politische Aktionen, mit denen die Schaffung von Hilfsangeboten für illegalisierte DrogenkonsumentInnen (Substitution, Therapieeinrichtungen) massiv verhindert wurden, deuten auf die bereits vorhandene irrationale Umgangsweise mit Drogenproblemen in den neuen Bundesländern hin.

Schließlich verhindert der stark repressiv orientierte Druck der Bevölkerung auf die Instanzen, denen das Management von Drogenproblemen zugesprochen wird, daß diese sich zu liberaleren und alternativen Wegen der Bewältigung von Drogenproblemen bekennen, den Mut für entsprechende Entscheidungen aufbringen oder auch nur für deren Umsetzung eine politische Unterstützung geben.

Ausblick

Die hier dargestellten empirischen Ergebnisse und Zusammenhänge können zweifellos nur einen kleinen Ausschnitt der Entwicklungsprozesse zum Drogenthema in den neuen Bundesländern zeigen. Dennoch ermöglichen sie wichtige Aussagen dazu, wie die Chancen für politische Innovationen im Drogenbereich in den neuen Bundesländern genutzt werden und welche Rückwirkungen diese Entwicklungen auf die alten Bundesländer haben werden.

Deutlich wird erstens, daß die rasche Schaffung bundesrepublikanischer Strukturen zum Management von Drogenproblemen im Polizei- und Drogenhilfebereich den darin involvierten BürgerInnen der neuen Bundesländer bisher wenige Chancen für eine Neuaneignung der Drogenthematik gab. Mit den installierten Strukturen wurden, vielfach unabhängig von den realen Problemen, zugleich die Inhalte der Drogenarbeit übertragen bzw. allein auf eine ökonomische Absicherung einzelner Einrichtungen der Drogenhilfe aus dem Westteil Deutschlands orientiert. Erst im nachhinein wird allmählich deutlich, daß die in den alten Bundesländern entwickelten Strukturen und Inhalte von Drogenmanagement nicht auf die konkrete Situation in den neuen Bundesländern passen und eine Adaption notwendig wird. Auf diese Weise eröffnen sich nochmals Innovationschancen für die Entwicklung neuer Umgangsweisen mit Drogenkonsum und Drogenproblemen. Der vorgegebene rechtliche und verwaltungstechnische Rahmen einerseits und die Kräftekonstellationen in den bereits geschaffenen Strukturen andererseits werden jedoch darüber entscheiden, wieweit sich Innovationen bezüglich eines angst- und tabufreien sowie pragmatischen Managements im Drogenbereich tatsächlich durchsetzen können. In Anbetracht der gegenwärtigen Situation, in der es vor allem konservativen Drogenpolitikern gelungen ist, in den neuen Bundesländern politischen Einfluß zu erhalten, muß man diesbezüglich eher pessimistisch sein.

Zweitens zeigt sich, daß die vorgefundenen und auch weiterhin bestärkten Vorstellungen der ostdeutschen Bevölkerung, Entwicklungen im Drogenbereich als entfremdete Prozesse zu betrachten, wichtige Mosaiksteine in der drogenpolitischen Auseinandersetzung sind. Durch Presse- und Regierungserklärungen keineswegs in ihren drogennaiven Ängsten und Unsicherheiten relativiert, sondern eher permanent bestärkt, wird in der ostdeutschen Bevölkerung ein fruchtbarer Boden nicht nur für die Rechtfertigung einer prohibitiven und die KonsumentInnen diskriminierenden Drogenpolitik bereitet. Vielmehr entsteht aus den emotional aufgeheizten Sorgen heraus in der Bevölkerung selbst die Forderung, nach dem Motto »Wehret den Anfängen« Repressionen gegen DrogenhändlerInnen und -konsumentInnen auszuweiten und zu verstärken.

Diese Entwicklung im Ostteil Deutschlands bleibt nicht ohne Wirkung auf den Westteil. Die in den alten Bundesländern bereits aufgebrochene Diskussion über eine liberale Umgangsweise mit Drogenproblemen erfährt durch den Prozeß der deutschen Vereinigung einen Rückschritt. Durch jahrzehntelange Erfahrungen mit den Folgen einer repressiven Drogenpolitik mühsam formulierte pragmatische Ansätze der Drogenhilfe und die sich entwickelnden Bestrebungen zur Reformierung und Normalisierung der Drogenpolitik in den alten Bundesländern erfahren ein »roll back«. Sie werden im Zuge der notwendigen Einsparungen zugunsten des Ostteils nicht nur benachteiligt; auf den politischen Ebenen bereits laufende Diskussionen und Initiativen erhalten mit Verweis auf die Problemlage im Ostteil eine Zurückweisung oder Relativierung; mit den Stimmen der neuen Bundesländer können zugleich ganz bewußt wieder Mehrheiten in nationalen Entscheidungen kalkuliert werden, die sonst nicht sicher gewesen wären.

Der somit anstehende Rückschritt in bezug auf eine Modernisierung der Drogenpolitik in Deutschland wäre nur aufzuhalten, wenn auch die progressiven Kräfte im Westteil Deutschlands sich mehr für eine Adaption ihrer Ansätze im Ostteil engagieren würden. Angesichts der enormen Zuspitzungen von Drogenproblemen im Westteil, die erhebliche Kräfte einer Humanisierung der Drogenpolitik binden, aber auch der teilweise massiven drogenpolitischen Unterschätzung der Wertigkeit eines Engagements in den neuen Bundesländern, darf man auch hier nicht sehr optimistisch sein.

Insofern zeichnet sich leider gegenwärtig ab, daß die Chancen für eine Innovation und damit Modernisierung der Drogenpolitik in Gesamtdeutschland, wie sie mit der notwendigen Neuaneignung der Drogenthematik durch eine drogennaive Bevölkerung durchaus bestanden haben, bereits weitgehend vertan zu sein scheinen. Im Zuge der Entwicklungen im Drogenbereich Ostdeutschlands kommt es insofern nicht zu einer »konservativen Modernisierung«, mit der wenigstens der bereits erreichte Standard in den alten Bundesländern eingeführt wird. Vielmehr erscheint ein Entwicklungsrückschritt greifbar, der für Gesamtdeutschland wirksam wird. Möglicherweise wird leider erst der Lernprozeß der ostdeutschen Bevölkerung an Negativerfahrungen eine neue Dynamik in die Modernisierung deutscher Drogenpolitik bringen.

Anmerkungen

1 Zu den Ausgangsbedingungen, von denen aus sich die Entwicklungen in den neuen Bundesländern vollziehen werden vgl.: *Barsch, G., Gaffron, K., Jung, S.:* Drogennaivität der DDR-Bevölkerung — Gefahr oder Chance, in: Leben mit Drogen — Dokumentation des 1. Kongresses des Bundesverbandes für akzeptierende Drogenarbeit und humane Drogenpolitik — akzept e. V., Berlin 1991, S. 258—259.

2 Der Begriff »Drogennaivität« wurde bereits 1991 auf dem 1. akzept-Kongreß verwendet, im Laufe der Arbeit aber weiter präzisiert. Vgl.: *Barsch, G., Gaffron, K., Jung, S.:* a.a.O., S. 253.

3 Vgl.: Akademie der Wissenschaften, Institut für Soziologie und Sozialpolitik: DDR 2/1990, Berlin 1990.

4 Vgl.: Kriminologische Forschungsstelle am Kriminalwissenschaftlichen Institut der Humboldt-Universität zu Berlin: Arbeitspapier Nr. 4 (1992) — Empirische Befunde einer reprä-

sentativen Bevölkerungsbefragung in den neuen Bundesländern 1991, Berlin 1992, S. 2—5.

5 Vgl.: BKA schlägt Alarm: Zuwenig Polizisten gegen Drogen-mafia, in: Berliner Zeitung vom 8/9. 5. 1993, S. 1.

6 Vgl. Kriminologische Forschungsstelle am Kriminalwissen-schaftlichen Institut der Humboldt-Universität zu Berlin: a. a. O., S. 2—5.

7 Besonders deutlich wurde diese Aussage bei Befragungen von SchülerInnen und StudentInnen Ostberlins 1991: Wenngleich immer auch andere Umgangsformen mit Drogenproblemen angegeben wurden, zeigte sich beim Prüfen der spontanen Mehrfachnennungen, daß von einer überwältigenden Mehrheit der befragten Jugendlichen immer auch Formen von Strafe als Umgangsweise mit Drogenproblemen gefordert wurden. Vgl.: *Barsch, G., Gaffron, K., Jung, S.:* Forschungsbericht zur Wie-derholungsuntersuchung »Die Entwicklung des Konsums illega-lisierter Drogen in der jugendlichen Bevölkerung Ostberlins«, Berlin 1991, S. 69.

Dr. Gundula Barsch *ist Soziologin und Leiterin der gemeinsamen Forschungsgruppe der TU Berlin, Institut für Sozialpädagogik, und des Wilhelm-Griesinger-Krankenhauses, Berlin-Marzahn zum DFG-Projekt »Drogenkonsum in Ostberlin«.*

Lorenz Böllinger

Sozialpsychologische Überlegungen zur Wirksamkeit des Drogenverbots

Drogen – das mythische Böse

Der »Krieg gegen die Drogen«, gegen das Böse per se, dauert an. Dabei weiß man inzwischen: Nicht die Drogen sind das Problem, sondern die Politik, die gegen sie gemacht wird. Und: Die illegalen Drogen sind bei durchschaubarer Zusammensetzung, vernünftiger Dosierung und hygienischem Gebrauch nicht gefährlicher als die legalen.[1]

Das »Böse der Drogen« wird von der offiziellen Politik und vom Recht nicht hinterfragt, sondern schlichtweg mit dem »Bösen der Strafe« vergolten. Die Übelzufügung wird nur mühsam kaschiert von der strafrechtlichen Behandlungs-Ideologie. Es herrscht ein antiaufklärerischer, herrschaftsfunktionaler Dreiklang: *Mystifizierung* durch Denkverbote; *Mythisierung* durch Insistieren auf überkommenen Deutungsschablonen; *moralischer Rigorismus* durch strafrechtliche Ausgrenzung des »Bösen«.

Wie kommt es, daß Politik und öffentliche bzw. veröffentlichte Meinung so hermetisch, ja phobisch abgeschottet erscheinen gegen Rationalität und Vernunft, gegen die verfügbare wissenschaftliche Erkenntnis, gegen die Verfassungsgebote von Humanität und moralischem und kulturellem Pluralismus? Dafür gibt es sicherlich mehrere politologische, soziologische, ökonomische Erklärungsansätze: z. B. die symbolische Bedeutung des Drogen-Strafrechts im Hinblick auf die Fabriktugenden der Bürger. Viele soziale Prozesse sind aber auf der rein kognitiv-rationalen Ebene nicht hinreichend erklärbar. Es scheint lohnend, sie *auch* mit den Mitteln der psychologischen und sozialpsychologischen Analyse und unter Einbeziehung unbewußter Prozesse zu verstehen. Dies will ich hier versuchen.

Beginnen wir mit einer Reflexion der Kriegs-Metapher: Wer ist eigentlich der böse Feind? Die Drogen? Ihre Hersteller und Dealer? Ihre Gebraucher? Faktisch treffen die gewaltigen Strafrechts-Geschütze ja zu 80 Prozent die Endverbraucher, mit der Folge, daß eine nicht gerade kleine Gruppe der Gesellschaft der

Verelendung preisgegeben wird. Über 50 Prozent der 60 000 Gefangenen im deutschen Strafvollzug sind dort wegen Drogendelinquenz.

Zwar sind es allemal Substanzen, die von Menschenhand höchst diesseitig zubereitet, erzeugt und genossen werden. Gleichwohl sind es »die Drogen«, die in andeutungsgeladener Suggestion als zu bekämpfender Ungeist, als jenseitige Feindesmacht perhorresziert werden. Ein zur »Pandemie«, »Drogen-Pest« und »Geißel der Menschheit« stilisiertes Phantom, eine dunkle, ominöse, schrankenlos sich ausdehnende und vernichtende böse Gewalt. Oder: eine Art Partisanen-Macht, die sich unsichtbar ausbreitet, den Staat »von innen« her vergiftet (»Rauschgift«), unterwandert, aushöhlt und zerstört.

Durch solche Zuschreibungen bekommen die Drogen zugleich – wie der »spirit« des Alkohols – etwas sehr Abstraktes, Vergeistigtes, das an das Mythische der »bösen Geister« und Dämonen gemahnt. Im polaren Gegensatz zum »guten Geist«, zum »lieben Gott«, sind sie des Teufels, Incubus, die Sünde oder das Böse per se, von dem die »Rauschgiftsüchtigen« besessen sind.

So signalisiert denn auch die heutige Drogen-Kriminalisierung: Von bestimmten Drogen muß man abstinent bleiben, jedwede *Berührung* mit diesem »Bösen an sich« vermeiden. Bereits der »erste Schuß« zieht Sucht und unwürdigen Tod in der Gosse oder auf der Bahnhofstoilette nach sich. Der Feind schießt immer zuerst, wenn man sich nicht wappnet! Der »selbstverschuldet Suchtkranke«, also Unmündige, muß wie der »Geisteskranke« davor geschützt werden, sich der teuflischen Besessenheit auszuliefern. Oder er muß den bereits in ihn gefahrenen Teufel ausgetrieben bekommen. Dem entsprechen insbesondere neuerdings debattierte »Lösungsvorschläge« einer generellen und unterbringungrechtlich zu realisierenden Zwangstherapie: Teufelsaustreibung für alle Fixer![2]

Drogen-Tabu, Drogen-Phobie und resultierende Drogen-Moral
Die illegalen Drogen bekamen durch solche Stilisierung mehr und mehr den Charakter eines universellen und absoluten Unwerts zugeschrieben: Eine Naturgewalt, etwas naturgegeben Dämonisches wohnt ihnen inne. Dieses fraglos Böse ist nicht mehr weiter hinterfragbar oder begründbar, es ist ebenso unberührbar wie das fraglos Gute, das Göttliche, es ist ein *Tabu*. Tabu, ein ursprünglich

polynesisches Wort, bedeutet nämlich »einerseits: heilig, geweiht, andererseits: unheimlich, verboten, unrein. . . . Die Tabubeschränkungen sind etwas anderes als die religiösen oder moralischen Verbote. Sie werden nicht auf das Gebot eines Gottes zurückgeführt, sondern verbieten sich eigentlich von selbst . . . Die Tabuverbote entbehren der Begründung; sie sind unbekannter Herkunft; für uns unverständlich, erscheinen sie jenen verständlich, die unter ihrer Herrschaft stehen.«[3]

Der heutigen Zeit entsprechend wird das Drogen-Tabu natürlich nicht als solches deklariert: Wir haben keine magisch-animistische Religion mehr. Ich behaupte nun, daß das Tabu − sozialpsychologisch gesehen − gleichwohl noch existiert: im Unbewußten, d. h., es ist als solches nicht bewußt. Es manifestiert sich als »gesichertes Wissen«, als »sichere Überzeugung«, »eindeutige Meinung«, geladen mit einem Empfinden wie »das weiß man einfach!« Deshalb wird auch nicht weiter begründet oder hinterfragt. Es hat − bezogen auf das Individuum − durchaus den Charakter von Selbst-Gewißheit, von Weltanschauung und Gewissen. Bezogen auf die Mitglieder einer entsprechenden Gruppe oder als Gesellschaft hat das unbewußte Tabu die Funktion einer sozialintegrierenden Gruppenmoral. Die mit dem Tabu verbundene kollektive Verleugnungs- und Vermeidungshaltung dient zugleich der Abwehr einer allen Menschen eigenen Ur-Angst vor dem Besessen- und Verschlungenwerden. Es ist, was man in Abwandlung des Neurose-Begriffes eine »Ur-Phobie« nennen könnte.

Durch den Prozeß der Moralisierung, also der Spaltung in polare und ideale Kategorien von Gut und Böse, wird das Tabu gleichsam für spezifische Kulturen brauchbar gemacht, in entsprechende Erwartungen, Normen, praktische Handlungsanweisungen umgesetzt. Die Furcht vor dem archaischen Bösen, vor dem »Vom-Höllenschlund-Verschlungenwerden« erscheint dadurch überwindbar. Dabei kann dann durchaus eine scheinbar empirische oder rationale Begründung präsentiert werden. So heißt es: Drogen schädigen die Gesundheit bzw. die »Volksgesundheit«. Damit ist der Tabu-Charakter nicht wirklich aufgehoben. Das sehe ich dadurch bestätigt, daß der Realität dieser Behauptung im Bezugsrahmen sozialer Kontrolle nie systematisch nachgegangen wurde. Statt rationaler Differenzierung haben sich »Lager« und »Fronten« gebildet, wurden Zweifler und Dissidenten in die Ecke von »Volksverführern« und Verderbern gestellt. So konnte die inhumane strafrechtliche Verelendungspolitik legitimiert werden.[4] Insofern unterscheidet sich die Tabuisierung der illegalen Drogengebraucher qualitativ von der Ausgrenzung der »normalen« Kriminellen. Es handelt sich hierbei um unbewußte, kollektiv-neurotische Mechanismen: Abwehr von subjektiv als überwältigend erlebten Verschmelzungssehnsüchten einerseits, Ohnmachts-, Wut- und Angstaffekten andererseits. Diese psychische Abwehr geschieht durch Projektion von symbiotischen Wünschen ebenso wie von Ohnmachtsgefühlen und destruktiven, dissozialen Handlungsimpulsen auf die »bösen« Drogengebraucher. Die Aggression wird unbewußt von den eigentlichen Verursachern dieser Ängste auf die am wenigsten widerständige Minderheit verschoben. Und durch die Bestrafung der Tabu-Verletzer erfolgt eine kollektive Aggressionsabfuhr. Diese gleichermaßen individuellen wie massenpsychologischen Mechanismen lassen sich politisch für Herrschaftsstrategien funktionalisieren.

Wenn meine Annahme stimmt, daß den kulturspezifischen Moralnormen ein universelles und unbewußtes Tabu zugrundeliegt, dann muß man fragen: Wie kommt es, daß es sich im Zeitalter der Moderne, der wissenschaftlichen Aufklärung auch über die Innenwelt des Menschen, nicht durch Einsicht und Erkenntnis auflösen läßt? Welches sind die Bedingungen der Unterwerfung der eigentlichen Ängste und Affekte ins Unbewußte?

Genauso ist zu fragen, weshalb und auf welche Weise Moralnormen wahrgenommen und befolgt werden. Aus psychologischer Sicht geht es dabei um den Prozeß der Verinnerlichung von Moralnormen. Zentrale Bedingungen dafür sind sicherlich das Verstehen und Integrieren des Norm-Sinns im Ich, die Errichtung eines entsprechenden Ich-Ideals (»So möchte ich sein!«) sowie die Identifikation mit der äußeren Sanktionsgewalt bzw. deren Übernahme ins Über-Ich.

Reine Zwangsmoralen lassen sich auf Dauer nicht durchsetzen, auch nicht in einer noch so manipulierten Mediendemokratie. Es fehlt nämlich an dem »Für-richtig-und-gerecht-Halten«, der einsichtsgetragenen Akzeptanz. Mit reiner Über-Ich-Angst ist es nicht getan, »Auf Bajonetten läßt sich nicht gut sitzen!«. Schädlichkeitsmythen sind auf die Dauer nicht gegen die Realität aufrechtzuerhalten. Zumindest kristallisieren sich dann in der Gesellschaft gegensätzliche Moralvorstellungen und sie vertretende Strömungen und Kräfte heraus, wie z. B. bei § 218 und § 175 StGB.

Es muß tieferliegende Bereitschaften geben, stark verbreitete und verankerte kollektiv-psychische Dispositionen, welche verstehbar machen, daß bestimmte Moralen kontrafaktisch haltbarer sind als andere. Ich meine, es sind jene Tabu-begründeten und Phobie-gestützten Moralen, welche gegen Aufklärung besonders resistent sind. Wir müssen also auf der individual- und sozial-psychologischen Ebene nach den Bedingungen der Tabu-Bildung fragen.

Das Drogen-Tabu — unbewußte Gründe und Konsequenzen

Das psychoanalytische Modell des unbewußten Konflikts und der psychischen Abwehr
Die Zeiten magisch-animistischen Denkens der Naturvölker, denen die Tabus zuzurechnen sind, sind vorbei, so schien es. Inzesttabu, Todestabu, Sexualtabu sind unter dem Einfluß der Aufklärung zerbröckelt. Wie konnte es dann mit Beginn der systematischen Drogenprohibition vor bald 90 Jahren zu einem derartigen Wiederaufleben von Tabus kommen? Warum sind Tabus offenbar in unterschiedlichem Maße resistent gegen Aufklärung?

Tabus sind per definitionem anti-aufklärerisch, eine Erscheinungsform des Nicht-hinsehen-Wollens. Der Mensch unterliegt der Suggestion, daß das Tabu sich selbst rächt.»Wer ein Tabu übertreten hat, der ist dadurch selbst tabu geworden. Gewisse Gefahren, die aus der Verletzung eines Tabus entstehen, können durch Bußhandlungen und Reinigungszeremonien beschworen werden. Als die Quelle des Tabus wird eine eigentümliche Zauberkraft angesehen, die an Personen und Geistern haftet und von ihnen aus durch unbelebte Gegenstände hindurch übertragen werden kann. Personen oder Dinge, die tabu sind, können mit elektrisch aufgeladenen Gegenständen verglichen werden; sie sind der Sitz einer furchtbaren Kraft, welche sich durch Berührung mitteilt und mit unheilvollen Wirkungen entbunden wird, wenn der Organismus, der die Entladung hervorruft, zu schwach ist, ihr zu widerstehen.«[5]

Genau dies spielt sich in der öffentlichen, medialen und politischen Reaktion auf Drogen ab: die Suggestion, wenn man auch nur einmal mit Drogen oder dem Drogengebraucher in Berührung komme, sei man verloren. Das zeigte sich z. B. in dem hellen Entsetzen von Menschen, die auf dem Rathausplatz von Bremen Zeugen einer demonstrativen öffentlichen Heroin-Selbstinjektion wurden. Es ging dabei um die Unterstreichung der Forderung nach geschützten »Druck-Räumen«.[6] Kaum jemand würde derartiges Aufheben über eine im Krankenhaus beobachtete Injektion machen. Es ist also offenbar zunächst einmal eine Zauberkraft, ein gefährliches und infektiöses magisches Potential, welches den illegalen Drogen zugeschrieben wird. Die Angst vor den Drogen speist sich aus der wiederbelebten archaischen »Furcht vor der Wirkung dämonischer Mächte«, vor dem Höllenschlund: eine Furcht, welche jetzt auf die Drogen verschoben ist.[7]

Das erscheint wie die Symptomatik der Zwangsneurose: »Das Haupt-und Kernverbot der Neurose ist wie beim Tabu das der Berührung, daher der Name: Berührungsangst. . . . Den Zwangsverboten ist eine großartige Verschiebbarkeit zu eigen, sie dehnen sich auf irgendwelchen Wegen des Zusammenhanges von einem Objekt auf das andere aus und machen auch dieses neue Objekt . . . ›unmöglich‹. Die Unmöglichkeit hat am Ende die ganze Welt mit Beschlag belegt. Die Zwangskranken benehmen sich so, als wären die ›unmöglichsten‹ Personen und Dinge Träger einer gefährlichen Ansteckung, die bereit ist, sich auf alles Benachbarte durch Kontakt zu übertragen.«[8]

Abgesehen von der Selbsteinschränkung durch Verzicht – der geforderten Abstinenz – findet sich auch die magische Buß- und Reinigungsphantasie des Zwangskranken im Recht vergegenständlicht. Soweit dies durch peinigende Strafen geschieht, würde das den Wertungswiderspruch miterklären, daß ein Verhalten bestraft wird, welches in anderen Rechtsbereichen, z. B. sozialrechtlich, als Krankheit gilt. Und die scheinbar wohlmeinende stationäre Langzeittherapie, zumeist verabreicht in der behavioristischen Form erzwungener Abstinenz und psychischer Selbstentblößung[9], gemahnt an den Waschzwang als das häufigste Symptom der Zwangsneurose.

Der entscheidende unbewußte Inhalt des Drogen-Tabus, der Analogie zur Zwangskrankheit folgend, ist: die Ambivalenz der Gefühlsregungen. Am Anfang stand nämlich eine »starke Berührungslust mit einem ganz spezialisierten Ziel. Dieser Lust trat alsbald von außen ein Verbot entgegen, gerade diese Berührung nicht auszuführen. . . . Das Verbot erwies sich zwar stärker als der Trieb, der sich in der Berührung äußern wollte. Aber aufheben konnte es den Trieb – die Berührungslust – nicht, sondern nur ihn verdrängen und ins Unbewußte verbannen. Aus dem fortdauernden Konflikt von Verbot und Trieb leitet sich nun alles weitere ab.«[10] Das

Verbot verdankt seine Stärke — seinen Zwangscharakter — gerade der Beziehung zu seinem unbewußten Gegenpart, der im Verborgenen ungedämpften Lust. Die Trieblust verschiebt sich beständig, um der Absperrung, in der sie sich befindet, zu entgehen, und sucht Surrogate für das Verbotene — Ersatzobjekte und Ersatzhandlungen — zu gewinnen.«[11]

Tabus sind also solche Lustzustände oder Befriedigungsweisen, die unbewußt zutiefst, d. h. triebhaft erstrebt sind, die jedoch zwecks Vermeidung eines bedrohlichen Konflikts verdrängt und mit der fraglosen Vorgabe der Unberührbarkeit moralisch gegenbesetzt werden. Es muß eine unbewußte Phantasie des ungefähren Inhalts geben: Wenn ich einen verbotenen Gegenstand berühre, ein bestimmtes Verhalten ausübe, wird etwas Katastrophales passieren. Die absolute Vermeidung, zumindest aber Buße und Reinigung können mich retten. Ambivalenz bezeichnet also den aus einem befürchteten äußeren Konflikt resultierenden inneren Konflikt, der durch Verdrängung, Verleugnung, Verschiebung, Projektion und Gegenbesetzung gelöst wird. Die Lösung ist jedoch nur scheinbar, denn die so abgewehrte Triebstrebung geht nicht unter, sondern kehrt, wenn auch in den verschiedensten Formen entstellt, verzerrt, ins Gegenteil verkehrt, beim anderen sichtbar, wieder. Und wenn sie beim anderen sichtbar wird, muß sie in dessen Person wütend bekämpft werden.

Nun erleben wir viele Strebungen, ohne daß deren Realisierung als katastrophal in ihren Auswirkungen phantasiert wird. Es muß bestimmte Triebstrebungen geben, die wegen ihres Inhalts verdrängt oder sonstwie abgewehrt werden. Wir verzichten auf etwas, von dem wir annehmen, daß uns die anderen das ebenso neiden, wie wir ihnen das neiden würden. Der Gegenstand des Neides wird dadurch noch nicht ohne weiteres zum völlig bewußtseinsunfähigen Tabu. Die Übertretung eines Tabuverbots bedeutet — in der kollektiven Phantasie — eine soziale Gefahr, die von allen Mitgliedern der Gesellschaft gestraft oder gesühnt werden muß. Wenn die anderen die Übertretung nicht ahnden würden, müßten sie ja realisieren, daß sie nichts anderes erstreben als der Übeltäter.[12] Dieses Erstrebte aber muß — in der Ambivalenz — die Bedeutung von etwas Katastrophalem haben.

Was ist aber das spezifisch Gefährliche? Warum wird ein bestimmtes Verhalten so beneidet und nicht jede andere Lustverwirklichung? Was ist der Inhalt, was das Ziel der Triebstrebung? Wenn es nicht etwas ganz besonders Reizvolles, Lustvolles, Extremes wäre, gäbe es keinen Anlaß, andere darum zu beneiden oder den Neid der anderen zu fürchten.

Konflikte auf der Ebene der Triangulierung

Zu der Phantasie muß zum einen gehören: Wenn ich mir das absolut Begehrte nehme, ist das gleichbedeutend damit, daß ich es dem anderen wegnehme. Wenn ich dem anderen antue, was ich ihm primär antun möchte, nämlich ihn beseitigen, wird mir dasselbe angetan. Und darum werde ich dafür ebenso bestraft, z. B. mit der Tötung, wie ich umgekehrt den Impuls habe, denjenigen zu bestrafen, der sich das Begehrte einfach nimmt und es mir damit − in meinem Erleben − wegnimmt. Es geht also um extreme Strebungen zwischen den Polen »absolute Lust« und »Tod«.

Es handelt sich zunächst einmal um den altbekannten Mechanismus der Projektion: Verpönte, ängstigende Impulse werden auf dafür sich eignende Objekte verlagert und in diesen bekämpft und ausgegrenzt. Dabei geht es um die »klassischen« Tabus, nämlich Inzest bzw. Exogamiegebot[13] und Tod bzw. Tötungsverbot. Diese sind − im Rahmen des psychoanalytischen Paradigmas − abzuleiten aus den postulierten Trieben Libido und Destrudo (Aggressionstrieb). Deren Zusammenhang wird im sog. Ödipus-Komplex, also auf der idealtypischen entwicklungspsychologischen Ebene der Triangulierung von Mutter-Kind-Vater dargestellt. Danach liegt das Inzesttabu den Sexualtabus zugrunde: Jegliche Sexualität ist Verschiebungsersatz für die verpönte Ur-Phantasie, und der damit einhergehende phantasierte Vatermord ist scheinbarer Ausgangspunkt jeglicher Aggressivität und Rivalität.

Zwar hat die Sexualmoral sich im 20. Jahrhundert grundlegend gewandelt: in Richtung scheinbar zu großer sexueller Freiheit. In der heutigen Modellierung der Sexualitäten[14], in der zunehmenden Entsublimierung und Varianz zeigt sich aber auch ein begrenztes, repressives Strukturelement der »neuen« Sexualmoral:[15] Sexualität wird im Maße ihrer gesellschaftlichen Thematisierung auch konfektioniert, zum steuernden »Dispositiv der Macht«.[16] Masturbation ist die erste rein lustorientierte, nicht von der Fortpflanzungsmoral (zu-)gedeckte sexuelle Praxis, die der Sexualmoral zum Opfer fällt, aber wohl nicht die letzte.

Die Drogen werden in der Tat vom − seinerseits aus dem Inzest tabu hervorgegangenen − Sexualtabu erfaßt. Dies geschieht insofern, als sie — zumindest in der Phantasie — mit Kontrollverlust und Ekstase, mit grenzenloser Steigerung der Lust in Verbindung gebracht werden. Dem Moment des Orgasmus, den Sekunden der Ekstase wohnt — gleich der beglückenden, die Realität ausblendenden Drogenwirkung — die Sehnsucht nach Wiederholung, Steigerung, Unendlichkeit inne. Dazu gehört die Phantasie, allmächtig und gottgleich über dieses Hochgefühl und ekstatische Potential verfügen zu können. Die ewige Suche nach dem absoluten Aphrodisiakum — mindestens ebenso intensiv betrieben wie die Suche nach der chemischen Synthese des Goldes — verweist auf diese Phantasiezusammenhänge. Das tun auch Geheimkulte de Sadescher Manier oder hochritualisierte Sexualkulturen wie die Liebesund Ekstasekulte des vom frühen Mittelalter bis zur Kolonialisierung blühenden indischen Tantrismus.[17] Selbst das religiöse Erleben der »unio mystica« mit Gott, Jesus oder der Mutter Gottes verweist noch auf diesen Zusammenhang.

Als Tatsache erscheint jedenfalls nach Erfahrungsberichten und psychoanalytischem Material: Sexuelles Erleben ist zum einen diesseits oder jenseits der gesellschaftlich lizenzierten Verhaltensmuster durchaus Ich-gerecht formbar und bis zu einem gewissen Grade steigerbar, ohne daß man dabei hinsichtlich Triebobjekt und Triebziel von Sexualpathologie sprechen könnte. Zum anderen können bestimmte Drogen zu solchem Erleben beitragen und sind in vielen Kulturen insofern auch als Aphrodisiaka genutzt worden, als sie vorübergehend das — aus kulturspezifischen Normen bestehende — Über-Ich entlasten und Lustpotentiale freisetzen.

In diesem Zusammenhang sind auch Faszination und Furcht bezüglich sexueller Perversionen zu verstehen: Bei aller Empörung oder Pathologisierung schwingt doch auch die Sehnsucht nach der absoluten Steigerung und unendlichen Perpetuierung der sexuellen Ekstase mit. Pathologisierung und Bestrafung bedeuten eben auch Verzicht auf die »sauren«, weil unerreichbaren oder mit mythischem Tabu besetzten »Trauben«.

Umgekehrt werden — vor allem im Zeichen von AIDS — Praktiken zum Bestandteil akzeptierter offizieller Sexualmoral, die vorher den Perversionen zugerechnet wurden: z. B. Peep-Show, Telefon-Sex. Solche Techniken schalten virtuell das in zwischenmenschlicher Sexualbeziehung allemal schlummernde Ekstase-Potential aus. Sie enthalten aber in der perversen Inszenierung etwas von der zugrundeliegenden Ekstase-Sehnsucht, welche zugleich durch die Distanz im Setting, die gesellschaftliche Schablonisierung und Klischierung wieder begrenzt wird.

Die Analogie der Abwehrmechanismen bei der Zwangskrankheit und bei den Tabus, insbesondere diejenige der Verschiebung, kann man hier bestätigt sehen: Die Warnung vor der Droge beinhaltete immer schon unterschwellig die Mitteilung der Phantasie, unter Drogeneinfluß leichter verführbar zu sein. Diese an sich bewußtseinsfähige Bedeutung ist in der allgemeinen Drogenphobie praktisch verschwunden bzw. ebenfalls verdrängt und durch die Phantasie ersetzt worden, der Tod drohe direkt von der Droge. Die Sehnsucht und Sucht nach sexueller Ekstase wird im Zuge der sich immer weiter verallgemeinernden und verschiebenden Abwehr selbst als Suchtform denunziert und negativ normiert.[18]

Das »Rauschgift-Tabu« knüpft an den biblischen Mythos vom Sündenfall an, an der Symbolik des Genusses des tabuisierten Apfels: Vom Baum der Erkenntnis, d. h. der Innewerdung des Sexuellen, darf nicht gegessen werden. Dabei genießt der homo sapiens (= schmeckender Mensch) eben so gerne oral. Auch die Alkohol-Intoxikation von Sodom und Gomorrha enthält diese Metaphorik der todbringenden sexuellen Enthemmung aufgrund berauschender Substanzen sowie das Ergriffenwerden von diesem Tabu durch schlichtes Ansichtigwerden: Augen sind die ersten Sexualorgane. Wobei im Mythos ironischerweise zugleich der sexuelle und orale Inhalt zum Ausdruck kommt: Ist doch die Salzsäule, zu der man erstarrt, sowohl ein Symbol für den Penis als auch für das Salz, an dem man lecken muß, um in der heißen Wüste zu überleben.

Konflikte auf der symbiotischen Ebene
Die Erklärung der Drogenphobie mit dem — psychoanalytisch so bezeichneten — »ödipalen Konflikt« reicht also nicht aus, um die Intensität der Angst, die Haltbarkeit des Mythos, die Empfänglichkeit für anti-aufklärerische Mystifizierung und abspaltende Moralisierung zu verstehen. Dabei handelt es sich nämlich psychogenetisch nur um die sekundäre Bedeutung von Drogen. Davor sehe ich eine primäre: Es gibt genetisch noch früher einzuordnende Trieb-Erlebnisse, allererste Konflikte und Abwehrformen, welche das Drogen-Tabu mitbedingen.

Die oralen, nasalen, intravenösen, auch analen Applikationsformen illegaler Drogen verweisen — jenseits ihrer praktischen Funktionalität im Sinne optimaler Drogenwirkung — symbolisch auf subjektives Erleben präödipaler Entwicklung. So erscheint schon das biblische »Schmecken« des vergifteten Apfels als symbolische Bezugnahme auf Gestillt- und Abgestilltwerden des Säuglings durch die Mutter.

Nach dem Ur-Trauma der Geburt als primärem Gewalt- und Angsterleben bleibt die Sehnsucht nach dem narzißtischen Primärzustand, nach der paradiesisch-absoluten Lust der Wieder-Verschmelzung mit der Mutter ewiger Bezugspunkt der immer möglichen psychischen Regression. Im Sinne einer Ur-Ambivalenz der Mutter gegenüber ist das psychische Erleben zunächst gespalten in die absolute Einheit und Verschmelzung einerseits und die Urerfahrung der mütterlichen »Gewalt« im Geburtsvorgang und in der Macht zur Versagung sowie die Angst vor dem Verschlungenwerden andererseits. Die aus der unvermeidlichen Versagung, aus Unlust- und Schmerzerfahrung resultierende Ur-Angst und Enttäuschung löst primäre Abwehrmechanismen aus: ohnmächtige Wut einerseits, halluzinatorische Reinszenierung der Wiederverschmelzung andererseits. Diese Phantasien lösen ihrerseits archaische Angst vor dem Objekt- und Selbstverlust aus und bewirken letztlich Anpassung an die familialen und sozialen Begrenzungen.[19] Die Psychoanalytikerin Melanie Klein spricht von der frühkindlichen Aufspaltung des Mutter-Partialobjekts in die »gute« und die »böse« Brust.

Das Schneewittchen-Märchen z. B. belegt diese Metapher: der von der Stiefmutter, also der »bösen« Seite der Mutter, verabreichte Apfel ist zur Hälfte vergiftet. Der Apfel, die Milch, die Droge: sie haben immer ihre zwei Seiten, das Hochgefühl der Verschmelzung und die Depression der Vernichtung. Die Droge wird zugleich geliebt und gehaßt, sie wird zugleich fördernd und zerstörend erlebt.

Auf dieses Urerleben lassen sich auch die Dichotomien, Konflikte und Amalgamierungen von Libido und Destrudo, von Lebenstrieb und Todestrieb, von Trieb und Abwehr dialektisch zurückführen. Das Hochgefühl des in der psychosexuellen Entwicklung relativ spät auftretenden Orgasmus bezieht sich auf Erfahrungsinhalte aus frühesten Formen des Hochgefühls. Ebenso läßt sich der Aggressionstrieb, der sich später teilweise mit dem Sexualtrieb legiert, auf die aufgespaltene Matrix von Verschmelzung und Vernichtung zurückführen. Nicht umsonst wird die

Ekstase des Orgasmus ebenso wie das Hochgefühl des Heroin-Rausches auch als »der kleine Tod«[20] bezeichnet: Im Gefühlserleben und in der Phantasie schließt sich hier ein Zirkel von omnipotentem Hochgefühl als beständig treibender Sehnsucht einerseits und Erfahrung der Endlichkeit der Lust und des Lebens bzw. des in dem Geschlechtspartner Aufgehens, Sich-Verlierens, der Verschmelzung, Vernichtung, Tötung andererseits. Es handelt sich hierbei um die Fixierung eines Stadiums der Aufspaltung von polaren Gegensätzen in der psychischen Struktur. Darauf kann unter bestimmten Bedingungen von Ich-Schwächung oder Ich-Lockerung (Psychose, Affektzustand, unkontrollierte Drogenwirkung, Gruppendynamik) regrediert werden. Es besteht aber auch die Möglichkeit einer therapeutischen oder genießerischen, »im Dienste des Ich« auf psychisches Erleben und Phantasietätigkeit begrenzten Regression zu diesem Entwicklungsstadium. Solche Regression kann durch Psychotherapie, Tiefenspannung, Hypnose etc., aber auch durch kontrollierten Drogenkonsum erzeugt und Ich-gerecht gesteuert werden.

Zwar stecken die Psycho-Pharmakologie und die Psychoanalyse der Drogen noch in den Anfängen. Jedoch kann aufgrund der bisherigen Erkenntnisse folgende These formuliert werden. Der Genuß bestimmter — sicherlich nicht undifferenziert aller — psychotroper Drogen wird psychisch wie die Verwirklichung der Ur-Hoffnung auf die Wiederverschmelzung, auf das absolute Hochgefühl erlebt, zumindest wie eine Verheißung dieser — wörtlich und metaphorisch zu verstehenden — »Erfüllung«. Das stellt eine Kompromißleistung der Abwehr dar: Der Drogengenuß hilft ein Stück weit, die Wiederverschmelzungsphantasie zu reinszenieren, schützt aber andererseits im Sinne einer narzißtischen Beziehungsabwehr vor einer wirklichen Objektabhängigkeit und der Gefahr des Verschlungenwerdens. Zugleich werden sexuelle und aggressive Affekte in einem ungerichteten Hochgefühl aufgehoben und verlieren ihre Erschütterungs- und Bedrohlichkeitsqualität.

Der Drogengenuß ermöglicht auch die unbewußte halluzinatorische Reinszenierung des Frühzustandes magischer Allmacht und damit die Abwehr der Regression in Ohnmachts- und Vernichtungserleben. Insofern bewirken, konditionieren und nutzen psychotrope Drogen lediglich innere Erlebnisqualitäten. Diese sind sowohl biologisch als auch psychisch angelegt: Endorphine im Zusammenhang mit dem Spektrum endogener rauschhafter narzißtischer Hochgefühle bei Sexualität und Aggressivität, Religiosität, Glücksspiel, sadistischer oder massenpsychotischer Aggressions-Enthemmung, realer Machtausübung.[21]

Welches Schicksal die Ur-Triebe erleiden, welchen Verlauf der archaische Triebkonflikt nimmt, ist — abgesehen von der umgebenden Gesellschaftsstruktur — eine Frage der psychischen Strukturentwicklung. Je nach Stärke und Relation der Instanzen Es, Ich und Über-Ich überwiegen Fixierungen oder Regressionen, sind nützliche oder genußvolle, Ich-gerechte Regressionen z. B. in Therapie oder eben auch unter Drogenwirkung möglich — aber eben auch pathologische Zustände. Anhaltender Drogengenuß kann bedeuten, daß Angst vor Objekt- und Selbstverlust abgewehrt werden muß, weil die entsprechende Trauerarbeit nicht oder noch nicht möglich ist. Trauerarbeit setzt das allmähliche, wohldosierte Erleben von Versagung und Abschied, von Verzicht auf Allmacht und Idealisierung voraus. Solch Verzicht wird in einer ausreichend günstigen Sozialisation durch vielerlei Progressionen und Tröstungen kompensiert. So ist denn auch — parallel dazu — folgende Bedeutung der Perversion auf pathologischem Niveau plausibel: Trauer über die verlorene Symbiose ist nicht möglich, das Trennungs/Verschmelzungs-Trauma muß permanent wiederholt werden, um durch die extreme Ritualisierung und Willenssteuerung des Geschehens in gleichsam magischer Weise die Kontrolle wiederzuerlangen.[22] Ähnlich pathologisch kann der Drogengebrauch motiviert sein.

Drogengebrauch kann aber auch ein Aspekt dieser Trauerarbeit sein. Denn auch hinsichtlich des Drogengenusses bedeutet Trauerarbeit Abschied. Nämlich Trennung vom »Ersatz-Objekt« Droge. Bei allmählich nachlassender Drogenwirkung wiederholt sich im unbewußten Erleben die Trennung von der Mutter, von der Kindheit. So ist denn auch bekannt, daß — abgesehen von den physiologisch und pharmakologisch zu erklärenden Erscheinungen der Abhängigkeit und Toleranzbildung — das Anziehungserleben der Drogenwirkung abnimmt. Je nach psychischer Disposition und sozialem Setting ist der Mensch in unterschiedlichem Maße fähig, die Enttäuschung dieser Hoffnung zu verarbeiten. Adäquat ist nur die Verarbeitung durch Trauer. Sonst folgt Wut und deren Abwehr durch weitere Abhängigkeit und Depression bzw. deren Abwehr durch weiteren Drogenkonsum.

Andererseits wird so auch auf psychologischer Ebene verständlich, was die soziologische Drogenforschung herausgearbeitet hat: Mindestens 30 Prozent der Heroingebraucher werden im Stadium des Jungerwachsenseins, also der maximalen Konfliktbelastung, abhängig und steigen jenseits des Alters von 30 bis 35 Jahren im Maße ihrer sozialen Stabilisierung allmählich ohne irreversible Gesundheitsschäden von selbst aus der Abhängigkeit aus.[23]

Das Inzestverbot ist insofern nur sekundär als ödipale Konfliktlösung und als gesellschaftsfunktional i. S. des Exogamiegebots zu verstehen. Es erscheint vielmehr als die spätere Ausgestaltung der früheren Angst vor dem unbewußt phantasierten Selbstverlust durch Wiederverschmelzung mit der Mutter. In der allgemeinen Paradies-Sehnsucht spiegelt sich dieser Phantasie-Hintergrund ebenso wie in Begehrlichkeit, Neid, Geiz, Sammelwut etc.: allesamt Formen und Abkömmlinge der ambivalenten Phantasie, alles zu haben, alles zu beherrschen und alles zu vernichten.

Die unbewußte Phantasie von Paradies, Macht, Omnipotenz, welche an die Rauschdrogen geknüpft wird, erweist sich auch in der Faszination der Forscher, als das Allheilmittel oder gar das Mittel, Unsterblichkeit zu finden. In dem unentwegten Bestreben der Prohibitionisten, die Drogen wie das Böse endgültig auszumerzen, findet sich als Abwehrkompromiß die Kehrseite dieses an »die Drogen« gehefteten Allmacht-Wunsches. Er ist nun auf das Strafrecht verschoben und auf das Reinigungsritual von Freiheitsstrafe oder Zwangstherapie, man partizipiert unbewußt an dieser phantasierten Allmacht. Darin liegt zudem noch ein Kompromiß mit den destruktiven Triebanteilen: sadistische Befriedigung durch Bestrafung desjenigen, der sich den Genuß gönnt – und zwar ohne Schuldgefühle, weil vom Über-Ich entlastet.

Die abgespaltene, verleugnete, projizierte, in Ritualen isolierte primäre Destruktivität, die unbewußten Tötungsphantasien spiegeln sich im Diskurs über die »Drogentoten«, im ritualisierten täglichen Zeitungsbericht – ähnlich der Mord- oder Kriegsberichterstattung. Warum gibt es wohl keine ebensolchen Berichte über Suizide, Alkohol- und Verkehrstote? Die Drogenphobie dient – wie das Todes-Tabu – auch der Angst-Abwehr: nämlich durch Vermeidung von Abhängigkeit, Wahnsinn, Kontrollverlust, Aggressionsdurchbruch. Zugleich neutralisiert die Zuschreibung des Bösen Ängste vor der unbewußt phantasierten Rache der »getöteten Feinde«. Diese unbewußte Phantasie ist ihrerseits Resultat von Projektion und Externalisierung der eigenen destruktiven Triebimpulse.[24] Ich sehe z. B. den sog. Agnostizismus der Psychiater hinsichtlich der Psychosen als Ausdruck des Tabus: Es ist die Abwehr der Berührungs-Angst, dem Kranken in seinen Wahn zu folgen und dadurch den eigenen archaischen abgespaltenen Triebimpulsen wiederzubegegnen. Ähnlich zu deuten ist möglicherweise die Tatsache, daß Psychoanalytiker sich kaum je darum bemühen, Drogengebraucher oder Sexualtäter in Analyse oder Therapie nehmen.

Nun mag es — wie beim Todes-Tabu hinsichtlich der Feinde auch[25] — Schuldgefühle für das den Drogengebraucher zugeteilte Strafübel geben. Diese müssen beständig durch verstärkte Dramatisierung des Drogenübels oder durch andere Entschuldigungsrituale gerechtfertigt werden. Jedenfalls finden wir in der kollektiven Drogenphobie eine ähnliche Kompromißbildung wie bei Neurose, Borderline-Zustand und Psychose: Triebverwirklichung und Abwehr bilden eine Mischung, werden gesellschaftlich modelliert und normiert. Auch die Begriffe von Sucht und Abhängigkeit sind nicht deskriptiv, sondern wandelbare gesellschaftliche und normative Konstrukte. Es erscheint an der Zeit, diese Begriffe einer tiefgreifenden Analyse und Kritik zu unterziehen. Allzu umstandslos werden Abhängigkeit und Sucht als scheinbar empirische Begriffe mit Krankheit gleichgesetzt. Es handelt sich also um einen beispielhaften Fall gesellschaftlicher Konstruktion von äußerer und innerer Realität, nämlich der Konstruktion und Funktionalisierung von Angst und Abwehr, von Abweichung und Krankheit einerseits und Abstinenz und Konformität andererseits.

Für eine neue Drogen-Moral

Die Verelendungspolitik der Drogenprohibition und die anhaltende soziale Freiheitseinschränkung durch Verzerrung der Wahrheit sind schädigende, illegitime staatliche Gewalt, die auf Tabu und Phobie beruht. Diese Erkenntnis entschuldigt nichts, sondern resultiert im Ruf nach Enttabuisierung und Aufklärung: Wo Es war, soll Ich werden — auch gesellschaftlich. Die Gegenbesetzung archaischer Wünsche, das Drogen-Tabu, vollzieht sich in einer Form kollektiver Gewalt gegen bestimmte Individuen. »Kollektive Gewalt ist vor allem durch Rechtfertigung, Neutralisationen, Umwertungen bis hin zu Zuständen vollständiger ›moralischer Anästhesie‹ gekennzeichnet«.[26]

Welches könnten Gegenmittel sein, wie könnte die geforderte Aufklärung verwirklicht werden? Es bedarf zunächst einer erneuerten gesellschaftlichen Verständigung auf eine Diskursethik der Differenzierung und Aufklärung, auf einen Verzicht auf Affektabfuhr in der Logik des Krieges. Konkretisiert werden müßte das in einer veränderten politischen Moral, in einer selbstreflexiven Prozedur der Problemwahrnehmung, Skizzierung von Lösungsoptionen und Konsensfindung unter Abwägung humaner, sozialer und demokratischer Grundwerte.[27]

Anmerkungen

1 Dazu ausführlich und mit weiteren Nachweisen: *Böllinger, Lorenz/Stöver, Heino:* Drogenpraxis, Drogenrecht, Drogenpolitik. 3. Aufl., Frankfurt/M. 1992.

2 So *Katholnigg,* Goltdammer's Archiv 1990, S. 193.

3 Vgl. *Freud, Sigmund* (1913): Totem und Tabu. GW IX, S. 26 ff.

4 Nur als Gedanke: Straßenverkehrsunfälle bewirken massenhafte schwerste Schäden: über 10 000 Tote und Hunderttausende Schwerverletzte pro Jahr. Daß hier nicht genauer geforscht und problematisiert wird, hat auch mit Denkverboten, mit einem Tabu zu tun, hier jedoch interessanterweise mit einem positiven: der »Freiheit« des Autofahrens.

5 *Freud* 1913 (Anm. 3), S. 28 f.

6 S. Weser-Kurier v. 26. 8. 1992, S. 11: »ekelhaft«, »das dreht einem den Magen um«.

7 *Freud* 1913 (Anm. 3), S. 33.

8 Ebd. S. 37.

9 Vgl. Schilderung bei *Böllinger/Stöver* 1992 (Anm. 1), S. 69 ff.

10 *Freud* 1913 (Anm. 3), S. 39.

11 Ebd., S. 40.

12 Ebd., S. 44.

13 Ebd., S. 5 ff.

14 Vgl. *Lautmann, Rüdiger:* Der Zwang zur Tugend, Frankfurt/M. 1984, Teil I.

15 Vgl. *Marcuse, Herbert:* Der eindimensionale Mensch. 3. Aufl., Frankfurt/M. 1968, S. 76 ff.

16 Vgl. *Foucault, Michel:* Sexualität und Wahrheit, Bd. I., Frankfurt/M. 1977.

17 Ähnlich das »Lehrbuch« Kamasutram aus dem 4. Jahrhundert.

18 Vgl. *Gross, Werner:* Sucht ohne Drogen. Frankfurt/M. 1990.

19 Vgl. *Stoller, Robert:* Perversion − Die erotische Form von Haß. Reinbek 1979.

20 Vgl. *Elias, Herbert:* Kurze Einführung in die Pharmakopsychologie der Rauschdrogen. In: Grimm, Gorm: Drogen gegen Drogen. Kiel 1992, S. 286 ff.

21 Vgl. *Grimm* (Anm. 20), S. 324 ff.

22 Vgl. *Stoller* (Anm. 19), S. 150 ff.

23 Vgl. *Böllinger/Stöver* (Anm. 1) m. .w. N.

24 *Freud* 1913 (Anm. 3), S. 47 f.

25 Ebd., S. 47 f.

26 *Jäger, Herbert:* Kriminologie kollektiver Verbrechen. In: ders.: Verbrechen unter totalitärer Herrschaft. Frankfurt/M. 1982, S. 382.

27 Vgl. *Luhmann, Niklas:* Soziologie der Moral. In: ders./Pfürtner, Stephan (Hrsg.): Theorietechnik und Moral. Frankfurt/M. 1978, S. 8 ff.; *Habermas, Jürgen:* Moralbewußtsein und kommunikatives Handeln. Frankfurt/M. 1983.

Dr. **Lorenz Böllinger** *ist Hochschullehrer für Kriminologe an der Universität Bremen.*

II. Politische und praktische Ansätze auf dem Weg zur Legalisierung

Sebastian Scheerer

Aus der Geschichte lernen?
Einige Fälle, in denen die Prohibition
schon mal abgeschafft wurde

Während der hauptsächlich von den USA druckvoll betriebene
»War on Drugs« weltweit unübersehbar eskaliert, gibt es zumindest
auf lokaler, regionaler und manchmal sogar einzelstaatlicher Ebene
immer wieder Anzeichen dafür, daß die Front der Drogenkrieger
abbröckeln könnte. Wenn eine Situation so unklar ist, dann kann
ein Blick in die Geschichte gelegentlich Anhaltspunkte für präzi-
sere Einschätzungen geben. Und da die meisten der heute erlaubten
Drogen – wie Kaffee und Nikotin, aber auch der Alkohol – an
bestimmten Orten und zu bestimmten Zeiten auch schon einmal
genauso hart strafrechtlich verfolgt wurden wie heute Heroin und
Kokain, könnte man auf eine Vielzahl von Präzedenzfällen zurück-
greifen.

Im folgenden geht es mir deshalb vor allem um zwei Fragen: Wie
lange dauert der Übergang von der Phase harter Verfolgung bis zur
Freigabe? Und: Wer sind die maßgeblichen Kräfte bei der Aufhebung der Prohibition?

Der Übergang von der Verfolgung zur Freigabe

Wenn es den Beteiligten bei drogenpolitischen Konflikten wirklich
nur um Drogen ginge, dann gäbe es wahrscheinlich überhaupt
keine strafrechtlich-prohibitionistischen, sondern nur regulierend-
fiskalische Kontrollen. Drogenprohibitionen wollen aber nicht nur
einen bestimmten Zustand herstellen. Mindestens ebenso wichtig
ist es ihnen, ein politisches Zeichen zu setzen, d. h., einen Wert
darzustellen (wie z. B. »Leben ohne Drogen«). Dieses expressive
Ziel wird von plakativen Normen wie denen des Strafrechts natürlich eindringlicher transportiert als von den stillen Normen etwa
des Gewerbe-, Lebensmittel- oder Steuerrechts. Das Strafrecht ist
absolut, weitrational und expressiv und insofern »moralnäher« als
andere Rechtsgebiete.

Wo Drogenprohibition herrscht, kann man deshalb auf die Existenz eines »Kulturkonflikts« schließen, d. h. auf einen Kampf zwischen unvereinbaren Auffassungen sozialer Gruppen über das rich-

tige Ausmaß an Allgemeinverbindlichkeit, das ihren speziellen Wert- und Normvorstellungen in einer gegebenen Gesellschaft zukommen soll. Hinter einem solchen Kulturkampf verbergen sich meist auch sozio-ökonomische Rivalitäten zwischen ethnischen Gruppen und/oder sozialen Schichten um »ihren« Platz in der Gesellschaft (in der Terminologie von J. R. Gusfield »status politics«). Eine Gruppe, die sich in ihrer Lebensweise von einer anderen bedroht sieht, aber schon oder noch genügend Einfluß auf die Legislative besitzt, geht gerne mittels strafrechtlicher Drogenverbote gegen Gewohnheiten und Identitätsmerkmale der konkurrierenden Gruppe vor. So demonstriert sie ihren hegemonialen Anspruch und manifestiert zugleich, daß (schon oder noch) sie es ist, deren Vorstellungen gesamtgesellschaftlich den Ton angeben. Die Erbitterung, mit der Prohibitionskonflikte häufig ausgetragen werden, rührt daher, daß es nicht nur um die sachlichen Vor- oder Nachteile bestimmter Regulierungen geht, sondern um ganz grundsätzliche Konflikte bezüglich der Allgemeinverbindlichkeit bestimmter kultureller Codes, die wiederum für Werte, Normen und Zukunftshoffnungen bestimmter gesellschaftlicher Gruppen stehen.

Wegen dieser symbolischen Aufladung von Drogenverboten könnte man annehmen, daß der Übergang von harter strafrechtlicher Verfolgung zur Freigabe sehr lange dauert und in vielen Abstufungen vonstatten gehen muß. Doch ein solcher Gradualismus läßt sich aus der Geschichte nicht unbedingt ablesen.

So war es jedenfalls bei der Aufhebung der Tabakprohibition in Rußland. Dort (wie auch in der Türkei, in China und Japan) wurden die »kulturfremden« Drogen Kaffee und Tabak zunächst (d. h. im 16./17. Jahrhundert) mit religiösen, sittlichen und medizinischen sowie ökonomischen Begründungen heftig bekämpft. Doch letztlich beruhte die Heftigkeit der Bekämpfung darauf, daß hier noch ein symbolischer Grund für das Verbot hinzukam: Kaffee und Tabak waren Sinnbilder für das Streben nach Veränderung, für politische und kulturelle Fundamentalopposition.

In Rußland war der Tabakkonsum in der ersten Hälfte des 17. Jahrhunderts vom Klerus als Todsünde bekämpft und von den Zaren mit Aufreißen der Nase, Aufschneiden der Lippen, Auspeitschen, Verbannung und Vermögenskonfiskation bedroht worden. Das änderte sich durch eine »Reform von oben«, die in mancher Hinsicht an Gorbatschow erinnert. Denn als Zar Peter der Große

(1689–1715) an die Macht kam, überging er das Rauchverbot zunächst in der Form, daß ausländische rauchende Gäste am Hofe geduldet wurden (1689). Bei seinen Reisen in den Westen wurde er selber zum Raucher. Am 1. Februar 1697 erließ er einen Ukas, mit dem der bis dato nur schwarzmarktmäßige Verkauf von Tabak legalisiert und der öffentliche Konsum ebenfalls gestattet wurde. Der Zar selbst führte stets demonstrativ eine der damals üblichen mittelgroßen holländischen Pfeifen im Munde. Dies nicht nur, weil er ein leidenschaftlicher Raucher war, sondern vor allem, weil er sich für die Öffnung Rußlands nach Westen einsetzte, den Klerus als reaktionäre Kraft zurückdrängen und deshalb betont das »westliche Symbol« der Tabakpfeife popularisieren wollte. Deshalb ging er auf das ständige englische Drängen nach einer Liberalisierung des Tabakhandels (und -konsums) nur allzu gerne ein (vgl. Hess 1987: 26; Austin 1978: 21–31; Corti 1930: 189–194).

In der Türkei war es ähnlich. Erst wurden (unter Murad IV.: 1623–1640) Kaffeetrinker und Raucher umgebracht. Doch schon der Nachfolger Murads IV. sah die Dinge etwas gelassener, woraufhin sich sowohl Tabak als auch Kaffee so schnell verbreiteten, daß man in Westeuropa die Türkei bald sogar für die Heimat dieser beiden Drogen zu halten begann.

Ein weniger weit zurückliegender Fall betrifft das nationale Alkoholverbot in den USA, das von 1919 bis 1933 dauerte. Interessant ist an diesem Fall besonders der Zeitfaktor. Die Ereignisse, die jeweils für Anfang und Ende der Prohibition entscheidend waren, spielten sich jeweils binnen lediglich vier bis sieben Jahren ab und kamen selbst für viele Beteiligte recht überraschend.

Auch bei der Alkoholprohibition ging es nicht nur um eine rein sachliche Frage, die sich durch technisch saubere Kosten-Nutzen-Kalkulationen für alle Bürger gleichermaßen befriedigend hätte beantworten lassen, sondern um »wertrationale« Fragen des »richtigen« Lebens und der »richtigen« Weltanschauung. Die historisch im Niedergang befindliche Schicht (protestantische Farmer und ländliches Kleinbürgertum) wollte die Alkoholprohibition, um ihrer eigenen, von Urbanisierung, katholischen Immigranten, Gewerkschaften und den Nebenfolgen der Industrialisierungen bedrohten Lebensweise den Status der allgemeinverbindlichen Norm zu verleihen. Der verängstigte Mittelstand wollte die Prohibition, um einen sichtbaren Deich zu errichten gegen den als »Chaos« und »Werteverlust« wahrgenommenen sozialen Wandel.

Was die Aufhebung des Alkoholverbots angeht, so glaubte noch 1925 kaum jemand, daß es in überschaubarer Zeit wieder aufgehoben würde. Bis 1926 gab es so gut wie keine organisierte Opposition. Erst ab 1929 begann die Front der Prohibitionisten zu wanken, als der Zeitungskönig William Randolph Hearst, einst Prohibitionist, einen nationalen Aufsatzwettbewerb über eine neue Alkoholpolitik sponserte.

Die entscheidende Wende kam dann im Juni 1932, als John D. Rockefeller Jr. am Vorabend des republikanischen Parteitags erklärte, er, der »geborene Prohibitionist«, habe seine Meinung geändert: die Nachteile der Prohibition überwögen nach seiner inzwischen gewonnenen Überzeugung in ganz erheblichem Maße ihre Vorteile. Dann ging alles Schlag auf Schlag. Ab Januar 1933 studierte eine Kommission Regulationsmodelle, die an die Stelle der Prohibition treten könnten. Im Oktober erschien der Bericht (Fosdick, Scott: Toward Liquor Control). Im Dezember wurde der 21. Verfassungszusatz vom 36. Staat der Union ratifiziert. Der 18. Verfassungszusatz (Prohibition) war damit aufgehoben.

Die maßgeblichen Kräfte bei der Überwindung von Drogenverboten

Welche Rolle spielen die öffentliche Meinung und Eliten bei der Überwindung von Drogenverboten? Genügt es, die öffentliche Meinung mehrheitlich für eine anti-prohibitionistische Position zu gewinnen − oder ist ein komplexeres Zusammenspiel unterschiedlicher Kräfte, sind vielleicht sogar »perverse Koalitionen« zwischen unwahrscheinlichen Bündnispartnern gefragt?

Es kann nicht verwundern, daß in autokratischen Gesellschaften die öffentliche Meinung nicht gefragt war, ob ein Drogenverbot richtig oder falsch sei. Gelang einer neuen Droge ein gutes Entrée im Herrscherhaus, dann stand einer reibungslosen Verbreitung des Genußmittels nichts im Wege. Gelangte ein Herrscher an die Macht, der eine bislang tabuisierte Droge aus welchen Gründen auch immer positiver betrachtete, dann hatte dies ebenfalls positive Auswirkungen auf die Verbreitung der Substanz.

In demokratischeren Gesellschaften hat die öffentliche Meinung eine größere Bedeutung. Aber das sollte nicht darüber hinwegtäuschen, daß auch hier jede Strömung nicht nur einer ideologischen Formierung bzw. Überhöhung, sondern auch einer Lobby-Organisation bedarf. Und mehr noch: Letztlich spielen die sozio-ökonomischen Eliten nicht selten die Rolle des Züngleins an der Waage. So wie die Alkoholprohibition ohne ideologische Formierung durch Methodisten, Baptisten und andere protestantisch-fundamentalistische Kirchen, ohne ihre hocheffiziente Lobby in Gestalt der Anti-Kneipen-Liga (Anti-Saloon-League) und ohne die entscheidende Unterstützung durch »big business« (seit etwa 1913) nicht zustande gekommen wäre, so zählten diese Faktoren auch zu den unabdingbaren Voraussetzungen ihrer Überwindung.

Zwar scheint es, daß sich Drogen in der politischen Arena besser als negatives Identifikationssymbol denn als positiver Wert eignen, für den sich Kampagnen auszahlen. Der Kampf wurde nicht für Alkohol, sondern gegen die negativen Folgen der Prohibition geführt (»lawlessness«!). Man trat also für Recht und Ordnung ein. Alkohol galt auch den Prohibitionsgegnern (in ihrer Rhetorik zumindest) als Übel, aber die Prohibition bewirkte ungewollt das größere Übel. Doch auch dieser eher defensive Kampf bedurfte einer effizienten Lobbyarbeit, die im Prinzip so arbeitete wie ihr prohibitionistisches Gegenstück, nämlich der Association Against the Prohibition Amendment (AAPA; seit 1926).

Die Rolle der wirtschaftlichen Elite war bei der Aufhebung der Alkoholprohibition nicht geringer als bei ihrer Einführung. Der Verwaltungsrat der AAPA bestand aus den Präsidenten und Generaldirektoren vieler großer Konzerne. Sie erhofften sich erstens persönliche finanzielle Vorteile (Senkung der Einkommensteuer), zweitens eine Ankurbelung der Wirtschaft (Alkoholindustrie) und drittens eine Verbesserung des sozialen Klimas. Bier, so hieß es nun immer häufiger, »would have a decidedly soothing tendency on the present day mental attitude of the working men . . . It would do a great deal to change their mental attitude on economic conditions« (so ein Gewerkschaftsführer; vgl. Levine 1985: 74). Kurzum: »So wie man sich einst von der Einführung des Alkoholverbotes eine Ära neuer Produktivität und Wohlstand versprochen hatte, so versprach man sich nun von der Aufhebung genau das gleiche« (Levine 1982: 250 f.).

In allen bisherigen Beispielen kam, ob man es nun mag oder nicht, den Eliten eine besondere Bedeutung zu. Sind es also immer die »Eliten«, die »Reformer von oben«, die Drogenverbote mehr oder weniger aus Eigeninitiative und Eigeninteresse aufheben? Spielt die öffentliche Meinung keine Rolle? Hat nicht in Holland die sprichwörtliche Toleranz der Bevölkerung für eine liberalere

Drogenpolitik gesorgt? Wenden wir uns deshalb diesem Beispiel zu, auch wenn es sich dort nicht um eine wirkliche Aufhebung der Prohibition, sondern »nur« um eine Art De-facto-Entkriminalisierung handelt.

Modell Holland?

Schon 1969 wurde die Staatsanwaltschaft von der Regierung angewiesen, kleinere Vergehen gegen das »Opiumwet« nicht zu verfolgen. 1976 kam es zu einer Novellierung des Opiumgesetzes, die »weiche« von »harten« Drogen differenzierte. Die Höchststrafe für Handel mit »harten« Drogen beträgt zwölf Jahre, für grenzüberschreitenden Handel mit Cannabis vier, sonst zwei Jahre. Im selben Jahr schrieb der Generalstaatsanwalt per Richtlinie vor, den Besitz von »weichen« Drogen bis zu 30 Gramm nicht mehr zu verfolgen; bei nicht vorbestraften Personen kann der Besitz kleiner Mengen »harter« Drogen unbeachtet bleiben; gelegentlicher Handel im Rahmen einer Abhängigkeit wird mit Geldbußen sanktioniert; systematisches Handeltreiben, speziell Import und Export, ist mit harten Sanktionen zu bekämpfen. Cannabis-Hausdealer sollen unter gewissen Voraussetzungen nicht verfolgt werden (vgl. Blankenburg/Bruinsma 1991: 40 f.).

Seither hat sich eine beachtliche Liberalisierung durchgesetzt. So wird z. B. gegenwärtig der offene Verkauf von Cannabis in rund 1500 Coffeeshops und Jugendzentren toleriert. In Deutschland hingegen erfolgten z. B. allein im Jahre 1990 rund 35 000 polizeiliche Registrierungen wegen Cannabisbesitzes oder -erwerbs.

Es ist ein Märchen, daß den dabei Ertappten in Deutschland keine Strafen drohten, weil die Polizei nur hinter den großen Bossen her wäre. 1985–1987 erfolgten nämlich über 9000 Verurteilungen wegen bloßen Haschischbesitzes unter fünf Gramm. Konsumenten, die von Deutschland über die Grenze nach Holland fahren, fühlen sich deshalb noch heute ähnlich erleichtert wie seinerzeit manche DDR-»Republikflüchtige«: dem Schnüffelstaat entronnen, Richtung Paradies.

Über die Gründe für die bessere Politik in Holland gibt es eine ganze Reihe von Annahmen. Die bekannteste ist die, daß die Holländer eben ein toleranteres Volk seien. Doch das stimmt nicht einmal. Denn die sogenannte öffentliche Meinung – also das, was die Meinungsforschungsinstitute abfragen – ist in Holland nicht permissiver gegenüber Drogen eingestellt als in Deutschland (vgl.

Reuband 1992). Im Gegensatz zur abgefragten Meinung ist aber die veröffentlichte Meinung – das, was in Zeitungen und Zeitschriften steht, was die Regierung veröffentlicht usw. – wesentlich liberaler als ihr Pendant in Deutschland. Man kann also sagen: Nicht »das Volk«, wohl aber »die gesellschaftliche und politische Elite« ist in Holland weniger punitiv und weniger kulturkämpferisch eingestellt als in Deutschland. Deutschland leidet sozusagen weniger unter seiner Bevölkerung als unter seinen besseren Kreisen und seinen Politikern.

Das holländische Phänomen der »De-facto-Entkriminalisierung« dürfte letztlich auf die immer noch spürbaren Auswirkungen der spezifisch niederländischen »Versäulung« der Gesellschaft und deren Konsequenzen für das Funktionieren des politischen Systems (über Kompromisse und Minimal-Ethiken) zurückzuführen sein. Aus dieser »Versäulung« und den »Politics of Accomodation« (vgl. Lijphart 1968) folgt eine relative Offenheit des politischen Systems für aktive wissenschaftliche Politikberatung (also zwecks Entscheidungsfindung) und nicht nur, wie hauptsächlich in Deutschland, zur Legitimation bereits getroffener Entscheidungen und für breite Beteiligungsstrukturen bei parlamentarischen Anhörungen (z. B. Anhörung der Opfer einer Kriminalisierung bei strafrechtlichen Gesetzgebungsverfahren) und eine breitere Toleranz gegenüber sozialer Selbstorganisation (Junkiebond). So wird die Organisations- und Konfliktfähigkeit von Minoritäten strukturell eher begünstigt. Nicht Prinzipien einer abstrakten Moral, sondern konkrete Problemlösungen stehen bei der Suche nach politischen Kompromissen im Vordergrund. Dabei gelang es im Verlauf der Zeit immer wieder, wichtige Repräsentanten konservativer »Säulen« und Parteien durch Sachaufklärung vom Pfad prohibitionistischer »Tugend« abzubringen (vgl. Scheerer 1982: 180 ff., Hess 1993, Rüter 1988, 1993).

Was folgt daraus?

Erstens sollte man den Einfluß der abgefragten Meinung in der Bevölkerung nicht überschätzen.

Zweitens ist es nicht ehrenrührig, eine tatkräftige und hochprofessionelle Lobby-Organisation aufzubauen. Die müßte bei der Kandidatenaufstellung für Bürgerschafts-, Landtags- und Bundestagswahlen einen gewissen Druck ausüben, Experten beschäftigen und vor allem auch mit präzise formulierten Verordnungs- und

Gesetzentwürfen in den parlamentarischen und ministerialbürokratischen Raum hineinwirken.

Drittens existiert in sozialen Bewegungen oft ein erhebliches Mißtrauen (oder eine starke Bitterkeit) gegenüber Außenstehenden, einschließlich solchen Prominenten, die sich für ihr Anliegen einsetzen. Man überführt sie eines auf Schlagzeilen und politische Punktemacherei abzielenden Motivs und einer wenig sympathischen Trittbrettfahrer-Mentalität. Sieht man sich die Geschichte der einzelnen »Konvertiten« an, so sticht jedoch weder das Argument der reinen Schlagzeilen-Sucht noch das der Bedeutungslosigkeit des Engagements von Persönlichkeiten des öffentlichen Lebens. Viele von ihnen riskieren tatsächlich nicht wenig mit ihren öffentlich vertretenen nonkonformen Haltungen. In diesem Sinne scheinen mir die Internationale Anti-Prohibitionistische Liga, scheint akzept e. V., scheinen die verschiedenen Anti-BtmG-Initiativen hierzulande und im Ausland noch durchaus mehr Koordination, mehr Expertise, mehr Schubkraft und Beharrungsvermögen, aber auch mehr Professionalität in der Organisation ihrer Forderungen gebrauchen zu können.

Viertens zeigt dieser kurze Blick in die Geschichte, daß nicht nur die Einführung, sondern auch die Abschaffung von Drogenverboten oftmals sehr schnell gehen kann. Was heute utopisch erscheint, kann schon in wenigen Jahren Realität sein.

Literatur

Austin, G. A.: Perspectives on the History of Psychoactive Substance Use (National Institute on Drug Abuse Research Issues 24), Rockville 1978.

Blankenburg, E., F. Bruinsma: Dutch Legal Culture. Deventer: Kluwer 1991.

Corti, E. C.: Die trockene Trunkenheit. Ursprung, Kampf und Triumph des Rauchens. Leipzig 1930.

Hess, H.: Rauchen. Geschichte, Geschäfte, Gefahren. Frankfurt a. M. 1987.

Hess, H.: Buchbesprechung zu K.-H. Reuband (1992). (Erscheint im Kriminologischen Journal 1993).

Levine, H. G.: Mäßigkeitsbewegung und Prohibition in den USA. In: Völger, v. Welck, Hg., Rausch und Realität. Reinbek 1982, Band 1: 241−251.

Levine, H. G.: The birth of American alcohol control: prohibition, the power elite, and the problem of lawlessness. In: Contemporary Drug Problems vol. 12 no. 1 (Spring 1985): 63−115.

Reuband, K.-H.: Drogenkonsum und Drogenpolitik. Deutschland und die Niederlande im Vergleich. Opladen 1992.

Rüter, C. F.: Die strafrechtliche Drogenbekämpfung in den Niederlanden. ZStW 100. 1988: 385−404.

Rüter, C. F.: Harmonie trotz Dissonanz. Gedanken zur Erhaltung eines funktionsfähigen Strafrechts im grenzenlosen Europa. ZStW 105. 1993: 30−47.

Scheerer, S: Die Genese der Betäubungsmittelgesetze in der Bundesrepublik Deutschland und in den Niederlanden. Göttingen 1982.

Dr. Sebastian Scheerer *ist Hochschullehrer für Kriminologie an der Universität Hamburg.*

Beat Kraushaar

Eidgenössische Volksinitiative für eine vernünftige Drogenpolitik – Tabula rasa mit der Drogenmafia

Bei einer 1989 von der Schweizer Regierung durchgeführten Umfrage befürworteten 15 von 26 Schweizer Kantonen die Drogenentkriminalisierung (Straffreiheit für den Eigenkonsum). 1990 ließ der damalige zuständige Innenminister, Bundesrat Cotti (heute Außenminister), mitteilen, daß dieses eindeutige Resultat für ihn nicht verbindlich sei und daß die Schweizer Regierung weiterhin an ihrem repressiven Betäubungsmittelgesetz festhalte und nicht daran denke, die Drogenprohibition zu lockern. Angesichts der offenen Drogenszenen in den großen Schweizer Städten, verbunden mit einer Zunahme der Verelendung und einer stetig steigenden Zahl von Drogen(verbots)toten, ließ dieses sture und starre Festhalten an einer gescheiterten Drogenpolitik das Faß des Erträglichen zum Überlaufen bringen.

1991 gründeten deshalb Drogen- und AIDS-Fachleute den Verein gegen gesellschaftliche Gleichgültigkeit, mit dem Ziel, eine Eidgenössische Volksinitiative zur Drogenlegalisierung zu lancieren. Nach fast zweijähriger intensiver Vorarbeit und Auseinandersetzung mit der Legalisierungsthematik wurde die Initiative am 18. Mai 1993 lanciert. Sie verlangt die Straffreiheit für den Erwerb, Besitz, Anbau und Konsum von Betäubungsmitteln für den Eigenbedarf sowie ein Staatsmonopol für die Produktion und den Vertrieb der Drogen. Mit der Volksabstimmung zur Legalisierungs-Initiative ist 1996/97 zu rechnen (sofern die benötigten 100 000 Unterschriften zusammenkommen).

Scherbenhaufen Drogenprohibition

Die seit den sechziger Jahren bis heute verfolgte Drogenpolitik, die mit einer Zuckerbrot-und-Peitsche-Mentalität versucht, dem Drogenproblem beizukommen, muß als das deklariert werden, was sie ist: ein Scherbenhaufen. Das Verbot führte zu einem illegalen Drogenmarkt mit all seinen verheerenden Folgen. Ein Kilo Heroin auf dem Schweizer Schwarzmarkt kostet rund 30mal mehr als ein Kilo Gold. Was der Drogenmafia allein in der Schweiz einen unversteuerten Gewinn von zirka zwei Milliarden Franken pro Jahr einbringt.

Ein Blick in die drogenhistorische Vergangenheit genügt, um aufzuzeigen, warum eine Drogenverbotspolitik nicht nur immer zum Scheitern verurteilt war, sondern auch kontraproduktiv wirkt. Seit rund 400 Jahren kann der immer gleich ablaufende Mechanismus erkannt werden. Reisende und Seeleute führen eine kulturfremde Droge ein, die sich je nach Drogenart in verschiedenen gesellschaftlichen Schichten verbreitet. Die Drogen und deren Herstellung werden vom Staat unter Androhung drastischer Strafen verboten. Die Einhaltung der Verbote kontrolliert oft eine extra gebildeten Drogenpolizei. Trotz und nicht zuletzt wegen des Verbots, harter Strafen und polizeilicher Bekämpfung nimmt die Verbreitung der Drogen zu, welche die staatliche Gewalt kaum kontrollieren oder regulieren kann.

Früher oder später läßt der Staat von der Prohibition ab. Allerdings bis heute noch nie aus sozialen, sondern immer aus wirtschaftlichen und politischen Gründen. Das gescheiterte Verbotsmodell wird dann durch ein Staats- oder ein staatlich delegiertes Monopol ersetzt.

Diesen Weg ging im 17. Jahrhundert die Droge Tabak, im 18. Jahrhundert die Alkoholprohibition in den USA. Und diesen Verlauf, er ist bereits eingeleitet, nimmt auch die Droge Cannabis. Denn Cannabis ist für die 40jährigen und die jüngeren Generationen bereits keine kulturfremde Droge mehr. Auf eindrückliche und tragische Art und Weise manifestiert sich, daß die bisherige repressive Drogenpolitik am Ende mit ihrem Latein ist. Anstatt daß 419 Drogentote 1992 sowie die Bilder der offenen Drogenszenen die Schweiz zu einem Aufgeben dieses Prohibitionsexperimentes bewegen, will die Schweizer Regierung die Prohibition noch verschärfen. Noch mehr Prohibition — »more of the same« — lautet die Lösung. Womit sich die Politiker und Politikerinnen durch diese Dosissteigerung gleich verhalten wie ein Teil der Drogenkonsumierenden.

Dabei gilt es, daran zu erinnern, daß bereits mit der internationalen Ächtung der Drogen und dem daraus resultierenden schweizerischen Betäubungsmittelgesetz vor allem die Konsumentinnen und Konsumenten von illegalen Drogen strafrechtlich verfolgt und bekämpft werden. Die Drogenmafia blieb hingegen bis heute praktisch unbehelligt.

Fazit dieser Drogenpolitik: Allein in der Schweiz ist bis heute eine große Zahl von vorwiegend jungen Menschen als potentielle Straftäter hinter Schloß und Riegel verfrachtet worden. Tausende wurden als Kriminelle registriert, stigmatisiert, ausgegrenzt und der Verelendung preisgegeben. Nachdem der Bundesrat nicht nur an der repressiven Drogenpolitik festhalten, sondern diese noch verschärfen will (Unterzeichnung von drei internationalen Abkommen), ist vorauszusehen, daß noch größere Teile unserer Jugend gesellschaftlich an den Rand gedrängt und somit unweigerlich dem Drogenelend preisgegeben werden.

Nur wenn die Ungleichbehandlung von illegalen und legalen Drogen − und die damit verbundene Doppelmoral − aufgehoben wird, können im Sucht- und Genußmittelbereich kurz-, mittel- und langfristige Erfolge verbucht werden. Die neue Drogenperspektive muß deshalb heißen: »Umfassende Aufklärung unter Miteinbezug der Legalisierung bisher verbotener Drogen.« Und wer immer noch behauptet, daß eine Drogenlegalisierung mit den entsprechenden Auflagen verantwortungslos sei, dem muß mit aller Deutlichkeit gesagt werden, daß das tödliche Experiment mit dem Drogenverbot, das in der Schweiz und weltweit seit Jahrzehnten durchgeführt wird, in seiner sozialen und wirtschaftlichen Schädlichkeit bereits heute um ein Vielfaches gefährlicher einzustufen ist als die Schäden, welche durch die Legalisierung und die Eigenwirkung der Drogen entstehen könnten.

Die Prohibition behindert Therapie und Prävention

Die Therapie- und Betreuungsangebote sollen das Leiden der Konsumenten und Konsumentinnen vermindern. Ein Leiden, das vor allem in der Prohibition wurzelt. Was der Repressionsapparat nicht schafft, nämlich mit Verbot und Strafe den Konsum zu unterbinden, soll mit einer immer breiteren Palette von Hilfsangeboten und Einrichtungen erreicht werden. Innerhalb der Prohibition verkommen diese Bemühungen letztlich zu Feuerwehrübungen, und zu einem guten Teil sind sie sogar Mitunterstützer und der verlängerte Arm des Repressionsapparates. Dies, weil die Hauptursache des Leidens drogenkonsumierender Menschen, nämlich die Prohibition, unangetastet bleibt. Hand in Hand mit der Repression geht der Ansatz »Therapie statt Strafe«. Dieser ist ein Produkt der Verbotsideologie. Bevormundend verspricht er, sich auf Irrwegen befindende Menschen nicht zu strafen, sondern sie zu heilen. Nach dem

Motto »Erst wenn du nicht willig bist, dann brauche ich Gewalt«. Das Resultat sind skeptische, mißtrauische und oft sehr unmotivierte Klienten und Klientinnen. Menschen, die sich selbstbestimmt und eigenverantwortlich für oder gegen den Konsum von Drogen entscheiden, sehen kaum ein, warum sie therapiert werden müssen. Noch weniger, wofür Strafe gut sein soll. Sie können nicht wirklich auf Hilfsangebote einsteigen, solange sie nicht frei zwischen Konsum und Abstinenz wählen können. Hilfsangebote in der Zwangsjacke der Prohibition können daher, trotz enormem Engagement der Mitarbeiter und Mitarbeiterinnen, nur punktuell wirken.

Die Prohibition beansprucht ebenfalls für sich einen präventiven Charakter im Sinne der Abschreckung, also der sogenannten generalpräventiven Wirkung. Das Verbot soll den Konsum und Handel illegaler Stoffe verhindern. Was der Repression nicht gelungen ist, soll im Bereich des Konsums die Drogenprävention erreichen.

Die Kampagnen gegen Drogensucht haben sich im Laufe der Jahre stark gewandelt. Gingen früher Polizeibeamte beladen mit einem Drogenköfferchen in die Schulen, sind es heute ausgebildete Fachleute, die sich darum bemühen, den Kids begreiflich zu machen, warum sie keine Drogen nehmen sollen. Die Plakate, früher Totenköpfe mit einem Joint, sind heute Ohren und Münder, die auffordern, Sucht nicht zu tabuisieren. Eine positive Tendenz ist erkennbar, die von abschrecken und schockieren zu miteinander reden übergeht. Den kantonalen Suchtpräventionsstellen ist es zu verdanken, daß Prävention eine erweiterte Definition erhalten hat. Es wird nicht bei Drogenprävention und illegalen Drogen haltgemacht, sondern versucht, breiter über Sucht und Genuß aller Drogen aufzuklären. Störend ist aber auch hier der Hemmschuh Prohibition. Objektive Drogeninformation heißt, Vor- und Nachteile des Drogenkonsums aufzuzeigen, und sollte keine Unterteilung in gesellschaftlich akzeptable und gesellschaftlich inakzeptable, das heißt illegale, Suchtmittel vornehmen.

Schweizer Präventionskampagnen, welche die illegalen Drogen als Problem ins Zentrum rücken, sind ausgrenzend und kurbeln Aggression und Ablehnung gegenüber diesen Konsumenten und Konsumentinnen noch mehr an. So wird das Thema Sucht auf die Menschen abgewälzt, die illegale Drogen konsumieren. Damit wird unserer Suchtgesellschaft der Boden geebnet, sich weiterhin unreflektiert den legalen Sucht-Genüssen hinzugeben.

Tragisch daran ist, daß damit unter anderem zwei zentrale Fragestellungen abgeschoben und verdrängt werden:
1. Welches sind die Ursachen für das Phänomen Sucht in unserer Gesellschaft?
2. Wie kann der gesellschaftliche und individuelle Umgang mit allen vorhandenen Genuß- und Suchtmitteln gelernt werden?
Die zweite Frage appelliert an unsere Lernfähigkeit, und dazulernen sollte doch eigentlich möglich sein. Umgehen wir diese Auseinandersetzung, bleibt eine umfassende Suchtprävention im Würgegriff der Prohibition stecken.

Stur, starr und unflexibel hütet die Schweiz die Prohibition, und der Schwarzmarkt floriert, wirft Milliardengewinne ab. Illegaler Stoff ist rund um die Uhr erhältlich, und trotz Strafe, Therapie und Prävention wird weiterhin konsumiert. Das Karussell von Verhaftungen, Verurteilungen, Knast, Maßnahme, Vertreibung der Szenen, Hetze, Gewalt, Beschaffungsdruck, Prostitution, Verelendung, Erkrankung und Tod dreht sich immer schneller. Angetrieben von der Prohibition − abgesichert durch die Strafbestimmungen des Betäubungsmittelgesetzes. Eine unendliche Elendsgeschichte.

Braucht es noch mehr Elend, Gewalt und Tote, bis wir eingestehen: Die Verbotspolitik hat versagt? Oder macht uns die Sehnsucht nach einer Jugend ohne Drogen blind für das Perfide an der Prohibitionspolitik?

Eine Alternative, eine sinnvolle Alternative, ist längerfristig die Freigabe aller Drogen. Die Vorstellung jedoch, daß Heroin, Kokain und andere psychotropen Substanzen frei erhältlich sind, schockiert. Kaum jemand vertraut darauf, daß Menschen mit der freien Wahlmöglichkeit umgehen können. Die Vorstellung, daß Menschen sich aus freiem Willen für den Konsum von Heroin und Kokain und nicht Alkohol entscheiden und diese auch noch legal konsumieren könnten, erzeugt Unbehagen. Tief verankert sitzen die Bilder von Schädlichkeit und Gefährlichkeit. Selbstzerstörung und Selbstschädigung werden damit assoziiert. Kaum jemand traut diesen Menschen zu, selbstbestimmt und eigenverantwortlich mit illegalen Drogen umgehen zu können. Für viele unvorstellbar ist, alle Drogen auf diese Stufe zu stellen. Warum? Was ist an diesen Drogen teuflischer als an Alkohol und Tabak?

Klar ist, daß die Freigabe nicht von heute auf morgen realisiert werden kann. Zu erfolgreich ist die Gehirnwäsche von 30 Jahren

Prohibition in unseren Köpfen. Zu gewalttätig ist die Kluft zwischen Verbot und Freigabe. Zu selbstverständlich halten wir uns im Alltag an Gebote und Verbote. Rot heißt stopp − Grün erlaubt gehen. Viele empören sich darüber, daß andere sich nicht an Rot oder Grün orientieren, sondern daran, ob es möglich ist, die Straße zu überqueren. Fallen die Ampeln aus, müssen alle Menschen wieder lernen, eigenverantwortlich die Straße zu überqueren. Klar ist: Ein neuer Umgang mit Genuß- und Suchtmitteln muß sukzessive gelernt werden.

Aus diesem Grund plädieren wir für eine realisierbare Variante. Vom Betäubungsmittelgesetz hin zu einem staatlichen Betäubungsmittel-Monopol. Zur Umsetzung dieses Zieles haben sich Drogen- und AIDS-Fachleute zusammengeschlossen und am 18. Mai 1993 die Volksinitiative für eine vernünftige Drogenpolitik lanciert. In der Schweiz können über die Verfassung politische Anliegen zur Volksabstimmung gebracht werden, wenn innerhalb von 18 Monaten 100 000 Unterschriften dafür vorliegen. Als Grundsatz galt für die Initianten: Der Initiativtext muß so liberal sein, daß der Schwarzmarkt verschwindet, und so restriktiv, daß der Alleingang sowie die durch die Prohibition geschürten Ängste in der Bevölkerung berücksichtigt werden. Nur so können die notwendigen 100 000 Unterschriften realistischerweise zusammenkommen und kann eine gute Abstützung bei Organisationen und Parteien erreicht werden.

Der Initiativtext
I. Die Bundesverfassung wird wie folgt ergänzt:
Art. 32 septies
1. Der Konsum von Betäubungsmitteln sowie ihr Anbau, Besitz und Erwerb für den Eigenbedarf sind straffrei.
Art. 32 octies
1. Der Bund erläßt Vorschriften über Anbau, Einfuhr, Herstellung von sowie über den Handel mit Betäubungsmitteln.
2. Die Bundesgesetzgebung regelt die Erteilung von genügend Konzessionen unter spezieller Berücksichtigung von Jugendschutz, Werbeverbot und Produktinformation. Betäubungsmittel, welche aus nichtmedizinischen Gründen konsumiert werden, unterstehen keiner Rezeptpflicht.
3. Die Gesetzgebung regelt die fiskalische Belastung der Betäubungsmittel, wobei der Reinertrag je zur Hälfte an Bund und Kan-

tone geht. Sie legt fest, welcher Mindestanteil für die Vorbeugung des Betäubungsmittelmißbrauchs, die Erforschung seiner Ursachen und die Linderung seiner Folgen zu verwenden ist.

II. Die Übergangsbestimmungen der Bundesverfassung werden wie folgt ergänzt:

Art. 20

1. Artikel 32 septies tritt mit Annahme durch Volk und Stände in Kraft, soweit nicht staatsvertragliche Verpflichtungen entgegenstehen. Staatsverträge mit solchen Bestimmungen sind sofort zu kündigen.

2. Die Ausführungsgesetzgebung zu Artikel 32 octies ist innert 3 Jahren zu erlassen. Andernfalls erläßt der Bundesrat befristet die unerläßlichen Bestimmungen. Staatsverträge, die den Ausführungsbestimmungen widersprechen, sind spätestens auf den Zeitpunkt des Inkrafttretens anzupassen oder nötigenfalls zu kündigen.

Was sind die Ziele dieser Initiative?

Die Straffreiheit für Erwerb, Besitz, Konsum und Anbau von Drogen für den Eigenbedarf und ein Staatsmonopol, das mittels Konzessionen die Bewilligung für Anbau, Herstellung und Handel von Drogen zu gewerbsmäßigen Zwecken erteilt. Durch Jugendschutz, Werbeverbot und vermehrte Mittel für Prävention sollen Gefährdete ganz oder vermehrt vom mißbräuchlichen Konsum bewahrt werden.

Was bewirkt diese Initiative?

Die Drogenmafia in der Schweiz verschwindet, da der Drogenmarkt nicht mehr genug Profit abwirft. Einnahmen aus dem Drogengeschäft fließen dem Bund und den Kantonen zu, nicht mehr – unversteuert – der Drogenmafia. Dank vernünftiger Preise verschwinden auch Beschaffungskriminalität und -prostitution. Durch die Entkriminalisierung wird die Justiz – und damit auch die Gefängnisse – massiv entlastet. Konsumenten und Konsumentinnen werden weniger ausgegrenzt und bleiben sozial integriert. Offene Drogenszenen lösen sich auf. Die Wohn- und Lebensqualität verbessert sich für die Anwohnerinnen und Anwohner der heutigen Drogenszenen. Dank kontrollierter Stoffqualität und Produkteinformation nehmen auch die Gesundheitsschäden bei Konsumenten und Konsumentinnen ab. Es sterben nicht mehr jährlich Hunderte an den Folgen der Prohibitionspolitik. Dank Jugendschutz und mehr Mitteln für Prävention können Gefährdete eher vom mißbräuchlichen Konsum abgehalten werden. International erfolgt ein Anstoß für eine vernünftige und menschliche Drogenpolitik.

Wie sollen die Ziele dieser Initiative erreicht werden?
Mit dieser Volksinitiative sollen zwei neue Artikel in die Bundesverfassung aufgenommen werden. Bundesrat und Parlamente müssen auf der Basis dieser Verfassungsinitiative innerhalb von drei Jahren ein neues Gesetz ausarbeiten. Staatsverträge, die den neuen Verfassungsartikeln widersprechen, müssen angepaßt oder gekündigt werden.

Drogenkonsum in der Zukunft – ein Modell
Drogen sind so alt wie die Menschheit selbst. Seit jeher werden sie als Heilmittel und zu Genußzwecken verwendet. Entsprechend ihrem Verwendungszweck sollten die Substanzen gehandhabt werden.

Die Verwendung aus medizinischen Gründen: In Arztpraxen werden schon heute legal Medikamente mit einer Wirkung verschrieben, die jener illegaler Drogen gleicht. Die ärztlich kontrollierte Drogenabgabe an Süchtige wird durch die heutige Verbotspolitik verunmöglicht.

Die Verwendung aus nichtmedizinischen Gründen: Der überwiegende Teil des illegalen und legalen Drogengebrauchs erfolgt aus Genußgründen. Es kann nicht Aufgabe der Ärzteschaft sein, Drogen aus nichtmedizinischen Gründen zu verschreiben.

Ein nichtmedizinisches Erwerbsmodell: Ab dem festgelegten Mindestalter können Personen mit Wohnsitz in der Schweiz eine anonymisierte Drogenbezugskarte verlangen. Mit dieser Karte können zum Beispiel in Apotheken und Drogerien rezeptfreie Drogen zum Eigenbedarf gekauft werden. Fachkundiges Verkaufspersonal und detaillierte schriftliche Produkteinformation ermöglichen einen risikoarmen Umgang mit Drogen und reduzieren die Gefahr des Mißbrauches.

Cannabishandel: Personen mit Wohnsitz in der Schweiz können ab einem festgelegten Mindestalter in lizenzierten Verkaufsstellen Cannabisprodukte für den Eigenbedarf erwerben. Der Selbstanbau für den Eigenbedarf und der Direkteinkauf bei lizenzierten Produzenten und Produzentinnen ist erlaubt.

Vorurteile gegenüber der Initiative?

»Mit der Legalisierung steigt die Zahl der drogenkonsumierenden Menschen.« Bei gegenwärtigem Wissensstand ist weder beweisbar, daß die Zahl der Konsumenten und Konsumentinnen ansteigen wird, noch daß sie es nicht tun wird. Das unter der jetzigen Drogenpolitik entstandene Drogenelend beweist aber, daß man beim Festhalten an der Prohibition ein existierendes großes Übel in Kauf nimmt, um ein nur vermutetes Übel zu vermeiden.

»Eine Drogenlegalisierung in der Schweiz hätte eine internationale Sogwirkung.« Die Drogenlegalisierung bedeutet nicht, daß Drogen anonym am Kiosk erhältlich sind. Betäubungsmittel würden legal ausschließlich an Personen mit Wohnsitz in der Schweiz verkauft. Drogenkonsumierende aus dem Ausland können somit nicht legal Drogen kaufen. Da der Schwarzmarkt verschwunden ist, ist für sie der Kauf von Drogen in der Schweiz schwieriger als in ihrem Herkunftsland.

»Eine Drogenlegalisierung im Alleingang ist unverantwortbar.« Nein, als kleines Land mit einem großen Drogenproblem wird die Rolle der Schweiz international beachtet. Außerdem ist auch in weiten Teilen des Auslandes ein Trend in Richtung »vernünftigere Drogenpolitik« unübersehbar.

Literatur

Marina Eichenberger/Regina Schär: Wann fällt er endlich, der drogenpolitische Apfelschuss (VGGG-Broschüre 1991)
Beat Kraushaar: Die Weltwoche Nr. 37, 12. September 1991
AG-Drogenlegalisierung (Droleg): Volksinitiative für eine vernünftige Drogenpolitik 1993

Beat Kraushaar ist Gründungsmitglied der Eidgenössischen Volksinitiative für eine vernünftige Drogenpolitik, Drogenfachmann bei der Stadt Zürich.

Henning Schmidt-Semisch

Ohne Legalisierung geht es nicht

Der Untertitel des 2. Bundeskongresses von akzept e. V. hat bereits eine zentrale drogenpolitische Frage entschieden, nämlich die, ob man sich für eine Legalisierung/Entkriminalisierung/Freigabe illegaler Drogen entscheiden sollte. Denn wer sagt: »Ohne Legalisierung geht es nicht«, der fragt nicht mehr: Sollen wir legalisieren, sondern er fragt, *wie* eine solche Legalisierung aussehen könnte. Und in der Tat braucht man an dieser Stelle über das Warum einer Legalisierung illegaler Drogen nicht mehr viel zu sagen[1], man kann diese Frage mit einem Satz zusammenfassend beantworten: Das Verbot illegaler Drogen, also die herrschende repressive Drogenpolitik, hat in den letzten ca. 20 Jahren mehr Schaden angerichtet, als es die Drogen selbst je vermocht hätten. Deshalb ist es an der Zeit, über die Verminderung der Repression im Drogenbereich nachzudenken.

Es sind im wesentlichen drei Modelle einer »Freigabe« illegaler Drogen in der aktuellen Diskussion:

1. Heroin-/Morphin-Programme, wie sie z. B. Hamburg durchführen will und wie sie in Amsterdam bereits einmal versucht wurden[2],

2. die ärztliche Verschreibung von Heroin/Morphin an Abhängige (im Sinne des britischen Systems)[3],

3. die sogenannten Konsumläden, für die der Schweizer Arzt André Seidenberg wirbt.[4] In diesen Konsumläden sollen Drogen abgegeben und unter der Aufsicht von Ärzten an Ort und Stelle konsumiert werden.

Die praktischen Erfahrungen, die man mit solchen Modellen hat, z. B. eben in Großbritannien oder in Amsterdam, deuten darauf hin, daß sie eine ganze Palette positiver Effekte bewirken können. Solche Effekte sind unter anderem:

— die Verbesserung und Stabilisierung der gesundheitlichen Situation der Konsumenten aufgrund sauberer und in ihrem Reinheitsgrad einschätzbarer Substanzen sowie steriler Injektionsgeräte etc.,

– daraus resultierend: die Verminderung des Risikos von unbeabsichtigten Überdosierungen sowie von HIV- und anderen Infektionen,

– die Vermeidung der Notwendigkeit zur illegalen Beschaffung von Drogen bzw. zur illegalen Beschaffung von Geld zum Erwerb von Drogen (Diebstahl, Prostitution, Apothekeneinbrüche etc.),

– die Verbesserung und Stabilisierung der sozialen und psychischen Situation der Konsumenten aufgrund der Verminderung polizeilicher und strafrechtlicher Verfolgung.

Diese und andere positive Effekte resultieren wesentlich aus der Tatsache, daß die versorgten Personen legal ihre Droge beziehen. Veranschaulichen läßt sich dies auch an den Ergebnissen von Methadon-Programmen. Denn auch die Erfolge, die diese Programme aufweisen, sind keine Resultate des jeweiligen Programms oder der Substanz Methadon an sich, sondern in erster Linie ein Resultat der Legalität dieser Substanz, d. h., nur wer in die jeweiligen Programme aufgenommen wird, profitiert auch von ihnen.

Die drei genannten Modelle haben daher nicht nur positive, sondern auch zwei grundsätzlich zu kritisierende Aspekte gemeinsam:

1. Die drei Modelle behalten grundsätzlich das Verbot bei und versuchen lediglich, dieses Verbot anders – quasi in Form von Ausnahmeregelungen – zu organisieren.

2. Aus diesem Weiterbestehen des Verbots folgt: Die drei Modelle sind selektiv, indem sie nur bestimmten Personen bestimmte Drogen zugänglich machen. Diese Selektion erfolgt auf drei Ebenen:

a) Das Angebot richtet sich in der Regel nur an so definierte Schwerst-Abhängige, d. h. an Personen, die schon zahlreiche erfolglose Therapieversuche hinter sich haben, fortgeschrittene Anzeichen von sozialer, psychischer und/oder gesundheitlicher Verelendung aufweisen, AIDS-erkrankt sind oder ähnliches.

b) Das Angebot richtet sich in erster Linie nur an Opiatkonsumenten.

c) Das Angebot richtet sich nur an Abhängige, die bereit sind, sich den unterschiedlichsten staatlichen und/oder ärztlichen Kontrollen und Auflagen zu unterwerfen (Registrierung, 3- bis 4maliges Erscheinen bei der Ausgabestelle, Konsum vor Ort, Urinkontrollen, Beaufsichtigung des Konsums etc.).[5]

Das bedeutet, daß die meisten Konsumenten illegaler Drogen von solchen Angeboten nicht profitieren können, selbst dann nicht, wenn sie dieses wollen. Andersherum formuliert: Die meisten Konsumenten verbleiben nach wie vor in der Illegalität mit allen ihren Gefahren. Hierzu gehören:

– Abhängige, die nicht ins Programm aufgenommen werden, weil sie entweder nicht abhängig oder nicht krank genug sind,

– Konsumenten und Abhängige von Drogen, die keine Opiate sind: Kokain, Crack, Cannabis, Halluzinogen etc.,

– Konsumenten, die nicht abhängig sind, also die sogenannten Gelegenheitskonsumenten[6],

– Neueinsteiger,

– Konsumenten und Abhängige, die die staatliche oder ärztliche Kontrolle über ihr Konsumverhalten oder schlicht die Registrierung ihres Konsums ablehnen. Gerade auch beim Konsumladenmodell von Seidenberg, in dem dafür plädiert wird, langfristig evtl. auch an Nicht-Abhängige Drogen abzugeben, stellt sich die Frage, wie attraktiv sich ein Konsum unter den überwachenden Augen von Ärzten gestaltet – man stelle sich nur vor, man müßte sein Glas Bier oder Wein in einer mit Videokameras überwachten Trinkhalle zu sich nehmen.[7]

Alle diese Personen – und das sind zweifellos die meisten – werden von solchen Programmen und Modellen nicht erfaßt. Will man auch die genannten Personengruppen erreichen und auch sie von dem Druck und den Gefahren der Illegalität befreien, dann muß man sehr viel weiterreichende Modelle konzipieren. Bei der gegenwärtigen gesetzlichen Situation bieten sich jenseits des Betäubungsmittelgesetzes grundsätzlich zwei Modelle an: das Arzneimittel-Modell und das Genußmittel-Modell.

Die Frage, welches dieser beiden Modelle wohl das sinnvollere ist, entscheidet sich vor allem an dem Zweck, den man dem Konsum von Drogen zuordnet, d. h., sind Drogen primär Arznei- oder Genußmittel? Denn sowohl das Arzneimittel- als auch das Lebensmittelgesetz definieren die jeweiligen Substanzen, die sie regeln sollen, recht eindeutig:

§ 2 Arzneimittelgesetz (AmG): »Arzneimittel sind Stoffe und Zubereitungen aus Stoffen, die dazu bestimmt sind, durch Anwendung am oder im menschlichen oder tierischen Körper 1. Krankheiten, Leiden, Körperschäden oder krankhafte Beschwerden zu heilen, zu lindern, zu verhüten oder zu erkennen (. , .).«

§ 1 Lebensmittel- und Bedarfsgegenstände-Gesetz (LmBG): »Lebensmittel im Sinne dieses Gesetzes sind Stoffe, die dazu bestimmt sind, in unverändertem, zubereitetem oder verarbeitetem Zustand vom Menschen verzehrt zu werden, ausgenommen sind Stoffe, die dazu bestimmt sind, zu anderen Zwecken als zur Ernährung oder zum Genuß verzehrt zu werden.«

Konkret ergibt sich daraus die Frage nach dem Zweck der Einnahme von Drogen, also: Werden Drogen konsumiert, um Krankheiten zu heilen, zu lindern oder vorzubeugen, oder werden sie eingenommen, um Genuß zu haben?

Es ist zwar mittlerweile zu einem Allgemeinplatz der Drogenforschung und des Drogenwissens geworden, daß alle heute illegalen Drogen eine lange Geschichte und Tradition als Arznei-und Heilmittel haben, aber es dürfte ähnlich deutlich sein, daß diese Substanzen heute vorwiegend zu einem anderen Zweck eingenommen werden, nämlich zum Zweck des Genusses. Wenn diese These, daß illegale Drogen vorwiegend aus Genußgründen konsumiert werden, richtig ist, dann allerdings gehören sie — im Sinne der gesetzlichen Definition — nicht ins Arzneimittelrecht, ganz zu schweigen von der Tatsache, daß kein Arzt das Recht und voraussichtlich auch nicht die Lust hat, anderen Menschen Genußmittel zu verschreiben.[8]

Was aber ist Genuß, bzw. was ist ein Genußmittel? Um ehrlich mit diesen Fragen umzugehen, sollten wir sie an unseren Konsum der sogenannten Alltagsdrogen Alkohol, Nikotin, Koffein, Chinin usw. richten. Denn der Gesetzgeber hat es sich vielleicht etwas leicht gemacht, als er diese Stoffe als Genußmittel definierte, obwohl er wissen mußte, daß Genuß — zumindest in diesem Zusammenhang — eine sehr zweifelhafte Angelegenheit sein kann. So wissen wir wohl alle, daß man ein Glas Wein durchaus genußvoll trinken kann — in geselliger Runde oder auch alleine. Wir kennen aber auch die Rauschwirkung, die nach mehreren Gläsern Wein eintreten kann. Ist der Wein nun noch ein Genußmittel oder bereits ein Rauschmittel? Trinken wir noch ein paar Gläser Wein mehr, entfaltet der Alkohol allmählich seine toxischen, also giftigen Wirkungen, und wir fangen wahrscheinlich an zu lallen, zu torkeln oder fallen gar einfach hinterrücks vom Stuhl. Ist der Wein nun noch ein Genußmittel oder am Ende sogar schon ein Rauschgift? Wir kennen wahrscheinlich auch einige Leute, die täglich und zwanghaft große Mengen Alkohol konsumieren und die man als Alkoholiker bezeichnet. Ist der Wein noch ein Genußmittel, oder ist er ein Suchtmittel?

Jede eindeutige Antwort ist falsch. Der Alkohol ist nicht entweder dies oder jenes, sondern er birgt grundsätzlich alle diese Möglichkeiten (Genuß, Rausch, Sucht etc.) in sich. Welchen Zweck der Konsum hat, entscheidet der jeweilige Konsument, der bestimmte Zwecke in bestimmten Situationen an die Substanz heranträgt. Dabei ist es freilich häufig gerade der Rausch, der dem Konsumenten Genuß bereitet.

Derselbe Mechanismus ist nun auch bei den heute illegalen Drogen wirksam. Auch sie können Genußmittel sein, Rauschmittel, Rauschgifte oder Suchtmittel, je nachdem, was der jeweilige Konsument mit ihnen anstellt. Heute allerdings – und das ist ein entscheidender Unterschied zu den legalen Drogen – wird aus den illegalen Drogen allein deswegen häufig Gift, weil der Konsument den Stoff, den er auf der Straße kauft, in keiner Weise einschätzen kann. Er weiß beispielsweise nicht, wieviel Heroin der Stoff, den er als Heroin kauft, tatsächlich enthält, ob es sich um 5-, 10-, 20- oder gar 50prozentiges Heroin handelt. Er weiß auch nicht, mit was der Stoff gestreckt ist, ob günstigerweise Traubenzucker das Streckungsmittel ist oder vielleicht doch eher Waschpulver, Strichnin oder schlicht Rattengift. Es sind die Konsumbedingungen der illegalen Drogen, die wirklich »giftig« sind und die dazu führen, daß das Bild vom gefährlichen »Rauschgift« (scheinbar) immer wieder bestätigt wird!

Aufgrund dieser elementaren Gemeinsamkeit der illegalen und legalen Drogen steht die Legitimität des Betäubungsmittelrechts in Frage, und dies sowohl aus Gründen der Gerechtigkeit und Gleichbehandlung von Drogenkonsumenten. Die heute illegalen Drogen gehören in das Lebensmittelrecht, also in jenes Gesetz, in dem auch Alkohol, Tabak, Kaffee, Tee, koffein- und chininhaltige Erfrischungsgetränke geregelt sind. Das Lebensmittelrecht enthält alle Voraussetzungen, um die Konsumenten – so weit dies möglich ist – vor ungewollten Schädigungen zu schützen:

1. Man kann die Orte des Drogenverkaufs auf bestimmte Örtlichkeiten einzuschränken (z. B. Drug-Stores, Drogenkneipen).

2. Es ist möglich, über Lizenzen die Kompetenzen und die Anzahl der Drogenhändler zu bestimmen und zu überprüfen.

3. Unter Zuhilfenahme z. B. der Jugendschutzgesetze oder der Straßenverkehrsordnung lassen sich – wie für Alkohol und Tabak – bestimmte Einschränkungen des Konsums definieren.

4. Es lassen sich Drogen-Steuern erheben, die z. B. zweckgebunden in ein Drogenhilfesystem zurückfließen könnten.

5. Vermarktungsorientierte Werbung kann verboten werden bei gleichzeitiger Zulassung von Aufklärungsmaterial.

6. Den Drogenherstellern kann auferlegt werden, die Drogenverpackungen mit speziellen Gebrauchsanweisungen, mechanischen Sicherheitsvorkehrungen (Kindersicherung) oder auch mit Warnhinweisen (etwa nach dem Vorbild von Zigarettenpackungen) zu versehen.

7. Die Lebensmittelüberwachung übernimmt die Qualitätsüberwachung der hergestellten Drogen.

8. Die übliche Produkthaftung tritt für Schäden ein, die durch fehlerhaft hergestellte Produkte entstehen.

9. Alle sonstigen Schädigungen der Konsumenten werden, wie bei den Konsumenten von Alkohol un Tabak, über die Krankenkassen abgerechnet.[9]

Die Vorteile einer solchen Handhabung der heute illegalen Drogen sind folgende:

– Man erhält – im Gegensatz zur heutigen Situation – eine weitestgehende Kontrolle über die verkauften Substanzen.

– Man erhält – was in der Illegalität erfahrungsgemäß unmöglich ist – eine umfassende Kontrolle über die Hersteller, Vertreiber und Händler von Drogen.

– Man sichert die Autonomie der Konsumenten sowohl in Hinblick auf die Entscheidung, welche Drogen konsumiert werden, als auch in Hinblick auf die Entscheidung einer vom Konsumenten für sinnvoll erachteten Beratung, Behandlung oder Therapie durch einen Arzt oder eine Hilfsinstitution.

Diese Aussagen dürfen freilich nicht dahingehend mißverstanden werden, daß mit Drogenfreigabe und offener und ehrlicher Drogenerziehung alle Probleme, die Menschen mit Drogen haben können, verschwinden werden. Im Gegenteil: Weiterhin wird es Drogenabhängige geben, aber niemanden, der illegales, mit Strichnin oder Waschpulver gestrecktes Schwarzmarkt-Heroin oder -Kokain in Bahnhofstoiletten konsumieren muß. Weiterhin wird es einige Straftaten unter dem Einfluß von (Alkohol und anderen) Drogen geben, aber niemanden, der durch die Prohibition und die damit zusammenhängenden hohen Drogenpreise gezwungen wird, sich das Geld für seine Droge zu stehlen, mit Prostitution oder Apothekeneinbrüchen zu erwirtschaften usw. Weiterhin wird es auch Hilfe- und Therapieeinrichtungen geben müssen, aber niemand wird mehr zwangsweise in sie eingeliefert oder eingesperrt.

Schließlich wird es auch weiterhin Drogenberatungsstellen geben, aber vielleicht würden diese dann Drogen-Beratung im eigentlichen Sinne des Wortes betreiben.

Anmerkungen

1 Vgl. z. B. die Sammelbände: *Schaich-Walch/Neumeyer* 1992; *Ludwig/Neumeyer* 1991; akzept e. V. 1992; *Trebach/Zeese* 1989, 1990a sowie 1990b.
2 Vgl. *Derks/Daansen* 1986; *Noller* 1990.
3 Vgl. *Fazey* 1989; *Parry* 1990; *Noller* 1990.
4 Vgl. z. B. *Seidenberg* 1990 oder 1992.
5 Vgl. *Lindenberg/Schmidt-Semisch* 1993.
6 Vgl. z. B. *Harding* 1982; *Cohen* 1989; *Weber/Schneider* 1992.
7 Detaillierter *Schmidt-Semisch* 1992: 48 ff.
8 Vgl. *Scheerer* 1992: 17.
9 Vgl. zum Genußmittelmodell ausführlicher *Schmidt-Semisch* 1992.

Literatur

akzept e. V. (Hg.) (1991): Leben mit Drogen. Akzeptierende Drogenarbeit als Schadensbegrenzung gegen repressive Drogenpolitik, Berlin.

Cohen, Peter (1989): Cocain-Use in Amsterdam in Non-Deviant-Subcultures, Amsterdam.

Fazey, Cindy (1989): The British System has not Failed, in: Trebach/Zeese (1989): a. a. O., S. 195—200.

Harding, Wayne M. (1982): Kontrollierter Heroingenuß — ein Widerspruch aus der Subkultur gegenüber herkömmlichem kulturellen Denken, in: Völger, G./Welck, K. (Hg.): Rausch und Realität, Bd. 3, S. 1217—1231.

Lindenberg, Michael/Schmidt-Semisch, Henning (1993): Kontrolle durch Gewährung: Drogenfreigabe und elektronische Gefängnisse — Einige Notizen zum technokratischen Abschaffungsdiskurs, in: Festschrift für Thomas Mathiesen (im Druck).

Ludwig, Ralf/Neumeyer, Jürgen (Hg.) (1991): Die narkotisierte Gesellschaft? Neue Wege in der Drogenpolitik und akzeptierende Drogenarbeit, Marburg.

Noller, Peter (1990): Chancen und Risiken der kontrollierten Vergabe von Heroin/Morphin, Frankfurt a. M.

Parry, Allan (1990): Taking Drugs Seriously: The Liverpool Experience, in: Trebach/Zeese (1990b) a. a. O., S. 173—179.

Schaich-Walch, Gudrun/Neumeyer, Jürgen (Hg.) (1992): Zwischen Legalisierung und Normalisierung. Ausstiegsszenarien aus der repressiven Drogenpolitik, Marburg.

Scheerer, Sebastian (1992): Vorwort, zu: Schmidt-Semisch 1992, a. a. O., 8—18.

Schmidt-Semisch, Henning (1992): Drogen als Genußmittel. Ein Modell zur Freigabe illegaler Drogen, München.

Seidenberg, André (1990): Chancen in der Drogenpolitik — diversifizierte »Opiat«-Abgabe, in: Schweizerische Ärztezeitung 1990 (71), S. 1—5.

Seidenberg, André (1992): Das Drogenproblem: eine falsche Frage. Diversifizierte Drogenverschreibung und Drogenabgabe, in: Schaich-Walch/Neumeyer 1992, a. a. O., S. 126—139.

Trebach, Arnold S./Zeese, Kevin B. (Eds.) (1989): Drug Policy 1989—1990. A Reformer's Catalogue, Washington.

Trebach, Arnold S./Zeese, Kevin B. (Eds.) (1990a): Drug Prohibition and the Conscience of Nations, Washington.

Trebach, Arnold S./Zeese, Kevin B. (Eds.) (1990b): The Great Issues of Drug Policy, Washington.

Weber, Georg/Schneider, Wolfgang (1992): Herauswachsen aus der Sucht illegaler Drogen. Selbstheilung, kontrollierter Gebrauch und therapiegestützter Ausstieg, Minden.

Henning Schmidt-Semisch, *Kriminologe und Soziologe, ist Mitarbeiter am Aufbau- und Kontaktstudium Kriminologie der Universität Hamburg.*

Christine Bauer/Horst Bossong

Konzepte einer kontrollierten Heroinabgabe am Beispiel der Schweiz und Deutschlands

In den Diskussionen über mögliche Ausstiege aus der repressiven Drogenpolitik wird von zwei unterschiedlichen Prämissen ausgegangen. Eine ist, daß Drogenkonsum Ausdrucksform spezieller Lebensstilszenen und individueller Vorlieben ist, es gebe ein »Recht auf Rausch«. Entsprechend diesem *Genußmittelmodell* wäre der Umgang mit Drogen in der Systematik des Lebensmittelrechts so zu regeln, daß der Drogengebrauch einfach handhabbar und mit möglichst wenigen (gesundheitlichen, sozialen und sonstigen) Risiken verbunden ist.

Die dem entgegenstehende Annahme ist, daß Drogenabhängikeit eine Krankheit ist. Nach diesem *Arzneimittelmodell* sind Drogen für therapeutische Zwecke nutzbar und gehören in die Hände der Ärzteschaft. Dementsprechend wäre der Drogenumgang über ein fortbestehendes, aber weitreichend novelliertes BtmG oder über das Arzneimittelrecht zu regeln. Die Restriktionen der Verschreibung, Vergabe und Kontrolle müßten sich an dem orientieren, was allgemein im ärztlich-therapeutischen Sektor als verantwortlich und kompetent gilt und entsprechend der ärztlichen Berufsordnung üblich ist.[1]

Modellvorhaben zur kontrollierten Heroinabgabe, wie sie derzeit in der Schweiz und in Deutschland geplant werden, orientieren sich am Arzneimittelmodell. Dies hat einerseits historisch-ideologische Gründe: Drogen sind nach der ganzen Systematik des BtmG seit jeher ausschließlich zu medizinischen Zwecken oder zu gar nichts nutze, sie sind gesundheitsgefährdend und bergen z. T. ein hohes Suchtrisiko. Andererseits gibt es politisch-pragmatische Gründe: Wenn überhaupt scheint ein am Medizinmodell orientierter Heroinversuch am ehesten Durchsetzungschancen im Gesetzgebungsverfahren zu haben. Der Verweis auf die Formel »Drogensucht ist Krankheit und bedarf der Behandlung statt der Bestrafung« findet offenbar am ehesten in der breiten Öffentlichkeit Akzeptanz, während die Option »Jeder hat ein Recht auf Rausch« weithin angstbesetzt und mithin nicht akzeptanz- bzw. im politischen Raum mehrheitsfähig zu sein scheint.

Allerdings ist nicht nur der »Genußmittel«-Weg derzeit nicht durchsetzbar, vielmehr ist auch die Option der Eröffnung eines zusätzlichen und radikal neuen Weges in der ärztlichen Drogensuchtbehandlung sehr umstritten; und zwar sowohl in Deutschland als auch international. Selbst das von John Marks in Widness bei Liverpool praktizierte Modell der ärztlichen Heroin- und Kokainverschreibung an Drogenabhängige hat in Großbritannien viele Gegner. Indes, der dort von niemandem in Frage gestellte Grundsatz der prinzipiellen ärztlichen Therapiefreiheit erlaubt Marks diesen Weg.

Von den aktuell an Heroinbehandlungsmodellen interessierten Gesundheitspolitikern in der Schweiz, in Hamburg und in Frankfurt werden unterschiedliche Wege beschritten:

Die *Schweizer Bundesregierung* hat im Herbst 1992 Heroin-Erprobungsvorhaben für insgesamt 250 Teilnehmer in verschiedenen Städten (u. a. in Zürich) in Auftrag gegeben.

Das Bundesland *Hamburg* hat im Mai 1992 einen Gesetzesantrag zur Änderung des BtmG (Schaffung eines neuen § 3a BtmG) eingebracht, um generell wissenschaftliche Versuche mit Betäubungsmitteln und in der eigenen Stadt einen Heroinbehandlungsversuch mit 200 Drogenabhängigen zu ermöglichen und in einem zweiten Schritt zu erreichen, daß nach erfolgreichem Versuchsabschluß die erprobten Btm, konkret Heroin, in Anlage 3 BtmG (das sind die verkehrs- und verschreibungsfähigen Betäubungsmittel wie z. B. Levomethadon) transferiert werden. Dieser Gesetzesantrag hat im Juni 1993 eine Mehrheit im Bundesrat gefunden und liegt jetzt dem Deutschen Bundestag zur Beschlußfassung vor.

Die Stadt *Frankfurt* hat im März 1993 nach § 3 Abs. 2 BtmG beim Bundesgesundheitsamt (BGA) einen Antrag auf Sondergenehmigung zur Durchführung eines Heroinversuchs bei 100 Abhängigen gestellt. Ein Bescheid des BGA liegt noch nicht vor. Auch Frankfurt möchte − so wie Hamburg −, daß nach erfolgreichem Abschluß des Versuchs Heroin in die Anlage 3 BtmG transferiert wird.

Anders als in der Schweiz steht die deutsche Bundesregierung Heroin-Modellen außerordentlich skeptisch gegenüber. Das BGA hatte bereits Anfang 1993 in einer Stellungnahme erklärt, es halte Heroinversuche für überflüssig, weil im Grunde nicht erfolgversprechend und in die drogenpolitisch falsche Richtung zielend. In einer bemerkenswerten Verkennung der Realitäten schreibt das

BGA unter Hinweis auf angebliche deutsche Erfahrungen mit Levomethadon: »Eine Abschätzung der Erfolgsquote für das Erreichen des primären Therapieziels der Drogenfreiheit läßt sich aus diesen Daten nicht ableiten. Selbst mögliche sekundäre Therapieziele wie das der sozialen Stabilität sowie das der physischen und psychischen Stabilität sind ausweislich der vorliegenden Daten nicht in einem nennenswerten Umfang erreicht worden.«

Einstweilen ist also in Deutschland noch völlig offen, ob Heroinerprobungsvorhaben tatsächlich realisiert werden können. Frankfurt ist dabei auf das Votum des BGA und des Bundesgesundheitsministeriums, gegebenenfalls eine Entscheidung durch die Verwaltungsgerichtsbarkeit angewiesen; die Realisierung des Hamburger Vorhabens hängt von der Mehrheit im Deutschen Bundestag ab.

Im Gegensatz zu Frankfurt definiert allerdings Hamburg über seinen Gesetzesantrag die Rahmenbedingungen für ein Heroinmodell selbst − und mithin ziemlich offen. Frankfurt dagegen definiert für seinen Versuch von vornherein enge Kautelen und ist überdies in Hinblick auf die Rahmenbedingungen dem Wohl und Wehe des BGA ausgeliefert. Dieses kann nach §§ 5−10 BtmG zahllose Auflagen, Einschränkungen, Eingriffe, Befristungen und sonstige Bedingungen definieren, die unter Umständen die Umsetzbarkeit des Versuchs ad absurdum führen können.

Unabhängig von der Frage der Realisierbarkeit der beantragten/begonnenen Modellversuche geht derzeit in der Fachöffentlichkeit die Kontroverse im wesentlichen um Fragen, die mit den von den interessierten Staaten/Städten selbst definierten Rahmenbedingungen und Kautelen zusammenhängen. Diese betreffen vor allem die Zugangshürden und konkreten Abgabemodalitäten, die Engmaschigkeit der Kontrolle der Teilnehmer und schließlich die mit der ärztlichen Heroinvergabe intendierten patientenbezogenen und allgemein gesundheitspolitischen Zwecksetzungen und Ziele.

Wer kommt ins Programm, und wie soll's gehen?
Grundsätzlich zielen alle Versuche entsprechend der ihnen zugrunde liegenden Logik der ärztlich-therapeutischen Versuchsmodelle auf die Gruppe der bereits manifest Drogenabhängigen; nichtabhängige Gelegenheitskonsumenten und Neueinsteiger werden in keines der Programme aufgenommen. Ebenfalls nicht in Betracht kommen Drogenabhängige, die zum gegebenen Zeitpunkt bereit sind, andere Behandlungsformen (Abstinenztherapie, Metha-

donsubstitution) in Anspruch zu nehmen. Solche Personen von diesen Behandlungsformen abzuhalten und sie statt dessen in einen Heroinversuch einzubeziehen widerspräche der ärztlichen Ethik. Die Teilnahme an den Versuchen ist prinzipiell freiwillig und ein Ausstieg aus dem Programm jederzeit möglich. Aus rechtlichen Gründen sind in sämtlichen Programmen minderjährige Drogenabhängige ausgenommen.

Während *Hamburg* ansonsten keine weiteren Begrenzungen und Vorbedingungen hinsichtlich der Teilnehmer vorsieht, sondern ein möglichst breites Spektrum von Abhängigen einschließlich noch sozial integrierter Personen unabhängig von der Dauer ihrer Drogenkarriere erreichen möchte, nennt *Frankfurt* konkrete Subgruppen. Diese sind Drogenabhängige mit Verelendungstendenzen (mindestens fünfjährige Opiatkarriere und mindestens drei erfolglose Therapieversuche), chronische Therapieverweigerer, AIDS-Kranke, sich prostituierende abhängige Männer und Frauen, Schwangere. Die *Schweiz* nennt als Zielpopulation Schwerstabhängige mit Verelendungstendenzen und sich prostituierende Frauen. Versuchsteilnehmer/-innen sollen »ein Mindestalter von 20 Jahren haben, seit mindestens zwei Jahren nachweisbar betäubungsmittelabhängig sein, in mindestens zwei geeigneten Therapieversuchen gescheitert sein und für ein anderes Therapieprogramm nicht in Frage kommen«.

Jenseits dieser allgemeinen Zulassungsvoraussetzungen entscheidet über die Aufnahme im Einzelfall in *Hamburg* eine (noch einzurichtende) Ethik-Kommission, der nach Möglichkeit Vertreter/-innen der beteiligten Fachdisziplinen und der Betroffenengruppen angehören sollen. In *Frankfurt* entscheidet das Fachpersonal des städtischen Gesundheitsamtes; in der *Schweiz* auf Antrag des behandelnden Arztes und nach Stellungnahme durch eine Ethik-Kommission das Bundesamt für Gesundheit.

Der Vorteil einer möglichst weit gefaßten Indikation für die Teilnahme an Heroinprogrammen liegt freilich auf der Hand: Wenn es zutrifft, daß wir weltweit derzeit über keine gesicherten Erkenntnisse hinsichtlich des Nutzens und der Anwendungsmöglichkeiten von Heroin zu Behandlungszwecken verfügen, dann kann nur ein sehr breites Spektrum von Teilnehmern zu fundierten und hinreichend differenzierten Forschungsergebnissen führen. Zum Beispiel: Könnte es nicht sein, daß namentlich die noch sozial integrierten und noch nicht über lange Jahre Abhängigen besonders erfolgreich mit Heroin behandelt und so vor einer Verfestigung des abweichenden Lebensstils in der illegalen Szene bewahrt werden können? Würden die Versuchsergebnisse mithin nicht verfälscht, wenn man sie von der Teilnahme ausschlösse?

Ein weiterer Aspekt der Rahmenbedingungen betrifft die konkreten Abgabe- und Betreuungsmodalitäten in den Programmen. In allen drei Programmtypen ist gleichermaßen geplant, Heroin in injizierbarer, oral einnehmbarer und rauchbarer Form anzubieten.

Die konkrete Abgabe soll in *Frankfurt* im städtischen Gesundheitsamt erfolgen, wo die Patienten das Heroin unter Aufsicht konsumieren müssen. In einer zweiten Phase des Versuchs soll an stabilisierte Patienten das Heroin auch nach § 2a Abs. 7 BtmVV als Take-home-Dosis mitgegeben werden. In der *Schweiz* sollen die Programmteilnehmer grundsätzlich das Heroin unter Aufsicht in den ärztlichen Praxen bzw. Ambulanzen einnehmen; eine Mitgabe des Heroins ist nicht beabsichtigt. *Hamburg* hat bisher die Abgabemodalitäten nicht im Detail definiert, sondern möchte dies erst mit Beginn des Erprobungsvorhabens tun. Allerdings ist vorgesehen, für die Abgabe vier spezielle Drogenambulanzen zu schaffen. Generell sieht überdies der Hamburger Gesetzesantrag eine Abgabe gemäß den Bestimmungen der BtmVV (einschließlich Take-home-Abgabe für stabilisierte Patienten) vor.

Die psychosoziale Betreuung der Patienten soll in *Hamburg* analog zu der im Methadonbereich erfolgen, d. h. einzelfallbezogen in einem Verhältnis von etwa zehn Patienten zu einem Betreuer, der speziell für diese Arbeit qualifiziert ist und über die konkret erbrachten Betreuungsleistungen (z. Z. 50 DM pro Betreuungsstunde) finanziert wird. In *Frankfurt* ist vorgesehen, daß sich »das Angebot des Gesundheitsamtes ... zunächst auf die Unterstützung bei der Erlangung sozialer Hilfen (konzentriert)«. Überdies sollen den Teilnehmern »regelmäßige Termine für drogentherapeutische Einzelgespräche angeboten« werden, deren Schwerpunkt in der »Krisenintervention und stützenden Gesprächsführung« liegt. In der *Schweiz* ist eine obligatorische Begleitbetreuung vorgesehen, die »auch Angebote für Unterkunft, für Tagesstrukturen und für Gespräche unter Einbeziehung von Drittpersonen (Familien, Angehörige und andere)« umfaßt.

Insgesamt wird − trotz unterschiedlicher Ausgestaltung − in allen drei Programmtypen die psychosoziale Betreuung der Heroinpatienten für wichtig erachtet. Allerdings sprechen sich viele (potentielle) Patienten und auch Fachkräfte aus dem Bereich der Methadon-Substitution dafür aus, diese Begleittherapie nicht als »Zwangsmaßnahme«, sondern in offener Angebotsform einzurichten. Hinzu kommt, daß nur bei einer an der Methadon-Substitution und der ambulanten Abstinenzbehandlung orientierten Standardausstattung eine Vergleichbarkeit der Ergebnisse erzielt werden kann. Schließlich spricht auch aus übergeordneten drogenpolitischen Gründen viel dafür, in den Heroin-Programmen keine bessere oder schlechtere Begleitbetreuung anzubieten als in anderen Feldern der Drogenhilfe. Im übrigen aber haben sich selbstredend Ausstattung und Erwartungen jeweils an den konkreten Patientengruppen auszurichten, d. h. je verelendeter, »schwieriger« und »vorbelasteter« die Teilnehmer sind, desto umfangreicher und differenzierter muß das Angebot an psychosozialer Begleitung sein.

Was sind die Ziele der Programme?
Alle drei Programmtypen (Frankfurt/Hamburg/Schweiz) zielen auf die Verbesserung der Behandlungsmöglichkeiten für Drogenabhängige einschließlich der Reduzierung von Drogennot- und -todesfällen sowie HIV- und Hepatitisinfektionen. Das Schweizer Konzept nennt darüber hinaus explizit als Ziel auch die Prüfung der Frage der Wirtschaftlichkeit der neuen Behandlungsform.

Hamburg und Frankfurt bezwecken nach erfolgreichem Versuchsabschluß die Umgruppierung von Heroin aus der Anlage 1 BtmG (d. s. die nichtverkehrs- und nichtverschreibungsfähigen Btm) in die Anlage 3 (verkehrs- und verschreibungsfähige Btm). Der Hamburger Gesetzesantrag sieht dies als zwangsläufige Folge des Modellversuchs bereits explizit vor; Frankfurt richtet eine diesbezügliche Erwartung an das Bundesgesundheitsamt.

Darüber hinausgehende langfristige drogenpolitische Ziele, etwa in Richtung auf eine generelle Legalisierung der Betäubungsmittel, werden in keinem Programmkonzept genannt und bleiben letztlich offen.

In Hinblick auf die konkreten − patientenbezogenen − Ziele unterscheiden sich die Programme zum Teil beträchtlich.

Hamburg nennt als Behandlungsziele die Stabilisierung und Verbesserung des gesundheitlichen und psychosozialen Status der Patienten, ihre Herauslösung aus der illegalen Drogenszene und die Förderung rehabilitativer Orientierung einschließlich eines Wechsels in andere Behandlungsformen (insbesondere Methadon-Substitution).

Frankfurt nennt über die Hamburger Behandlungsziele hinaus als weitere Ziele den »Rückgang der Drogenkonsumtion«, die stufenweise Hinführung von den intravenösen zu nichtintravenösen Konsumformen, den Wegfall des Konsums illegaler Drogen, die Reduzierung der täglich konsumierten Drogendosen, die Reduzierung der kriminellen Aktivitäten der Programmteilnehmer, die Verbesserung der Beziehungen zur Herkunftsfamilie bzw. Angehörigen, den Wechsel zu anderen Behandlungsformen (insbesondere Methadon-Substitution), schließlich die Hinführung in die Drogenabstinenz (bei ca. drei bis fünf Prozent der Patienten im 2. bis 3. Versuchsjahr).

Die *Schweiz* nennt als Behandlungsziele eine Verbesserung des Gesundheitszustands und der psychischen Verfassung der Programmteilnehmer, die Verbesserung des Ernährungszustands, des HIV-Risikoverhaltens und der allgemeinen Lebensführung, insbesondere in Hinsicht auf Erwerbsfähigkeit, Delinquenzverhalten, Kontaktfähigkeit und sozialen Umgangsstil, Problembewältigung, sexuelles Risikoverhalten und Prostitution sowie schließlich eine »Veränderung des Suchtmittelkonsums..., die in Richtung auf Abstinenz weist«.

Angesichts der Tatsache, daß es in Deutschland wie in der Schweiz bislang noch keinerlei Erfahrung im Einsatz von Heroin in der Drogentherapie gibt, spricht vieles dafür, die Behandlungsziele möglichst realitätsgerecht, d. h. mit nicht allzu hochgesteckten Erwartungen zu formulieren. Dies gilt um so mehr für jene Programme, die sich vornehmlich (oder gar ausschließlich) an Schwerstabhängige mit langjährigen Drogenkarrieren und beträchtlichen Verelendungserscheinungen richten. Berufliche Wiedereingliederung und Drogenabstinenz bei diesem Personenkreis als Ziele in einem immerhin nur auf fünf Jahre ausgelegten Versuchsprogramm zu formulieren bedeutet, eine extrem hohe Enttäuschungswahrscheinlichkeit bzw. Mißerfolgsrate in Kauf zu nehmen. Gleichfalls nicht ohne weiteres einleuchtend erscheinen Erwartungen, die sich auf Konsumreduzierung oder auf die Verbesserung der Familienkontakte richten.

Problematisch sind derart hochgesteckte Ziele übrigens nicht nur unter dem Gesichtspunkt des Legitimations- und Erfolgsdrucks der Forschung, sondern auch mit Blick auf die drogenabhängigen Programmteilnehmer: An sie werden Erwartungen gerichtet, die erdrückend und insofern womöglich auch demotivierend wirken können. Eine Chance aber, die angesichts zu hochgesteckter Erwartungen nicht genutzt wird, wäre eine leichtfertig und mutwillig vertane Chance.

Medizinalisierung als Ziel oder als Weg zum Ziel?

Eine der entscheidenden Fragen in der drogenpolitischen Debatte lautet:»Wohin soll die Reise eigentlich gehen?« Welche langfristige drogenpolitische Perspektive verbindet sich mit den in der Schweiz und Deutschland vorgesehenen Heroin-Erprobungsvorhaben?

Derzeit herrscht in der gegenüber Reformen aufgeschlossenen Fachöffentlichkeit weithin Einigkeit, daß der Weg über die Implementation der Heroinabgabe in das ärztlich-therapeutische System strategisch vernünftig ist. Selbst unter den Hauptbetroffenen, den Junkies, scheint dieser Weg auf breite Zustimmung zu stoßen. Die »Junkfurter Ballergazette«, eine von Frankfurter Junkies selbst gestaltete Zeitschrift, berichtet in ihrer Sonderausgabe (Juni 1993) von einer Umfrage unter 121 Junkies. Derzufolge scheinen 64 Befragte für ein medizinisches Modell zu votieren und weitere 44 für ein Modell, das sich am staatlichen Methadon-Programm à la Nordrhein-Westfalen orientiert. Demgegenüber sprachen sich 26 Personen für ein »Genossenschaftsmodell« (DrogenkonsumentInnen führen Drogenläden in eigener Regie) und 18 Befragte für ein »Supermarktmodell« aus.

Dennoch bedeutet diese Zustimmung durchaus nicht, daß das medizinische Modell der Heroinvergabe als langfristiges Ziel akzeptabel ist. Vielmehr wird in Wissenschafts-, Praxis- und Betroffenenkreisen längst über weitergehende Modelle diskutiert, die sich − in welcher konkreten Ausgestaltung auch immer − am Genußmittelmodell orientierten. Die ärztliche Heroin-Verschreibung scheint für viele nur eine Etappe auf dem Weg zur vollständigen Drogenlegalisierung zu sein. Vom wissenschaftlichen Standpunkt aus spricht in der Tat nichts gegen eine prinzipielle Gleichstellung der illegalen Drogen mit den heute legalen. Allerdings sind Einschränkungen angebracht.

Opiate in injizierbarer Form freizugeben bedeutet, die Konsumenten einem enormen Risiko der − versehentlichen − Überdosierung und der falschen, gesundheitlich schädlichen Applikation auszusetzen. Wir haben deshalb an anderer Stelle[2] ein integratives

Legalisierungsmodell vorgeschlagen, das einerseits dem Genußmittelmodell insoweit folgt, als die heute illegalen Drogen in niedrigprozentiger und nichtinjizierbarer Darreichungsform völlig freigegeben werden, hingegen hochprozentige und injizierbare Stoffzusammensetzungen der ärztlichen Verschreibung vorbehalten bleiben. Auch ein solches Modell ist derzeit nicht mehr als ein Beitrag zur (notwendigen) Diskussion — von der Wirklichkeit im Hier und Jetzt ist es weit entfernt. Aber es deutet eine langfristige Perspektive an, die die Drogengebraucher aus der Ecke der Kriminellen herausholt, ohne sie sodann auf Dauer in die Ecke der Kranken zu stellen. Denn nicht der Drogengebrauch an sich ist Ausdruck von Krankheit, sondern die physische und/oder psychische Abhängigkeit von Drogen kann zur behandlungsbedürftigen Krankheit werden; nicht die Drogen an sich sind gefährlich, sondern der Konsum zur falschen Zeit und im falschen Kontext, eine zu hohe Dosierung und eine falsche Applikation können gefährlich sein. Dies wird man in der künftigen Diskussion genau auseinanderhalten müssen.

Anmerkungen

1 Zu den unterschiedlichen Modellen vgl. im einzelnen: *Bauer, Ch.*, Heroinfreigabe, Reinbek 1992 (Rowohlt); *Schmidt-Semisch, H.*, Drogen als Genußmittel, München 1992 (AG-SPAK).

2 *Bauer, Ch. / Bossong, H.*, Zwischen Markt und Mafia, Modelle einer effektiven Drogenkontrolle, in: Schaich-Walch/Neumeyer (Hg.), Zwischen Legalisierung und Normalisierung, Marburg 1992, S. 79—96.

Christine Bauer ist Politologin und Journalistin in Hamburg.
Dr. Horst Bossong ist Sozialwissenschaftler und Drogenbeauftragter in Hamburg.

Axel Nagler-Eulering

Die Novellierung des Betäubungsmittelgesetzes als Voraussetzung für Wege in die Legalisierung aus juristischer Sicht

1. Was die Legalisierung von Beträubungsmitteln angeht, will ich mich in erster Linie mit der Problematik der strafrechtlichen Verbote des Umgangs mit Betäubungsmitteln beschäftigen, denn das ist, darin dürfte Übereinstimmung bestehen, die größte Barriere, die Drogengebrauchern den Umgang mit ihrem Stoff unter menschenwürdigen Umständen unmöglich macht.

Es gibt eine Reihe anderer Möglichkeiten, wie die Gesellschaft durch gesetzliche Normen den Umgang mit Betäubungsmitteln – genau wie jedes andere gesellschaftliche Problem – regeln könnte. Eines aber bleibt festzuhalten: Das Strafrecht mit seinen Sanktionen, insbesondere aber auch den strafprozessualen Einwirkungsmöglichkeiten auf die Betroffenen, ist, weil am Ende die Entziehung der persönlichen Freiheit droht, das schärfste Schwert, mit dem der Staat ein gesellschaftliches Problem bekämpfen kann. Da auch bei der Frage, auf welche Weise der Staat mit gesellschaftlichen Konflikten umgeht, das verfassungsrechtlich normierte Verhältnismäßigkeitsprinzip gilt, ist in diesem Zusammenhang aber auch stets zu fragen, ob es nicht andere, ebenso wirksame und mildere Mittel gibt. Unter zwei gleich wirksamen Mitteln ist das mildere auszuwählen, von zwei gleich milden das wirksamere.

Diese Auswahl kann nur in einem rationalen Erkenntnisprozeß stattfinden, der sich von politischer Alltagspolemik und allzu griffigen Alltagsmythen nicht den Blick für realistische und rationale Lösungen verstellen läßt.

2. Dabei stellt sich zunächst die Frage, welches Ziel überhaupt verfolgt wird. Von den Verfechtern der noch herrschenden prohibitionistischen Linie wird dieses Ziel definiert als Freiheit der Gesellschaft von Rauschdrogen, insbesondere denjenigen, die im Betäubungsmittelgesetz und seinen Anlagen aufgeführt sind. Schon allein diese Zielsetzung hält einer rationalen Überprüfung nicht stand, weil es eine Fülle von Rauschmitteln gibt, die legal erworben werden können und in ihren gesundheitlichen Auswirkungen mindestens ebenso schädlich sind wie viele der unter das Betäu-

bungsmittelgesetz fallenden Stoffe – Nikotin und Alkohol werden hier am häufigsten genannt, aber auch jede Art von Medikamenten zählt dazu.

Stellt man sich die Frage, warum dies so ist, so liegt die Antwort schon ganz nahe: Eine drogen- oder rauschmittelfreie Gesellschaft hat es nie gegeben und wird es nicht geben. Um zu dieser Erkenntnis zu gelangen, braucht man noch nicht einmal ein frivoles »Recht auf Rausch« wie das Landgericht Lübeck zu proklamieren, es reicht ein einfacher Blick in die Kulturgeschichte der Menschheit und die Gebräuche der Völker in der Gegenwart, um festzustellen, daß der Gebrauch von Rauschmitteln eine anthropologische Konstante zu sein scheint. Wenn dies aber so ist, wird jeder Versuch von staatlicher Seite, den Gebrauch von Rauschmitteln durch Strafandrohungen zu unterbinden, zum Scheitern verurteilt sein. Strafrecht schafft keine drogenfreie Gesellschaft.

Dieser Befund bestätigt sich durch einen Blick auf die Erfolgsstatistik staatlicher Verfolgungsmaßnahmen, welcher zeigt, daß trotz einer Verfünffachung der Strafdrohung von 1972 bis heute die Zahl der den Strafverfolgungsbehörden bekannt gewordenen Rauschmitteldelikte um mehr als das Vierfache angestiegen ist, daß die Zahl der Drogentoten ständig gestiegen ist, und die Tatsache, daß auch das Bundeskriminalamt freimütig zugibt, daß die ständig steigenden Sicherstellungszahlen bei den verschiedenen Drogen einen in etwa gleichbleibenden Prozentsatz der tatsächlich eingeführten Drogen darstellen, mithin den Markt nicht ernsthaft beeinträchtigen.

Es stellt sich daher die Frage, ob das eingangs skizzierte Ziel einer drogenfreien Gesellschaft überhaupt sinnvoll verfolgt werden kann. Ich meine, daß das nicht der Fall ist. Es erscheint vielmehr vernünftiger, das zu erreichende Ziel anders zu definieren: Der Gesellschaft und ihren einzelnen Mitgliedern wäre ausreichend damit gedient, wenn die Individuen durch ihre eigenen Fähigkeiten und gesellschaftliche Unterstützung in die Lage versetzt würden, einen verantwortungsvollen Umgang mit Rauschmitteln in der Art zu pflegen, daß er ihnen einerseits die individuellen Rauscherlebnisse vermittelt, andererseits andere Individuen und die Gesellschaft insgesamt vor Schäden bewahrt. Dies kann nicht durch eine vollkommene Freigabe und Legalisierung des Gebrauchs derartiger Rauschmittel erreicht werden, wie der einfache Blick auf die »Kulturdroge« Alkohol zeigt, die zudem noch immer als Beleg dafür zitiert wird, daß kulturell gewachsene und akzeptierte Rauschmittel zu ihrer Kontrolle wegen der entwickelten gesellschaftlichen Umgangsformen damit keiner Strafandrohung bedürften. Mehr als 40 000 Alkoholtote im Jahr und die Tatsache, daß sich nahezu jeder zweite Beschuldigte bei Körperverletzungs-, Gewalt- und Eigentumsdelikten darauf beruft, wegen seiner Alkoholisierung im Zustand verminderter Schuldfähigkeit gehandelt zu haben, sowie die Tatsache, daß täglich etwa 40 000 Autofahrer in alkoholisiertem Zustand in der Bundesrepublik Deutschland mit dem Kraftfahrzeug unterwegs sind, belegen, daß es mit der Kontrolle nicht sehr weit her sein kann.

3. Nach allem, was wir wissen, dürfte aber jedenfalls die Freigabe sogenannter weicher Drogen, d. h. Haschisch und Marihuana, unbedenklich sein. Sie weisen, wenn überhaupt, ein außerordentlich geringes körperliches Gesundheitsrisiko auf, ebenso kein körperliches Suchtpotential. Anders ist es bei den sogenannten harten Drogen. Hier stehen einer völligen Liberalisierung die mit dem Konsum derartiger Stoffe unter Umständen einhergehenden erheblichen Gesundheitsgefahren für den einzelnen meines Erachtens entgegen. Es spricht nichts dagegen, die Abgabe von Drogen und Ersatzstoffen aus diesem Bereich an Suchtkranke unter ärztlicher Kontrolle durch Gesundheitsämter, Apotheken oder sonstige Abgabestellen straffrei zu stellen. Dies wäre gleichzeitig eine erste Maßnahme, um den illegalen Markt zu schmälern und den Suchtkranken menschenwürdige Bedingungen für ihren Konsum anzubieten. Gleichzeitig hätte man die Gelegenheit, das zu tun, was auch sonst mit gesundheitsgefährdenden Stoffen in unserer Gesellschaft geschieht: Man unterstellt sie einer Qualitätskontrolle und gesundheitsbehördlicher Aufsicht. Mehr ist in diesem Bereich nicht notwendig, einmal abgesehen davon, daß diese Stoffe für die Suchtkranken auch finanzierbar sein müssen. Hier ist die Entwicklung von Modellen zur Krankheitsfürsorge gefragt. Andererseits ist davon auszugehen, daß der Preis für die Stoffe in dem Moment sinken wird, in dem ein staatliches Monopol die legale Abgabe in die Hand nimmt, und damit der illegale Markt im wesentlichen zusammenbricht. Der Preis für die einzelnen Stoffe ist im Ursprungsland äußerst gering, vervielfältigt sich dann aber über viele Stufen und Verschneidungen hin bis zum Endabnehmer. So kosten 500 Kilogramm Kokablätter in Bolivien etwa 400 bis 1000 DM. Daraus kann ein Kilogramm Kokain mit einem Reinheitsgrad von etwa 90

Prozent hergestellt werden, das im Import bereits 100 000 bis 250 000 DM kostet. Hergestellt werden daraus 1,5 bis 3 Kilogramm gestrecktes Kokain mit einem Endverbraucherpreis von 400 000 bis eine Million DM. Daraus ist ersichtlich, welche Spannen durch den illegalen Handel ermöglicht sind, so daß erwartet werden kann, daß der Preis bei legaler Abgabe ganz erheblich sinkt.

Was den sonstigen Konsum sogenannter harter Drogen angeht, dürfte es vor allem wichtig sein, die Diskussion von Mythen zu befreien und zu rationalisieren. Es steht ein weites Feld von Untersuchungsmöglichkeiten zur Verfügung. Bezüglich jedes einzelnen Stoffes können intensive Untersuchungen über ihr Potential an Gesundheitsgefährdung einschließlich der Suchtwirkungen, auch in Feldversuchen, angestellt werden. Danach kann entschieden werden, wie und in welchem Umfang die Abgabe solcher Stoffe ermöglicht werden kann oder nicht. Auch beim Alkohol bieten sich meines Erachtens Einschränkungen an.

Eines muß aber endlich begriffen werden: Der allergrößte Teil des Drogenelendes, das wir sehen und das über die Medien täglich verbreitet wird − das aber nicht die Mehrzahl der Drogenkonsumenten erfaßt oder widerspiegelt −, ist nicht den Drogen selbst, sondern den Bedingungen geschuldet, unter denen sie konsumiert werden müssen, d. h. der Kriminalisierung. Diese ist verantwortlich für den hohen Preis und für die Unreinheit der Stoffe, für die sogenannte Beschaffungskriminalität und die soziale und psychische Verelendung und Ausgrenzung der Konsumenten.

4. Um hieran etwas im Sinne der obigen Ausführungen zu verändern, muß selbstverständlich dasjenige Gesetz geändert werden, das den Umgang mit Betäubungsmitteln bei uns regelt, das ist das Betäubungsmittelgesetz. Es gibt hierzu bereits verschiedene Vorschläge.

a) Die Niedersächsische Kommission zur Reform des Strafrechts und des Strafverfahrensrechts (Albrecht u. a., Strafrecht − Ultima Ratio, Baden-Baden 1993) plädiert im Abschnitt Betäubungsmittelrecht für die Entkriminalisierung des Erwerbs und Besitzes von weichen Drogen und als notwendige Konsequenz auch für die Straflosstellung des Handels mit weichen Drogen, soweit der Erwerber zum Eigenkonsum kauft. Weiter gefordert werden der Ausbau der Möglichkeit ärztlicher Substitutionsbehandlungen und eine Streichung von § 13 Abs. 1 Satz 2 BtmG, um die ärztliche

Therapiefreiheit in dieser Frage klarzustellen. Weiter gefordert wird die Verbesserung der Möglichkeiten wissenschaftlicher Erforschung von Substitutionsprogrammen. Ein Teil der Kommission hält darüber hinausgehend eine grundlegende Änderung der Drogenpolitik in der Bundesrepublik Deutschland für erforderlich und schlägt vor, den Konsum von Betäubungsmitteln insgesamt zu entkriminalisieren und ebenso zu behandeln wie den anderer suchterzeugender Stoffe wie Alkohol und Nikotin. Es soll ein kontrollierter und staatlich konzessionierter Handel mit weichen Drogen in Apotheken stattfinden können. Der Erwerb von harten Drogen soll lediglich auf der Grundlage eines ärztlichen Rezepts möglich sein. Die Lieferung der betreffenden Substanzen und ggf. ihre Produktion sollen einem staatlichen Monopol oder einem System der Lizenzierung vorbehalten sein.

b) Die hessische Landesregierung hat im Bundesrat einen Entschließungsantrag zur Änderung des Betäubungsmittelrechts eingebracht (BR-Drucksache 582/92), wonach die Cannabis-Produkte aus den Anlagen zum Betäubungsmittelgesetz vollständig gestrichen werden und ein eigenes Bundesgesetz für den Umgang mit Cannabis-Produkten geschaffen wird, das im Ansatz anlehnend an das Branntweinmonopolgesetz die Herstellung, Ein- und Ausfuhr, Lieferung und Übernahme, die Verwertung und den Handel, die Besteuerung, den Jugendschutz, ein Werbeverbot und die Sanktionen gegen Zuwiderhandlungen regelt. Das Betäubungsmittelgesetz selber soll so geändert werden, daß die Abgabe von harten Drogen bis hin zum Heroin an bereits Abhängige ermöglicht wird. Hierzu soll ein neuer § 12a ins Betäubungsmittelgesetz eingeführt werden, nach dem sogenannte Betäubungsmittelabgabestellen eingerichtet werden, in denen an Personen über 18 Jahre, bei denen nach dem Zeugnis eines Amtsarztes eine Betäubungsmittelabhängigkeit vorliegt, Betäubungsmittel abgegeben werden können, wobei sichergestellt sein muß, daß die abgegebenen Betäubungsmittel nur durch die Berechtigten (abhängige Personen über 18 Jahre) konsumiert werden. Das bereits bestehende Angebot von Drogentherapie soll nicht nur beibehalten, sondern ausgebaut und differenziert werden. Die Betäubungsmittelverschreibungsverordnung soll entsprechend geändert werden. Etwa entgegenstehende Verpflichtungen aus internationalen Übereinkommen sollen durch Kündigung dieser Abkommen bzw. Neuverhandlung beseitigt werden.

c) Darüber hinaus liegt der Entwurf des Gesetzes zur Änderung des Betäubungsmittelgesetzes auf Antrag der Freien und Hansestadt Hamburg vor (BR-Drucksache 296/92). Dieser Gesetzesantrag betrifft die Einfügung eines Abs. III an § 3 BtmG, nach welchem Ärzten die Erlaubnis zum Erwerb und zur Verabreichung von Betäubungsmitteln zum Zwecke der Durchführung von wissenschaftlichen Versuchen und der Erforschung der Behandlung schwerer Betäubungsmittelabhängigkeit erteilt werden soll. Gleichzeitig soll der Bundesrat in einer Entschließung den Einsatz von Methadon in der Substitutionsbehandlung befürworten. Zweck ist aber ausschließlich zunächst die Erforschung von Behandlungsmöglichkeiten von Langzeitabhängigen mit Originalstoffen und nicht die Freigabe von Suchtstoffen.

5. Bei den internationalen Verpflichtungen, die die Bundesrepublik Deutschland daran hindern könnten, im Betäubungsmittelrecht eine Liberalisierung vorzunehmen, handelt es sich insbesondere um das sogenannte Einheitsübereinkommen von 1961 über Suchtstoffe in der Fassung vom 25. März 1972. Dieses Übereinkommen stellt kein Hindernis gegen die oben aufgeführten gesetzlichen Maßnahmen dar, schreibt es doch in Artikel 2 Abs. 5 lediglich vor, daß jede Vertragspartei besondere Kontrollmaßnahmen trifft, die sie im Hinblick auf die besonders gefährlichen Eigenschaften dieser Suchtstoffe für erforderlich hält, und verpflichtet jede Vertragspartei dazu, die Gewinnung, Herstellung, Ausfuhr, Einfuhr, den Sitz und die Verwendung dieser Suchtstoffe sowie den Handel damit zu verbieten, »wenn sie dies im Hinblick auf die in ihrem Staat herrschenden Verhältnisse für das geeignetste Mittel hält, die Volksgesundheit und das öffentliche Wohl zu schützen ...«

In Art. 18 ff dieses Übereinkommens sind die besonderen Kontrollmaßnahmen im einzelnen aufgeführt, wobei jedoch in Art. 21 ff, insbesondere in Art. 21, 23, 24, 26 und 28, ausdrücklich die Möglichkeit für die Mitgliedstaaten vorgesehen ist, den Anbau von Mohn, Kokapflanzen oder Cannabis zu gestatten. Auch das Übereinkommen von 1971 über psychotrope Stoffe schreibt in Art. 21 und 22 lediglich die Verpflichtung der Vertragsstaaten zu Kontrollmaßnahmen über den Verkehr mit psychotropen Stoffen vor; Art 22 Abs. 1 verpflichtet die Vertragsstaaten vorbehaltlich ihrer Verfassungsordnung, jede gegen Gesetze, die aufgrund der Verpflichtung nach diesem Übereinkommen erlassen wurden, verstoßende Handlung als strafbaren Verstoß zu ahnden. Hier bleibt sehr viel Raum für die Vertragsstaaten, ihre eigenen drogenpolitischen Regelungen zu erlassen.

Etwas anderes scheint das Übereinkommen der Vereinten Nationen gegen den unerlaubten Verkehr mit Suchtstoffen und psychotropen Stoffen vom 19. Dezember 1988 vorzuschreiben, das am 13. 5. 1993 im Bundestag ratifiziert worden ist. Hier sind in Art. 3 die Vertragsstaaten verpflichtet, jede Art von Umgang mit Suchtstoffen, insbesondere was den Gewinn, die Herstellung, das Zubereiten, Verteilen, Verkaufen und Liefern angeht, auch wenn es sich um Gerät, Material oder Zubehör zur Herstellung solcher Stoffe handelt, unter Strafe zu stellen. Allerdings bezieht sich dies auf Handlungen, die entgegen dem Übereinkommen von 1961 einschließlich seiner geänderten Fassung und dem Übereinkommen von 1971 vorgenommen werden. Da diese Übereinkommen strenggenommen eine Definition zur strafbaren Handlung nicht vorschreiben, wenn es in einem Mitgliedstaat nicht für zweckmäßig gehalten wird oder der Rechts- und Verfassungsordnung widerspricht, ist dies noch kein besonderes Problem. Problematisch ist allerdings Art. 3 Abs. 2 dieses Übereinkommens, welcher lautet: Jede Vertragspartei trifft vorbehaltlich ihrer Verfassungsgrundsätze und der Grundzüge ihrer Rechtsordnung die notwendigen Maßnahmen, um nach ihrem innerstaatlichen Recht den Besitz, den Kauf oder den Anbau von Suchtstoffen oder psychotropen Stoffen für den persönlichen Verbrauch entgegen dem Übereinkommen von 1961, dem Übereinkommen von 1961 in seiner geänderten Fassung oder dem Übereinkommen von 1971, wenn absichtlich begangen, als Straftat zu definieren.

Dies ist eine sehr starke Verpflichtung, auch den persönlichen Verbrauch in den geschilderten Ausformungen unter Strafe zu stellen. Die Bundestagsfraktion der SPD hat daher dem Ratifizierungsgesetz im Bundestag nicht zugestimmt. Auf Aufforderung des Bundestages will die Bundesregierung bei der Hinterlegung der Ratifizierungsurkunde eine Interpretationserklärung abgeben, nach der es ihr aufgrund der Rechtsordnung durch das Abkommen nicht versagt sein soll, etwa zukünftig den Umgang mit Betäubungsmitteln zum persönlichen Gebrauch von einer Straftat zur Ordnungswidrigkeit herabzustufen. Noch weitergehend liest sich eine Interpretation des Abkommens durch das Land Nordrhein-Westfalen, welches bei der Abstimmung im zuständigen Bundesratsausschuß der Auffassung war, daß Abkommen stehe einer weitgehenden Straflosstellung des Gebrauchs von Betäubungsmitteln nicht im Wege. Die Länder Hessen, Bremen und Hamburg zeigten sich von dieser

Interpretation nicht überzeugt und stimmten gegen die Ratifizierung. Gleichwohl steht zu befürchten, daß das Gesetz mit den Stimmen der übrigen SPD-regierten Bundesländer und den Stimmen der B-Länder am 18. 6. 1993 im Bundesrat ebenfalls ratifiziert wird. Eine Diskussion über das Abkommen oder das Ratifizierungsgesetz mit den beteiligten Kreisen, den Drogenfachleuten, Selbsthilfegruppen und Betreuungsorganisationen oder mit Juristen hat, soweit ersichtlich, nicht stattgefunden. Die Bundesregierung betreibt die Ratifizierung mit der Erklärung, daß es ohnehin nicht beabsichtigt sei, in absehbarer Zeit am Betäubungsmittelrecht etwas zu ändern.

Man kann sich auf den Standpunkt stellen, daß entsprechend der Auffassung von Nordrhein-Westfalen auch dieses Übereinkommen der oben skizzierten Liberalisierung nicht im Wege stünde. Ausdiskutiert ist diese Frage aber noch nicht.

6. Nach alledem empfiehlt sich nicht nur, sondern ist meines Erachtens dringend erforderlich, das Betäubungsmittelrecht in folgender Weise zu novellieren:

1. Stoffspezifische Entkriminalisierung weicher Drogen durch Streichung von Cannabis-Produkten aus der Anlage I zum Betäubungsmittelgesetz.

2. Änderung von §§ 3, 12, 29 Abs. I und 29a BtmG dahingehend, daß die Abgabe von Betäubungsmitteln und Substitutionsstoffen

a) an nach ärztlicher Begutachtung Betäubungsmittelabhängige — ohne Altersgrenze —,

b) durch ein staatliches Monopol oder lizenzierte Personen,

c) in dafür vorgesehenen besonderen Betäubungsmittelabgabestellen, durch Gesundheitsämter, Ärzte oder Apotheker, straffrei erfolgen kann.

3. Änderung von § 13 Abs. I Betäubungsmittelgesetz dahingehend, daß eine ärztliche Behandlung von Suchtkranken auch mit Hilfe von Drogenabgabe, aber auch durch Substitutionsstoffe, straffrei erfolgen kann unter gleichzeitiger Änderung der bisher viel zu restriktiven Kostentragungsregeln zu Lasten der Sozialversicherungsträger.

4. Änderung von § 3 Abs. II und 5 Abs. I Betäubungsmittelgesetz dahingehend, daß wissenschaftliche Forschung mit und über Drogen und ihre Wirkungen in größerem Umfang als bisher durchgeführt werden können, um zu validen Aussagen über das Gefährdungspotential einzelner Suchtstoffe zu kommen.

5. Straflosstellung von Drogenerwerb und -besitz jeder Art in geringen Mengen zum Eigenkonsum.

6. Nicht zuletzt erheblicher Ausbau und Differenzierung von Betreuungs- und Therapiemaßnahmen für Suchtstoffabhängige.

7. Zugegeben, die Konsequenzen der Freigabe von Drogen sind nicht so ohne weiteres zu überblicken; ein solches Vorhaben gibt unter Umständen auch Anlaß zur Sorge, wenn man sich die Auswirkungen der Freigabe des Alkohols ansieht. Angesichts der Tatsache, daß die bisherige Prohibitionspolitik aber komplett gescheitert ist, nichts als Elend für die Abhängigen und fruchtlose Arbeit für die Verfolger verursacht und sich dementsprechend die Kritiker aus allen Lagern mehren, dürfte die grundsätzliche Änderung der Drogenpolitik nicht zu umgehen sein. Sicherlich würde man folgendes erreichen:

a) Reduktion der Kriminalität im Betäubungsmittelbereich, das sind 2,3 Prozent aller Fälle, die die Kriminalpolizei im Jahre 1990 zu bearbeiten hatte, wobei es sich angesichts der Überstundenlast der Rauschgiftdezernate um einen besonders arbeitsintensiven Teil handelt. 3,1 Prozent der Verurteilungen blieben der Justiz, 9,1 Prozent der Insassen den Strafanstalten erspart (bezogen auf die Zahlen von 1989).

Im Unterschied zu einer Streichung beispielsweise der Strafbarkeit der Körperverletzung würde es sich auch nicht um einen üblen Trick handeln, um die Justizstatistik zu entlasten, weil ja im Beispielsfall die Körperverletzungen als solche nicht abnehmen würden. Die vom Betäubungsmittelgesetz definierten Straftaten sind, von ganz wenigen Ausnahmen abgesehen, weder unangenehm noch störend, noch schädigen sie Dritte. Heroinhandel stört mich so wenig wie Weinhandel, und es ist ziemlich egal, ob der Nachbar 100 Gramm Haschisch oder ein Kilo Walnüsse in seinem Kühlschrank hat.

Die durch den Betäubungsmittelkonsum induzierte Kriminalität würde ebenfalls wegfallen. Die Schätzungen über den Umfang dieser Straftaten schwanken stark. Das Bundeskriminalamt schätzt, daß 10,2 Prozent der Fälle beim Raub, 18,9 Prozent der Fälle beim Handtaschenraub, 8,5 Prozent der Fälle beim schweren Diebstahl und 13,8 Prozent der Fälle beim Wohnungseinbruch von Konsumenten harter Drogen begangen worden sind. Man kann allerdings nicht davon ausgehen, daß diese Straftaten alle wegfallen würden, denn nur ein Teil dieser Straftaten ist durch die Sucht selbst verursacht in dem Sinne, daß der Täter sich durch die Straftat finanzielle Mittel zur Befriedigung seiner Sucht verschaffen will. Es gibt auch den umgekehrten Effekt, daß nämlich Personen aus dem aus anderen Gründen kriminellen Milieu zunehmend zu Drogenkonsumenten werden, und deren Taten würden durch die Straflosigkeit des Drogenkonsums nicht ohne weiteres entfallen (vgl. dazu Hess, Kriminologisches Journal, 92, 315 ff).

b) Nach den Erfahrungen aus den Niederlanden wäre kein Anstieg des Drogenkonsums zu befürchten, allenfalls ein erheblicher Rückgang der Drogentoten. Umfragen in den Niederlanden zufolge jedenfalls ist der Konsum seit Anfang der 80er Jahre, als Cannabis-Produkte praktisch frei verfügbar wurden, nicht angestiegen. Es gibt auch sonst keinerlei Probleme im Zusammenhang mit Cannabis-Konsum, z. B. auch nicht im Straßenverkehr. Cannabis wurde, wie die Holländer sagen, »normalisiert«, es ist kein Thema mehr.

Im Laufe der 70er Jahre haben elf US-Staaten den Besitz kleiner Mengen von Marihuana entkriminalisiert. Mehrere Untersuchungen stellten erhebliche Einsparungen für die jeweilige Staatskasse, aber praktisch keine Veränderungen im Konsumverhalten fest. Vergleiche zwischen den USA und Kanada in bezug auf illegale Drogen sowie zwischen Industrie- und Entwicklungsländern in bezug auf Zigaretten haben ergeben, daß es bei jeweils ähnlichem Verfügbarkeitsgrad unterschiedliche Anteile von Konsumenten an der Bevölkerung gibt. Daraus kann der Schluß gezogen werden, daß das Strafrecht möglicherweise überhaupt keinen Einfluß auf das Anschwellen oder Abflauen von Drogenwellen hat. Selbst wenn aber der Gesamtkonsum anstiege, heißt das noch nicht, daß damit auch der süchtige Konsum ansteigt. Dabei würde die Abhängigkeit von Drogen aber nicht zu den sozialen und gesundheitlichen Konsequenzen führen, die wir heute von dem auffälligen Teil der Konsumenten gewohnt sind. Im Gegensatz zu Tabak und Alkohol scheint regelmäßiger Konsum von sauberen Drogen ohne größere gesundheitliche Schäden möglich zu sein, wenn entsprechende Produktkontrollen und risikoarme Anwendungsformen zum Einsatz kommen.

c) Das Risikoverhalten im Verkehr, am Arbeitsplatz etc. unter Drogeneinwirkung würde bei steigendem Konsum zwar vermutlich ebenfalls ansteigen. Hier könnte aber genauso vorgegangen werden wie beim Alkohol: Kriminalisierung bestimmter Verhaltensweisen unter Drogeneinwirkung und viel intensivere Kontrolle der Teilprohibition. Das würde dazu führen, daß man sich an Drogentests gewöhnen muß. Dies ist aber eine Belästigung der Bürger, die auch der totale Drogenkrieg mit sich bringt.

8. Niemand kann behaupten, daß eine Politik der Entkriminalisierung und Freigabe von Drogen ohne Nachteile und Risiken wäre. Man kann aber zusammenfassend immerhin feststellen, daß diese Risiken und Nachteile mit großer Wahrscheinlichkeit weit geringer im Ausmaß und weit besser zu kontrollieren wären, als die Verfechter des totalen Drogenkriegs ohne empirische Belege ideologisch an die Wand malen. Die weitere Auseinandersetzung um die Drogenpolitik auf diesem Wege kann die Verhältnisse nur verbessern.

Axel Nagler-Eulering ist Rechtsanwalt und Vorsitzender der StrafverteidigerInnen-Initiative NRW e. V. in Essen.

André Seidenberg

Diversifizierte Drogenverschreibung und -abgabe

Ängste beherrschen die Drogenpolitik

Mächtige Ängste beherrschen die Drogendiskussion. Meinungsmacher beliefern einen immer noch wachsenden Markt mit beruhigenden Ideen für die Lösung des Drogenproblems. Die Verunsicherung über die eigenen Konsumgewohnheiten, die Orientierungslosigkeit in einer pluralistischen Gesellschaft wird festgemacht an der Drogenfrage. Linke wie Rechte sind sich einig im Zugriff auf »das Drogenproblem als Symbol des Untergangs unserer Gesellschaft«! Die Drogenfrage wird zum Prüfstein gemacht, an welchem jede gesellschaftliche Theorie, jede ideologisch-politische Richtung sich heutzutage messen will. Die Drogenfrage kann aber nicht dazu benutzt werden, die Probleme dieser Gesellschaft zu lösen. Die gegensätzlichen Ängste dieser Gesellschaft bauen sich anhand der Drogenfrage gegenseitig auf.

Die Ängstlichsten lassen sich durch Ideen bedienen, welche nach Unterdrückungsmustern gestrickt werden. Gewaltsames Ausgrenzen von Problemen wie AIDS und Drogen scheint da ein altbewährtes Beruhigungsmittel. Nur weg mit Drogen, weg mit den Junkies; ja und auch weg mit allem anderen, was gerade Angst macht. Sag Nein zu Drogen; und bist Du nicht willig, so brauch ich Gewalt.

Die scheinbar weniger Ängstlichen läßt aber gerade diese konservative Haltung fürchten, es könnten beim großen Reinemachen noch ganz andere als die ursprünglich gemeinten Teile des gesellschaftlichen Körpers amputiert werden. Die Verteidigung des individuellen Menschenrechtes kann zu einem blind eingenommenen Trip werden. Drogenfreigabe ist das Stichwort. Ein Cannabisblatt und »Legalize-it« haben sie an ihre Autos mit Kindersitzchen geklebt. Andere DrogenfreigeberInnen getrauen sich solche Positionen aber schon lange nicht mehr. Drogenfreigabe scheint für viele eine wohlfeile Hoffnung auf Befreiung unseres von den Zwängen dieser Gesellschaft unterdrückten Geists. Gegen die Bedrohung durch ausschließende, als faschistisch empfundene Kräfte wird herzhaft und bedenkenlos draufgehauen.

Der Dissensdiskurs über die Drogen heizt das Problem an. Wer Drogenfreigabe ruft, muß sich bewußt sein, welche Ängste dieser Ruf wachruft. Wenn wir tatsächlich wollen, daß DrogenkonsumentInnen ihren Platz in dieser Gesellschaft finden, dann müssen wir mit aller Sorgfalt die allgemeinen Ängste beruhigen können. Pubertäre Reminiszenzen an die ach so schönen achtundsechziger Zeiten belasten pragmatische Wege der Drogenpolitik.

Ängste werden nicht mit selbstgefälligem Schuldzuweisungsjargon besänftigt. Die Ängste konservativer Kreise entsprechen einer gewissen Realitätswahrnehmung und werden durch die normalen Schrecken unserer Gesellschaft gespeist. Wir haben keine Mittel, alle diese Ängste zu besänftigen. Aber wir dürfen nicht einfach so tun, als ob diese Ängste dumm und absurd seien. Jedes selbstgefällige Anheizen des Drogendiskurses gefährdet in erster Linie die sowieso schon ins Schußfeld geratenen DrogenkonsumentInnen, um welche sich vorgeblich alles dreht.

Wir müssen sehr sorgfältig und sachbezogen zeigen, weshalb wir durch eine Verminderung von Repression im Drogenmarkt eine Verbesserung der Situation erwarten. Eine entschlossene Politik kleiner überschaubarer Schritte ist möglicherweise erfolgreicher und sogar schneller als eine Politik mit absoluten oder nur schon umfassenderen Maßnahmen. Übermäßige Erwartungen müssen schon jetzt enttäuscht werden. Wir haben keine Garantie für den Erfolg einer Drogenfreigabe, wie immer diese auch aussehen mag. Es könnte ja sein, daß Drogenfreigabe nur zu bescheidenen Verbesserungen führt. Vielleicht hätten wir durch eine Drogenfreigabe nur etwas weniger eigentliche Drogenprobleme. Jetzt mit Drogenkonsum assoziiertes Elend würde zu normalem Elend. Zu normalem Elend, welches normal immer noch weiterlebt. Kleinkriminalität und Gassenprostitution gäbe es vielleicht weiter, aber es wären nicht mehr Drogenprobleme.

Medizinalisierung

Und noch etwas anderes muß einmal diskutiert werden. Offensichtlich weckt die Vorstellung, daß sich ÄrztInnen vermehrt um die Belange von DrogenkonsumentInnen kümmern könnten, und noch mehr die Strategie einer Medizinalisierung des Drogenmarktes und Drogenkonsums bei SozialarbeiterInnen Ängste. Zweifellos, die ärztliche Macht muß in Frage gestellt werden. Aber gerade SozialarbeiterInnen blenden aus, daß auch sie sich im Guten wie im

Schlechten als Teil dieser Menschenverwaltungsmacht verstehen müssen. Die eigenen Probleme mit Macht und Ohnmacht dürfen nicht auf dem Buckel der KlientInnen ausgelebt werden. Wer gegen eine ärztlich kontrollierte Drogenabgabe einen Markt ohne ärztliche Kontrolle anpreist, muß zeigen, daß und wie diese Marktordnung die Probleme besser bewältigt. Theoretische Modelle genügen hier nicht. Denn es handelt sich um ein Massenexperiment mit lebenden Menschen. Ich habe meine Zweifel an den Fähigkeiten von staatlich bestellten SozialarbeiterInnen, Menschenversuche sachgerecht und ethisch vertretbar durchzuziehen. ÄrztInnen haben genau damit aber uralte Erfahrungen.

Medizinleute sind von allen Kulturen mit der Regelung des Drogenmarktes und damit des geregelten Konsums beauftragt worden. ÄrztInnen sind geübt in der Ausübung von Kontrolle für und über das Wohlbefinden ihrer PatientInnen. ÄrztInnen sind nur so korrupt in der Ausübung ihrer Berufstätigkeit wie alle andern gesellschaftlichen Glieder auch. Wenn wir einem so wichtigen Glied nicht mehr trauen, die Bedürfnisse aller Glieder unserer Gesellschaft wahrzunehmen, weiß ich nicht, wo wir überhaupt noch Vertrauen in den Zusammenhalt unserer Gesellschaft herholen können.

Medizinalisierung meint nicht, daß ÄrztInnen das Recht über die Verfügbarkeit der Drogen eigennützig verwalten können. Medizinalisierung heißt, daß die Verantwortung durch ÄrztInnen wahrgenommen wird. ÄrztInnen dürfen nicht beliebig über unsere Geister verfügen. Wir suchen uns ÄrztInnen aus, welchen wir vertrauen; ÄrztInnen, welche uns nicht Angst machen, wir könnten ein Stück von unserer Autonomie an sie verlieren.

Problemverminderung

In der ärztlichen Praxis ist die Vermutung übermächtig, daß Drogenprobleme vorwiegend Folgen der Konsumbedingungen darstellen. Gefahren aus Heroin- und Kokainkonsum ergeben sich einerseits aus den *Wirkungen der Substanz selbst* und andererseits aus der *Konsumform*, aus der Art und den Umständen der Drogeneinnahme. Beim illegalen Drogenkonsum scheint körperlich aber auch psychisch vorwiegend die Form des Konsums schädigend zu wirken. Die gefährlichste Konsumform ist das Spritzen von Heroin oder Kokain in der Illegalität:
— Der rasche Wirkungseintritt (»flash« oder »rush«) erzeugt be-

sonders oft abhängige Konsummuster und psychosozial problematisches Verhalten.

– Die unbekannte Drogendosis führt zu Todesfällen durch Überdosierungen.

– Angst und Hetze führen zu schlechter Injektionstechnik mit Neben-die-Venen-Spritzen, Aufquellen des Gewebes und damit zu eitrigen Infektionen.

– Die Reinheit des Stoffs ist nicht gewährleistet.

– Ansteckung mit dem AIDS-Erreger HIV oder Gelbsuchtviren HBV und HCV sind vorwiegend Folgen der Illegalität.

Das *Schnupfen* (»Sniffen«) von Heroin oder Kokain ist verschwenderisch teuer, aber deutlich weniger gefährlich als Fixen und Rauchen. *Rauchen* von Heroin oder von Kokainzubereitungen wie »Crack« und »Freebase« führen, durch die forcierte Inhalation von heißen Gasen, gelegentlich zu schweren Bronchitiden. Kokainrauchen kann darüber hinaus bei bestimmten Zubereitungen und individuellen Inhalationstechniken zu abruptem Anfluten im Zentralnervensystem und damit, wie das Kokainfixen, besonders oft zu gefährlichen Konsummustern führen. Der intravenöse Konsum, das *Fixen*, bleibt beim Heroin, aber auch beim Kokain, in jeder Hinsicht die gefährlichste Konsumform.

Nur die Konsumbedingungen sind aussichtsreich beeinflußbar
Eine wirkliche Perspektive in der Drogenpolitik muß von realistischen Fragen und Erwartungen ausgehen. Nur gesellschaftlich nicht umstrittene Fragen sind zulässig, wenn wir Ideologisierungen vermeiden wollen. Ein solcher Fragenkatalog sieht dann etwa so aus:

1. Kann der illegale Markt verkleinert werden, wird die Zahl illegaler Konsumereignisse vermindert?

2. Sinken Häufigkeit von Krankheiten und Tod?

3. Können die Probleme mit Drogenkonsum für den einzelnen und die ganze Gesellschaft reduziert werden?

– Verbesserung der sozialen Integration, insbesondere der Wohn-, Arbeitsverhältnisse und des Wohlbefindens.

– Verminderung unerwünschter gesamtgesellschaftlicher Auswirkungen durch Drogenkonsum wie Bettelei, Prostitution.

– Verminderung der Betäubungsmitteldelinquenz und Verminderung der Beschaffungskriminalität.

4. Wirtschaftlichkeit: Sinken die gesamtgesellschaftlichen Kosten?

Jede Maßnahme gegen Drogenprobleme muß nach diesen Fragen beurteilt werden. Diese vier Fragen lassen sich parametrisieren, und solche Unterfragen lassen sich dann durch gezielte Versuche und Untersuchungen beantworten. Die Attraktivität eines Angebots, die Fähigkeit eines Angebots, möglichst viele DrogenkonsumentInnen zu erreichen, gibt beispielsweise eine Teilantwort auf die erste und die vierte Frage. Versuche mit Angeboten bei ausgewählten Teilen der drogenkonsumierenden Population können Fragen wie Verminderung von Beschaffungsprostitution oder Verbesserung in der Legalbewährung von Straftätern klären helfen. Die Instrumente der Drogenpolitik, das heißt alle Institutionen und Maßnahmen im Drogenbereich, müssen auf Folgen und Nutzen anhand der aufgeführten Fragen mit differenzierten Evaluationsinstrumenten überprüft werden. Kleine Schritte lassen sich besser aus bekanntem Wissen herleiten, und kleine Schritte lassen sich besser durchsetzen. Auch wenn man sich der Ansicht nicht anschließen will, daß die Konsumbedingungen Hauptursache der Probleme mit Drogen sind, scheinen doch nur die Konsumbedingungen wirklich und aussichtsreich beeinflußbar.

Konzept für eine Medizinalisierung des Drogenmarktes

Es ist vordringlich, nicht die Qualität der Behandlung einer kleinen Minderheit, sondern möglichst die Gesamtsituation der Drogenabhängigen zu verbessern. Durch medizinalisierte Konsumangebote lassen sich die Konsumbedingungen gezielt beeinflussen. Ärztlich kontrollierte Drogenangebote können vermutlich (und bis jetzt mit Methadon nachweislich) am meisten Drogenabhängige erreichen. Ärztlich kontrollierte Drogenangebote konkurrenzieren den illegalen Markt sehr effizient.

Orale Konsumformen: Mit schluckbarem Methadon können bis etwa ein Drittel der DrogenkonsumentInnen erreicht werden. Mit einem zügigen Ausbau der Methadonangebote kann am schnellsten die größte Zahl von Drogenabhängigen aus der Abhängigkeit des illegalen Marktes befreit werden. Die Möglichkeiten mit konventionellen Methadonangeboten sind bei weitem nicht ausgeschöpft; seit Jahren fehlen die Kapazitäten. Dagegen zeigen einfache Kostenrechnungen, daß hochstrukturierte, hochschwellige Therapien für die Gesamtheit der DrogenkonsumentInnen kaum finanzierbar sind. Mit der wenig therapeutisch strukturierten, niedrigschwelligen Methandonangeboten im ZokL 1 (Zürcher Opiat-

Konsum-Lokal 1) wird versucht, Machbarkeiten auszuloten und zu demonstrieren. Es wird eine kostengünstige, nachfragedeckende Versorgung angestrebt. Das im ZokL 1 erworbene Know-how soll an andere Methadon-Projekte weitergegeben werden.

Diversifizierte Konsumformen: Schluckbares Methadon allein ist nicht in der Lage, die Mehrheit der DrogenkonsumentInnen für medizinalisierte Konsumangebote zu gewinnen. Mit Angeboten von injizierbarem Methadon kann möglicherweise die Anzahl illegaler Konsumereignisse bei MethadonkonsumentInnen gesenkt und können zusätzliche DrogenkonsumentInnen für medizinalisierte Angebote gewonnen werden.

Bei der *diversifizierten Drogenverschreibung und Drogenabgabe DDD* erhalten die DrogenkonsumentInnen die gebrauchten Drogen in der von ihnen benötigten Konsumform (Prinzip der Droge der Wahl in der Konsumform der Wahl). Dies soll einen geregelten Nachschub von Drogen für Abhängige gewährleisten. Nichtintravenöser Konsum soll gegenüber intravenösem gefördert werden.

Schweizer Ideen und Schweizer Realitäten

In der reichen Schweiz gab es in den letzten zwanzig Jahren für alle traditionellen Instrumente der Drogenpolitik sehr viel Geld. Die Schweiz hat gegen den Drogenkonsum in den letzten zwei Jahrzehnten eine der weltweit größten Anstrengungen sowohl im polizeilich-justitiellen Bereich als auch im Bereich von abstinent orientierter Therapie unternommen. Die offenen Drogenszenen auf dem Platzspitz und jetzt wieder gleich groß am Lettensteg in Zürich oder in der Nähe des Bundeshauses in Bern waren und sind mit Sicherheit nicht Resultat eines geringen repressiven oder direktiv-therapeutischen Zugriffs auf die DrogenkonsumentInnen: Weder zuwenig Polizei noch zuwenig Entzugskliniken haben zum heutigen Schlamassel geführt. Jahrzehntelange Vertreibung und Zerstörung von Nischen der Drogensubkultur prägen nach wie vor die Politik aller Schweizer Städte. Die Schweiz ist allgemein ein Gesellschaftssystem mit sehr hoher sozialer Kontrolle und bietet traditionell kaum Nischen für irgendwelche Randgruppen. Die Schweiz hat im Drogenbereich eine der katastrophalsten Entwicklungen genommen. Sie ist das Land mit der höchsten Dichte an HIV-positiven Menschen in Europa. Diesen traurigen Spitzenplatz erreichte die Schweiz nicht zuletzt wegen der häufigen Infektionen von FixerInnen beim Spritzentausch in der ersten Hälfte der achtziger Jahre.

Die Schweiz betreibt seit fünf Jahren allerdings eine sehr mutige und nachweislich äußerst erfolgreiche AIDS-Prävention. Im Drogenbereich aber werden die Notwendigkeiten zur Vermeidung von Gesundheitsschäden auch in der Schweiz immer noch wie lästige, insgeheim peinliche Belastungen der Bemühungen um das »eigentliche«, um das offizielle Ziel der Abstinenz behandelt. Weshalb HIV-Infektionen in erster Linie durch Suchtfreiheit vermieden werden sollen oder gar könnten, ist kaum verständlich. Hilfreicher wäre es, Kongruenzen und Gegensätzlichkeiten der Forderungen nach Drogenfreiheit und AIDS-Prävention zu überlegen. Erfolgreiche AIDS-Prävention ist auch im Drogenbereich ohne ein kräftiges Tabu-Rütteln nicht zu haben.

Seit der zweiten Hälfte der achtziger Jahre werden Auswege in der Drogenpolitik dringend gesucht. Spritzenabgabe[1], Fixerräume[1], Methadonangebote, Heroin- oder diversifizierte Opiatabgaben und diversifizierte Drogenverschreibung und Drogenabgabe (DDD, Opiate und Kokain, evtl. auch Amphetamine) sind in der Schweiz im Rahmen der geltenden Gesetze möglich. Diese Ideen wurden zwar plakativ und werbewirksam von einigen Politikern übernommen und in Szene gesetzt; realisiert werden konnten bisher nur bescheidene Ansätze. Die aufgeführten Angebote haben sehr unterschiedliche Potenzen, das Ausmaß der Probleme und Gefahren des Drogenkonsums zu mindern.

Methadonangebote

Methadon wird in der Schweiz seit den frühen 70er Jahren in zunehmend weniger restriktiven Programmen und immer breiter angeboten. Methadonangebote sind nachweislich in der Lage, die ersten drei der oben gestellten vier Fragen positiv zu beantworten. Methadon ist ein synthetisches Opiat und hat die gleichen erwünschten und unerwünschten Wirkungen wie Heroin oder Morphium. Methadon wird meist als Sirup getrunken und wirkt dann einen ganzen Tag. In stabilen täglichen Dosen bestimmt Methadon den Tagesablauf, den psychischen Zustand und die Handlungsfähigkeit nur in sehr geringem Ausmaß. Methadonangebote sind in der Lage, die Drogenprobleme des einzelnen und der Gesellschaft zu reduzieren. Die meisten Methadonabhängigen können ein normales Leben führen. Methadon muß initial in kleinen Dosen (30 mg) gegeben und dann täglich gesteigert werden, bis (bei 60 bis 100 mg/Tag) kein Opiathunger mehr verspürt wird. Methadon ersetzt und vermindert in genügenden Dosen einen Großteil der illegalen Konsumereignisse mit allen ihren unerwünschten Folgen: Die meisten MethadonkonsumentInnen versorgen sich nicht mehr oder nur noch selten auf dem illegalen Markt mit Drogen; die Zahl der intravenösen Konsumereignisse sinkt fast immer drastisch ab.

Auch wenn bei einigen DrogenkonsumentInnen in wöchentlichen Urinkontrollen fast regelmäßig illegaler Drogenkonsum festgestellt wird, fixen diese Leute mit Methadon nicht mehr zwei- bis dreimal täglich, sondern vielleicht noch ein- oder zweimal pro Woche. Urinkontrollen sind kaum ein geeignetes Kriterium für die Weiterführung oder den Abbruch eines Methadonprogramms, da der repressive Gebrauch von Labordaten den therapeutischen, den menschlichen Zugang zu den PatientInnen erschwert. Jede und jeder Opiatabhängige sollte in eine Methadonbehandlung aufgenommen werden können. Es gibt keine ideologiefreien sinnvollen Auswahlkriterien für die Entscheidung über die Aufnahme in ein Methadonprogramm. Aufnahmeverweigerung läßt die Überlebenschancen von Opiatabhängigen drastisch sinken. Eine Verzögerung der Abstinenz ist durch Methadon langzeitig nicht zu beobachten. Ebenso scheint sich die Zahl der NeukonsumentInnen durch nachfragedeckende Versorgung mit Methadon eher zu senken. Die Attraktivität von Methadonangeboten hängt erstens vom Ausmaß der gestellten Anforderungen und Bedingungen für das Eintreten (Schwelligkeit) und Verbleiben (Strukturiertheit) im Programm ab und zweitens vom Umfeld der legalen, halblegalen und illegalen Versorgung mit Drogen. Methadonangebote können zwanzig bis dreißig und vielleicht sogar noch mehr Prozent der OpiatkonsumentInnen erreichen. Das heißt aber auch und trotzdem: Die Attraktivität von schluckbarem Methadon ist für eine Mehrheit der OpiatkonsumentInnen in einem gegebenen Moment ungenügend. Das Drogenproblem läßt sich mit schluckbarem Methadon nicht lösen. Auf der Suche nach dem Flash werden die illegalen Märkte weiterhin benötigt. Trotzdem sind Hunderte von Opiatabhängigen in der Schweiz auf der Suche nach Methadon. Bisher wurden fast nur sehr teure, hochstrukturierte und meist hochschwellige Methadonprogramme angeboten. Die Kapazitäten sind viel zu klein und die Möglichkeiten der Problemreduktion durch Methadonangebote längst nicht ausgeschöpft.

Diversifizierte Drogenverschreibung und Drogenabgabe (DDD)
Im Januar 1991 hat der Verein Schweizerischer Drogenfachleute
(VSD) einen »randomisierten Versuch der diversifizierten Drogenverschreibung und Drogenabgabe« vorgeschlagen. Eine Gruppe
von PatientInnen soll unter ärztlicher Kontrolle, versuchsweise, alle
auf der Gasse angebotenen Drogen (Heroin, Morphium, Temgesic,
Methadon und Kokain) beziehen können. Die PatientInnen können
prinzipiell alle diese Drogen in der präferenziellen Konsumform
(zum Schlucken, Rauchen oder Spritzen) erhalten. In DDD-Versu-
chen soll also die Droge der Wahl in der Konsumform der Wahl
bezogen werden können. Wir wollen versuchsweise den geregelten
Nachschub von Drogen für Abhängige gewährleisten. Wir hoffen
dadurch, die mit dem Konsum dieser Drogen verbundenen, sekun-
dären Probleme (diverse Infektionskrankheiten, Beschaffungskriminalität, -prostitution, Verelendung jeglicher Art etc.) verkleinern
oder aufheben zu können. Die Daten, die in den Versuchen gesammelt werden können, sollen Aufschluß darüber geben, ob tatsächlich und in welchem Ausmaß eine Schadenminderung (»harm
reduction«) eintritt.

Die Teilnahme am Versuchsprogramm setzt »informed consent«
voraus: Jede und jeder Abhängige, der die sich um einen Platz im
Programm bewirbt, wird zuerst auf die Möglichkeit des Drogen-
entzuges und anschließender Langzeit-Entwöhnungsprogramme
aufmerksam gemacht, und es wird ihr/ihm der Eintritt in ein solches Programm empfohlen. Die BewerberInnen werden über die
Vor- und Nachteile der konventionellen Methadonbehandlung aufgeklärt. Die Modalitäten und Probleme der diversifizierten Abgabe
und Verschreibung und die Versuchsanordnung werden mit den
KonsumentInnen eingehend besprochen.

Dosis- und Stufeneinteilung: Die Verschreibung und Abgabe der
Drogen erfolgt nach einem individuell periodisch zu revidierenden
Verfahren. Die Drogen müssen zuerst täglich und zuletzt vielleicht
nur ein- oder zweimal wöchentlich bezogen werden. Die minima-
len Drogendosen müssen vor einem Stufenwechsel ermittelt sein.
Die Dosis, die Art der Drogen und die Stufeneinteilung werden
ausgehandelt und ärztlich festgelegt. Vielleicht erfolgt die Dosis-
und Stufeneinteilung auch in einem Gremium unter Mitarbeit
eines/einer erfahrenen Drogenkonsumenten/-in. Die initiale Dosis
wird tendenziell niedrig gewählt. Im ersten Monat wird die notwendige Erhaltungsdosis in kurzen und später in zunehmend länge-

ren Intervallen angepaßt. Die Verschreibung und Abgabe der ganzen Palette von auf der Gasse benutzten Drogen soll grundsätzlich möglich sein. Es wird aber angestrebt, möglichst wenig verschiedene Drogen bei einzelnen BezieherInnen zu verschreiben und abzugeben. Für Dosiserhöhungen und für den Zusatz einer weiteren Droge können zeitweise Rückstufungen notwendig sein. Der Gebrauch von Cannabis, aber vor allem der von Alkohol, wird bei der Stufeneinteilung und bei der Diversifizierung der Verschreibung gebührend mitbedacht.

Die Wirkung der Drogen und die Besonderheiten der Applikationsformen werden mit den BezieherInnen ausführlich diskutiert. Auch die individuelle Problematik soll angesprochen werden: Welche Wirkung soll mit dem Konsum der betreffenden Droge erreicht werden? Weshalb braucht sie/er diese Droge (auch) noch? Was (welche Kombination) könnte gefährlich werden?

Die Injektionstechnik wird kontrolliert, korrigiert und geübt. Gefahrenreduzierter Konsum durch Rauchen und Schlucken statt Spritzen wird bei der Stufeneinteilung belohnt. Nichtintravenöser Konsum soll gegenüber intravenösem gefördert werden.

Konsumerleichterungen werden nur im Hinblick auf Gefahren verweigert. Die Drogen dürfen nicht als Druckmittel in der psychosozialen Begleitung verwendet werden. Die »permissive« Haltung findet nur an den mittelbaren und unmittelbaren Gefahren des Konsums seine Grenzen. Der Widersprüchlichkeit zwischen psychotherapeutischen Zielen und dem Zulassen von Drogenkonsum müssen sich die TherapeutInnen stellen und die Ambivalenz aushalten. Den Konsumwünschen soll nur aus Sicherheitsaspekten nicht entsprochen werden.

Vorerst wären mehr Methadonkapazitäten viel wichtiger

Versuche müssen nun zeigen, ob DDD den illegalen Markt massiv konkurrenzieren könnte, ob Konsumsicherheit garantiert werden kann und ob die Probleme mit Drogenkonsum für den einzelnen und die ganze Gesellschaft reduziert werden können. Erst wenn die Versuche aussagekräftig und erfolgreich sind, könnte und müßte die diversifizierte Drogenverschreibung und Drogenabgabe flächen- und nachfragedeckend ausgestaltet werden. DDD gestattet möglicherweise, die überwiegende Mehrheit der DrogenkonsumentInnen mit einem medizinalisierten Konsumangebot zu erreichen. Fast alle süchtigen Wünsche und Bedürfnisse werden durch

DDD billiger und sicherer befriedigt als durch den illegalen Markt. Trotzdem erwarten wir, daß sich einige KonsumentInnen auch auf ein nachfragedeckendes medizinisches Konsumangebot wie DDD nicht einlassen können. Wir sind aber überzeugt, daß die massive quantitative Verkleinerung der Szene auch eine qualitative grundsätzliche Verbesserung in der »Restszene« induziert. Die Realität kann anscheinend nicht genug betont werden. Der vermutete Vorteil von Drogenkonsumlokalen oder von DDD gegenüber Methadonprogrammen besteht nur in der Attraktivität des Angebots für sonst nicht erreichbare DrogenkonsumentInnen. Solange in der Schweiz keine nachfragedeckenden Methadonangebote bestehen, sind die politischen Deklarationen für weitergehende Drogenabgaben nicht glaubwürdig. Vorher sind eigentlich nur beschränkte Versuche sinnvoll. Die Versuche müßten den Nutzen für die Drogenpolitik gemäß den oben aufgeführten vier Fragen erst beweisen.

Medizinalisierte Marktordnungen für Drogen

In legalistischen Gesellschaften — wie der Schweiz, der BRD oder Großbritannien — sind schadenreduzierende Wege der Drogenpolitik nur über medizinische Konsumangebote möglich. Sozialarbeiterisch betreute, polizeilich tolerierte Dealerwohnungen mit tiefen Preisen und guter Drogenqualität sind nur im Rahmen eines pragmatischen Rechtssystems wie in Holland möglich. Die Gestaltung des Drogenkonsums gehört dem Gesetz entsprechend in die Hand von ÄrztInnen. Es handelt sich nicht um die »Drogenfreigabe«, freie Güter gibt es sowieso kaum; die staatliche Qualitätskontrolle erfaßt praktisch alle legalen Konsumgüter. Eine medizinalisierte Marktordnung für die Drogen muß die Gefahren- und Problemarmut gewährleisten. Ärztlich geleitete Konsumgelegenheiten helfen, weniger gefährlich zu konsumieren.

Ärztlich geleitete Konsumformen sind Schritte auf dem Weg zu einem autonomen Umgang mit einer Droge, mit welcher eine Konsumentin oder ein Konsument schon Probleme bekommen hat. Gefordert sind jetzt die medizinischen Berufe im weitesten Sinne; also auch die Sozialarbeit. Die Politik mit ihrem Hang zu vordergründigen Proklamationen macht aus dem Drogenproblem allzu leicht eine falsche Frage. Die ärztliche Praxis hat traditionell eine gewisse gesellschaftliche Asylfunktion. Die Autonomie des ärztlichen Berufsstandes muß auch für DrogenkonsumentInnen wieder zum Garanten der vom Staat unabhängigen körperlichen und psychischen Gesundheit werden.

ZokL 1

Orale Methadonangebote mit niedriger Eintrittsschwelle und mit geringen Anforderungen und Bedingungen können vermutlich und vergleichsweise am meisten Opiatabhängige erreichen und halten. Sowohl permissive (gestattende) als auch restriktive (verweigernde) Haltungen erzeugen in Methadonprogrammen spezifische Risiken. Kapazitätsengpässe und zu restriktive Bedingungen behindern die Ausschöpfung der Möglichkeiten von Methadonangeboten an Drogenabhängige. Restriktive Indikationspraxen und restriktive Haltungen bei der Vergabe erschweren den Eintritt in Methadonprogramme. Auch die Verweildauer einer möglichst großen Zahl von PatientInnen in Methadonprogrammen kann durch hohe Anforderungen beeinträchtigt werden. Sowohl die Eintrittsschwelle als auch die strukturellen Anforderungen müssen (im Gesamtsystem des Drogenmarktes) auch auf inhärente Risiken bedacht werden.

Eine niedrige Eintrittsschwelle und eine wenig Anforderungen stellende Methadonabgabepraxis ermöglichen, eine größere Anzahl von Opiatabhängigen mit Methadon zu erreichen. Erstes Ziel einer niedrigschwelligen, niedrigstrukturierten Methadonabgabe ist also die Aufnahme und das Halten eines möglichst großen Anteils der Drogenabhängigen. Zweites Ziel ist es zu ermöglichen, daß die PatientInnen in höhere Strukturen eintreten können. Für eine möglichst große Zahl der Opiatabhängigen und Politoxikomanen soll wenigstens ein Minimum und dann soweit möglich ein darüber hinausreichendes Optimum erreicht werden. Angesichts beschränkter Mittel müssen Prioritäten gesetzt werden. Wir haben deshalb ein Stufenmodell für das ZokL 1 gewählt.

Im ZokL 1 können die PatientInnen im vom Computer vorgegebenen Rahmen ihre Dosis selber bestimmen. Im Prinzip erfolgt der Konsum an Ort und Stelle (Konsumlokal). Wenn eine stabile Dosis dokumentiert ist, kann für das Wochenende oder für Feiertage eine Mitgabe erfolgen (höhere Stufe). Mit einer stabilen Dosis ist Mißbrauch, wie beispielsweise die Weitergabe oder Überdosierung des Methadons, sehr unwahrscheinlich. An den Eintritt in höhere Stufen und damit die Möglichkeit von weitergehenden Konsumerleichterungen werden zusätzliche Bedingungen wie regelmäßige Abgabe

164

von Urinproben, regelmäßiges Konsummuster, regelmäßige Arztkonsultationen, etc, verknüpft.

ZokL 1 hat sich als Stufenmodell und Teil eines gesamten, abgestuften und diversifizierten Methadonangebots in Zürich bewährt. Die Nachfrage nach Methadon ist jetzt in Zürich gedeckt. Wir haben in einem Jahr rund 800 PatientInnen aufnehmen können, wovon noch rund 400 aktuell bei uns im Programm verbleiben. Viele PatientInnen haben in Entzugsprogramme oder höherstrukturierte Methadonprogramme anderswo gewechselt. Der Anteil an strukturierten Betreuungen und eigentlichen Therapien nimmt kontinuierlich zu.

Somatische Betreuung erfolgt nur im Rahmen der Arbeitskapazität und Dringlichkeit: Triage. Überweisungen an Spitäler, städtische und private Pflegeeinrichtungen. Überweisungen in abstinente und sonstwie höher strukturierte und höherschwellige Angebote werden wenn immer möglich vorgenommen. Auch andere Angebote wie Spritzentausch und Kondomabgabe, Gespräche, Hilfeleistungen sozialer und psychologischer Art erfolgen im Rahmen der Arbeitskapazität. In Zusammenarbeit mit der Sportschule Magglingen und im Rahmen der Bundessubventionen im Drogenbereich findet ein wöchentlicher Sportkurs statt. Gruppengespräche und eigentliche Gruppentherapien werden von unseren ÄrztInnen mit Unterstützung von therapeutisch qualifiziertem Personal regelmäßig durchgeführt.

Versuch der diversifizierten Drogenverschreibung und
Drogenabgabe an sich prostituierende, drogenabhängige Frauen
in Zürich – DDD-F
Mit diversifizierter Drogenverschreibung und Drogenabgabe (DDD) wird eine Medizinalisierung zur Problemminderung beim Konsum von Opiaten, Kokain und anderen Drogen vorgeschlagen. In einem wissenschaftlichen Versuch sollen Drogen ärztlich verschrieben und abgegeben werden. Dies soll einen geregelten Nachschub von Drogen für Abhängige gewährleisten und dadurch die mit Beschaffung und Konsum dieser Drogen verbundenen Probleme (diverse Infektionskrankheiten, Kriminalität, Prostitution, Verelendung jeglicher Art etc.) verkleinern oder aufheben. Frauenspezifische Fragestellungen werden in Zusammenarbeit mit Fachfrauen weiter erarbeitet. Nichtintravenöser Konsum soll gegenüber intravenösem gefördert werden. Die Daten, die so gesammelt wer-

165

den können, sollen Aufschluß darüber geben, ob tatsächlich und in welchem Ausmaße eine Schadensminderung (»harm reduction«) durch DDD eintritt.

Der Versuchsplan des Bundesamtes ermöglicht der ARUD (Arbeitsgemeinschaft für risikoarmen Umgang mit Drogen) ein Projekt mit drei Versuchsgruppen à 50 Frauen (im ursprünglichen Projekt waren zwei Gruppen vorgesehen). Durch Losentscheid werden drogenabhängige, sich prostituierende Frauen (evtl. gemeinsam mit ihren LebenspartnerInnen) in eine von drei Gruppen (Heroin, Morphium und Methadon) zugeteilt.

— Die Gruppe He erhält Heroin zum Spritzen und/oder Rauchen (Sugaretten) sowie allenfalls Methadon zum Schlucken.

— Die Gruppe Mo erhält Morphium zum Spritzen sowie allenfalls Morphium oder Methadon zum Schlucken.

— Die Gruppe Me erhält Methadon zum Spritzen und/oder zum Schlucken.

— In allen Gruppen kann durch besondere Indikation Kokain zum Rauchen (Cocqueretten) abgegeben werden.

Die Betreuung wird auf die Risikoreduktion beim Drogenkonsum ausgerichtet. Das somatische und psychosoziale Betreuungsangebot ist vielfältig, aber in keinem der Versuchsgruppen nötigend an die Verschreibung oder Abgabe der Drogen gebunden. Allerdings werden Erleichterungen beim Drogenbezug in ärztlich geleiteten Indikationsgesprächen in Gruppen oder einzeln ausgehandelt. Es handelt sich um mittel- bis hochstrukturierte Therapien. Auch wenn die Versuchsteilnehmerinnen keine Drogen mehr in unseren Programmen einnehmen, bieten wir ihnen Hilfe an.

Von besonderem Interesse ist die Frage, ob durch eine Verschreibung und Abgabe von Drogen Prostitution und damit assoziierte Probleme vermindert werden können. Wir gehen von der Grundannahme aus, daß sich die Konsumbedingungen so beeinflussen lassen, daß weniger Drogenprobleme resultieren. DDD-F ist in der Lage, die Probleme des illegalen Drogenkonsums zu vermindern. Wichtig ist in dieser Hinsicht auch der Vergleich von DDD-F mit Methadonprogrammen.

DDD-F zeigt, daß mit einer diversifizierten Drogenverschreibung und Drogenabgabe eine Risiko- und Problemverminderung beim Konsum von Opiaten und Kokain erreicht werden kann. DDD-F ist ein Modell für ein nachfragedeckendes, medizinalisiertes Drogenangebot. DDD ist vermutlich die wirksamste Konkurrenz für die illegalen Drogenmärkte. Insbesondere werden auch die spezifischen Risiken und Probleme von sich prostituierenden, drogenabhängigen Frauen vermindert. Frauen, welche weniger unter Beschaffungsdruck stehen, können sich eher den Zwängen, der Gewalt und der Angst vor Gewalt auf dem »Drogenstrich« entziehen. Dies ist auch aus volksgesundheitlichen und speziell AIDS-präventiven Gründen sehr wichtig. Eine erfolgreiche AIDS-Prävention bei intravenösen Drogenkonsumentinnen ist ein weiteres wichtiges Ziel dieses Versuchs.

Prostitution ist gesamtgesellschaftlich und meist auch subjektiv unerwünscht. Inwiefern Prostitution der Beschaffung von Mitteln für den Drogenkonsum dient oder anderen Motiven entspricht, ist bisher nicht schlüssig untersucht.

Anmerkungen

1 An anderer Stelle ausführlich dargestellt: *Seidenberg, A.:* Das Drogenproblem; eine einfache Frage. In: *Neumeyer. I.*; *Schaich-Walch, G.* (Hg.): Zwischen Legalisierung und Normalisierung. Marburg 1992, S. 126–139.

*Dr. **André Seidenberg** ist allgemein-praktischer Arzt in Zürich und Vorstandsmitglied der ARUD (Arbeitsgemeinschaft für risikoarmen Umgang mit Drogen).*

Ullrich Winternitz

Aus Schaden wird man klug –
So laßt uns doch endlich klug werden!

In der ersten Junkie-WG, in der ich wohnte, lagen wir zu fünft auf
Matratzen in einem abgedunkelten Raum. An der Decke waren
Schienen angebracht und so verlegt, daß alle Matratzen über einen
Schienenstrang miteinander verbunden waren. In diesem Schienen-
netz lief eine Infusionsflasche, gefüllt mit reinster Heroinlösung.
»Hey Paul, schieb doch bitte mal die Flasche rüber, wenn Susanne
fertig ist!« Solche und ähnliche Träume träumten wir damals. Und
fuhren wir mit dem Zug nach Frankfurt, bekamen wir leuchtende
Augen, wenn wir an den Farbwerken vorbeikamen und die vielen
Tankzüge auf dem Gelände sahen. »Schaut mal raus! Irgendeiner
dieser Tanks ist randvoll mit Pola. Das ist kein Witz. Ich kenn
jemand, der arbeitet bei Hoechst.«

Träumte der Spießer von seinem Wohnwagen im Grünen, so
träumten wir von unserem Tankzug im Hof. Aber wie schnell sich
doch so Träume ändern können.

Denn nun bin ich seit vier Jahren, oder 15 Litern im Polapro-
gramm und träume längst nicht mehr von Tanklastzügen. Man wird
halt älter und bescheidener. Nun ja, ein Kanister wäre schon nicht
verkehrt, um wenigstens ein bißchen mehr Spielraum im Alltags-
leben zu haben. Mal in Urlaub fahren oder kurz die Dosis erhöhen
usw. Es gibt viele Gründe für einen Kanister.

Und so spiegeln wohl unsere Träume eher die Alpträume der
Abstinenzler und Psychiater, der Ärzte, Therapeuten und Politiker
und natürlich der Mafia wider. Fast hätte ich ja die Drogenberater
vergessen. Obwohl, für die hätte ich schon einen Job. Nämlich im
wahrsten Sinne des Wortes: Drogen*berater*.

Der Streit, ob der Mensch, wenn man ihn nur ließe, sein Leben
nach dem Prinzip der »subjektiven Lustmaximierung« gestalten
würde, scheint ja wohl uralt zu sein. Wenn ich mich recht erinnere,
hat sich schon Aristoteles darüber lustig gemacht, daß wenn der
Mensch wirklich dies als sein Lebensprinzip sähe, dann müßte der-
jenige, der immer die Krätze hat und sich immer kratzen kann, der
glücklichste auf Erden sein.

Das Erstaunliche aber ist, daß dieses Krätze- oder Infusions-Modell gar nicht so fremd ist, wie es auf den ersten Blick erscheint. Willenlos an eine Schiene gekettet. Ein ausweglos, auf ein Minimum reduziertes Leben. Ein Schicksal, das jeden unweigerlich zugrunde richtet, der Narkotika konsumiert. Aber tut man denn nicht alles, damit dies auch so eintrifft? Dabei gibt diese klinische Selektion nichts anderes als nur eine ganz bestimmte, kontextgebundene Auswahl abhängigen Verhaltens wieder. Und außerdem, was ist denn ein Polamidonprogramm anderes als dieses Angekettetsein an Btm-Gesetze, Verordnungen, Richtlinien und ärztliche Macht?

Unter freien, legalisierten Bedingungen mit ihren vielfältigen Möglichkeiten für alle Drogenkonsumenten muß mit ganz anderen Theorien über Sucht gearbeitet werden. Denn es geht dann nicht mehr einseitig nur um Sucht, Krankheit, Elend und Leiden, sondern auch um schöpferische Phantasie, Muße, Inspiration oder einfach nur Lust.

Zum bloßen Genuß aber haben sozialwissenschaftliche Theorien häufig ein merkwürdiges Verhältnis. Entweder wird die Freude am Leben als vordergründig gesehen, was in der Soziologie meistens ausreicht, um ein Phänomen aus der Realität zu verbannen, oder der Spaß wird als »ideologisch« abgetan und ist damit ein fiktiver Tatbestand, hinter dem man dann die »eigentliche« Bedeutung sieht.

Bei der Diskussion um die Legalisierung geht es ja vor allem um die Frage, ob sich die Zahl der Süchtigen dramatisch erhöhen wird. Um diese Frage etwas exakter beantworten zu können, müssen wir uns von all den Vorurteilen und, man kann schon sagen, mystischen Vorstellungen über Drogen lösen. Vielen Prohibitionisten scheint den psychoaktiven Drogen eine dunkle Macht innezuwohnen, vergleichbar dem Ruf von Sirenen, dem keiner, der Narkotika auch nur kostet, widerstehen kann. Und selbst Pharmakologen gehen davon aus, daß schon die bloße Einnahme von Opiaten unweigerlich zur Sucht führt, unabhängig von Kultur, sozialen Bedingungen und individueller Persönlichkeit, und daß dies genauso für Tiere wie für Säuglinge gelte.

Wir können aber bei dem Versuch, Abhängigkeit zu verstehen, nicht auf eine rein biologische Ebene herabkommen. Schließlich ist Abhängigkeit ein Charakteristikum von Menschen und nicht von Drogen. Dies kann gar nicht deutlich genug gesagt werden, und ich muß an dieser Stelle einfach noch mal Thomas Szasz[1] mit seinem Vergleich anführen, in dem er Pharmakologen, die uns etwas über Drogensucht erzählen wollen, nur weil dies etwas mit Drogen zu tun habe, genauso absurd findet, wie etwa Chemiker, die uns etwas über Weihwasser erzählen wollen, nur weil dies etwas mit Wasser zu tun habe.

Aber soviel weiß man wohl doch über menschliches Verhalten, daß nicht alle wie die Lemminge sich in die Drogensucht werfen werden. Man wird mit ziemlicher Sicherheit davon ausgehen können, daß je freier die Bedingungen sind, desto differenzierter die Reaktionen von Menschen sein werden. Gerhard Schulz[2] macht dies an einem Beispiel über einen Mann, der in einer Zelle eingesperrt ist, deutlich. Zwar hat Schulz dieses Beispiel nicht auf Drogenabhängigkeit bezogen, aber abhängiges Verhalten nimmt meiner Meinung nach keine Sonderstellung in der Bandbreite menschlichen Verhaltens ein, in dem jedes intensive Erlebnis zu abhängigem Verhalten führen kann. »Wenn ein Mensch in einer Zelle eingesperrt ist, so kommt es für die Erklärung seiner Verhaltensänderungen vor allem auf die Veränderung seiner Situation an. Zum Zeitpunkt eins wird ihm erlaubt, eine Stunde im Innenhof spazierenzugehen; zum Zeitpunkt zwei darf er Kontakt zu seinen Mithäftlingen aufnehmen; . . . Was er jeweils tun wird, ist mit hoher Wahrscheinlichkeit aus der Verschiebung der Grenzen seines Möglichkeitsraumes ableitbar. Zum Zeitpunkt vier wird er als unschuldig entlassen. Die Medien greifen seinen Fall auf. Er erhält eine horrende Summe als Haftentschädigung, 100 Stellenangebote und 1000 Heiratsanträge. Nun sind wir mit unserem Latein am Ende, wenn wir sein Verhalten vorhersagen wollen.«

Dieses Beispiel der Zelle läßt sich gut auf die Situation der Prohibition übertragen. Wie ein Mensch unter den repressiven Bedingungen der Illegalität, z. B. in einem Polamidonprogramm reagieren wird, mit Urinkontrollen, dem ständigen Druck, rausgeschmissen zu werden, nicht selbst die Dosis bestimmen zu können, von einem Informationsnetz überwacht, als Krimineller einerseits und als Kind andererseits stigmatisiert, läßt sich natürlich leicht voraussagen. Dies hat aber weniger etwas mit der Pharmakologie der Drogen selbst zu tun.

Das Zellenbeispiel hat aber auch große Ähnlichkeit mit den Tierversuchen, die man durchgeführt hat, um die der Droge innewohnende Gefahr, die Suchtpotenz, zu beweisen. So kommt Goldstein[3]

170

nach »ausführlichen Studien« mit selbstinjizierenden Affen zu dem Schluß: »Es scheint daher, daß es nichts weiteres als die Verfügbarkeit von Drogen bedarf, um süchtig zu werden . . .«

Man hat in den Vereinigten Staaten Gegenversuche mit ganzen Rattenkolonien gemacht, die in Käfigen untergebracht waren, die gut 200mal so groß wie die sonst üblichen waren.[4] Wie zu erwarten, sahen hier die Ergebnisse etwas anders aus. Peele und Brodsky[5] haben versucht, die Phänomene der menschlichen Sucht mit den Begriffen von Tierversuchen zu analysieren: »Wenn wir an die Bedingungen denken, unter denen Tiere . . . süchtig werden, so können wir die Situation eines Drogenabhängigen besser einschätzen. Abgesehen von seiner relativ simplen Motivation, bleibt einem Affen in einem kleinen Käfig mit einem Injektionsapparat auf dem Rücken geschnallt und der normalen Stimulation seiner natürlichen Umgebung beraubt, nichts mehr übrig zu tun. Er kann nur noch den Hebel bewegen. (. . .) So scheinen diese physikalischen oder biologisch einschränkenden Faktoren den psychologischen Nöten und Zwängen eines Abhängigen nicht unähnlich zu sein. (. . .) Es kommt also sehr darauf an, was für Möglichkeiten in einer Lebenssituation vorhanden sind und ob das Individuum darauf vorbereitet ist, die Möglichkeit, die eine Situation liefert, auch zu nutzen.«

Ich wundere mich, wie man bei der Diskussion um die Legalisierung von Drogen überhaupt ein medizinisches Programm vorschlagen kann. Das hieße doch gar den Beelzebub mit dem Teufel austreiben! Als hätte es eine medizinsoziologische Kritik, angefangen von Parsons, Goffman und Szasz bis hin zu Foucault, McKeown und Illich, nie gegeben. Illich[6] unterstellt der Medizin mit seiner dreifachen Iatrogenese nicht nur eine Schädigung der Menschen, sondern auch noch der Gesellschaft sowie der Kultur. Wobei die höchste Stufe der medizinischen Fehlentwicklung, die strukturelle Iatrogenese, eine Zerstörung der laienmedizinischen Kultur und Entfremdung des Menschen von seinem Körper darstellt.

»Wenn wir davon ausgehen, daß jemand für die Patientenversorgung und die Verwaltung der Gesundheitseinrichtungen verantwortlich sein muß, braucht man doch nicht ohne weiteres anzunehmen, daß dies unter allen Umständen ein automatisches Recht des Arztes ist.« So der britische Sozialmediziner Thomas McKeown[7] über die weit überschätzte Rolle der Medizin.

Diese Tendenz der Medizin zur Totalität ist meiner Meinung

nach ein wichtiger Aspekt, den man bei der Diskussion um die Drogenlegalisierung keinesfalls ausklammern darf. Als 1914 der Harrison Act unterzeichnet wurde und die Schäden durch Narkotika von medizinischen Organisationen und dem Federal Bureau oft Narcotics dermaßen dramatisiert wurden, daß die Öffentlichkeit an Millionen von Heroinabhängigen glaubte, gab es tatsächlich nie mehr als etwas 100 000 Heroin-Gebraucher. Als dann, als Ersatz für die private Verschreibungspraxis der Ärzte, die speziellen Narkotika-Kliniken eingerichtet wurden, fanden sich nicht mehr als 15 000 Abhängige ein.[8]

Was haben diese Kliniken überhaupt gebracht? Die bekannteste unter ihnen war das Public Health Service Hospital in Lexington, Kentucky. Brecher[9] schätzte die Zahl der Rückfälligen eher bei der 100-Prozent-Marke als bei der 90-Prozent-Marke. Rockefeller schuf 1966, zur Zwangsbehandlung Heroinabhängiger im Staat New York, den Narcotics Addiction Control Act. Bis 1972 wurden für dieses Programm 224 Millionen Dollar ausgegeben. Von 5172 Personen, die insgesamt aus dieser Zwangsbehandlung entlassen wurden, blieben nur 141 nach eineinhalb Jahren drogenfrei. Das bedeutet, daß jede Heilung 1,6 Millionen Dollar gekostet hatte. Danach erklärte Rockefeller die Existenz einer Heroinepidemie, die Pläne zur lebenslangen Inhaftierung zur Folge hatten.

Es erscheint uns heute als seltsam, daß im 19. Jahrhundert Narkotika legal und akzeptiert waren, während es zur selben Zeit eine starke Bewegung gegen Alkohol gab. Die Zahl über Alkoholtherapien in den Staaten macht deutlich, worum es geht. Dort ist es ein Riesengeschäft geworden, mit Aktien und allem drum und dran. Ein alljährliches 400-Millionen-Dollar-Geschäft. So schätzt Room[10], daß sich die Zahl der behandelten Alkoholiker zwischen 1942 und 1976 verzwanzigfacht hat. Ein Industriesprecher geht inzwischen von 15 Millionen behandlungsbedürftigen Amerikanern aus.[11] 1943 schätzte man noch drei Millionen Alkoholiker. Da man aber jetzt davon ausgeht, daß auch die Familien der Alkoholiker ebenso dringend eine Behandlung brauchen wie die Alkoholiker selbst, schätzt die Behandlungsindustrie, daß jeder dritte oder vierte Amerikaner ein potentieller Kunde ist.

Das verheerende bei dem »Sucht-als-Krankheit-Modell« ist ja, daß die Betrachtungsweise dieser Krankheit auf dem Selbstbild der relativ kleinen Gruppe von Individuen beruht, die therapeutische Hilfe suchen. Es fehlen in dieser Analyse die Erfahrungen einer breiten Bevölkerungsschicht, die es vorzieht, ihre Symptome selbst zu behandeln, und die Erfahrung einer ganzen Generation junger Leute, die sich mit ihrer Krise rumschlugen und sich mit der Zeit allein aus dieser wieder rausentwickelten.

Durch Studien hat man gelernt, wie die verschiedenen Kulturen mit Alkohol umgehen. So gibt es in irischen Gemeinschaften siebenmal soviel Alkoholiker wie in Gemeinschaften aus dem Mittelmeerraum. Man stelle sich mal vor, daß Spanier, Italiener und Griechen ihre Trinksitten und -gewohnheiten aufgeben müßten und Kinder und Jugendliche nicht mehr innerhalb der Familie beim Essen das kontrollierte Trinken erlernen sollen, sondern nur noch in speziellen Trinkerkliniken unter Aufsicht von Ärzten.

Robins et al.[12] schätzten, daß von den ehemaligen heroinabhängigen Vietnamsoldaten 86 Prozent bei ihrer Rückkehr ohne therapeutische Hilfe aufgehört haben. Ich bin fest davon überzeugt, daß, hätte man alle etwa 100 000 heroinabhängigen Soldaten bei ihrer Rückkehr zwangsweise durch ein Kliniksystem geschleust, dies verheerende Auswirkungen gehabt hätte.

Ich wehre mich so gegen ein rein medizinisches Modell, weil es nach meiner Meinung für die große Mehrheit der Heroingebraucher eher Nachteile mit sich bringt. Immer wieder hört man die Zahl von 100 000 Heroinsüchtigen für die BRD. Dabei schätzen Fachleute, daß nur zwischen 10 und 40 Prozent wirklich Abhängige mit einem täglichen Konsum sind. Wie will man die überwiegende Mehrzahl der kontrollierten Heroinkonsumenten behandeln, will man das wertvolle Potential, das sie haben, nämlich eigenverantwortlich und kontrolliert ihren Konsum zu bestimmen, nicht zerstören?

Nadelmann[13] geht davon aus, daß diejenigen, die ein destruktives Konsummuster bei der einen Droge haben, dieses Muster höchstwahrscheinlich auch bei einer anderen Droge wiederholen. Andererseits werden diejenigen, die einen mäßigen Konsum bei einer bestimmten Droge haben, auch andere Drogen mäßig konsumieren. Die verschiedensten Untersuchungen lassen vermuten, daß die meisten Amerikaner gegen eine weitreichende Liberalisierung immun sind, weil sie keine Gesetze brauchen, die sie von einem destruktiven Konsummuster abhalten. So antworteten bei einer landesweiten Umfrage[14] in den USA 81 Prozent, daß es für sie »ganz unwahrscheinlich« wäre, Marihuana bei einer eventuellen Legalisierung zu probieren. Bei der gleichen Frage zu Kokain wäre es gar für 93 Prozent der Befragten »ganz unwahrscheinlich«, dieses zu probieren.

Das wird auch in der neuesten Umfrage in Deutschland vom Institut für Therapieforschung deutlich. Danach gaben 80 Prozent der befragten Jugendlichen an, sich illegale Drogen nicht innerhalb von 24 Stunden beschaffen zu können. Wozu es im neuesten Jahrbuch Sucht '93 der DHS dann doch tatsächlich heißt: »man solle nicht mehr so vollmundig behaupten, die repressive Drogenpolitik sei gescheitert«.

Da aber jede der fünf größten Städte in Deutschland innerhalb weniger Stunden erreichbar ist, kann sich auch »jeder« Bundesbürger, der dies wünscht, innerhalb weniger Stunden mit illegalen Drogen versorgen. Die Aussage dieser 80 Prozent hat meiner Meinung nach eine ganz andere Bedeutung. Nämlich, daß alleine die Verfügbarkeit von Drogen noch lange nicht ausreicht, um Menschen süchtig zu machen, und daß die Frage, ob man innerhalb von einem Tag sich Drogen besorgen kann, im Leben der überwiegenden Mehrheit gar keine Rolle spielt und gar nicht erst in ihrer Phantasie vorkommt. Und das hat weder was mit der repressiven Drogenpolitik noch mit dem semantischen Dünnschiß unserer Präventionskampagnen zu tun. Sondern es ist einfach normal.

Ich persönlich halte die Überlegungen von Ethan Nadelmann, Professor für Politik und öffentliches Recht an der Princeton Universität, für sehr brauchbar und vor allem für noch am leichtesten zu verwirklichen. Sein Postversand-Modell baut auf »dem Recht des freien Zugangs« auf.[15] Nadelmann vertritt die Meinung, daß jedem erwachsenen, freien Bürger nicht nur der Besitz bzw. der Konsum einer kleinen Menge Drogen erlaubt sein sollte, wie das etwa im holländischen Opportunitätsprinzip geregelt ist, sondern daß man darüber hinaus auch das Recht haben sollte, jede Droge über eine zuverlässige Quelle, die legal reguliert wird und eine Qualitätsgarantie beinhaltet, zu beziehen.

Nadelmann schlägt nun hierfür ein »Postversand-Modell« vor. Im Gegensatz zum Supermarkt-Modell läßt sich das Recht des freien Zugangs durchaus an das bestehende Prohibitionsmodell anbinden. Jeder Einwohner eines Landes hätte die gleichen Zugangsbedingungen, auch wenn er noch so entlegen wohnen würde. Dabei könnten einzelne Staaten oder Städte sogar auch weiterhin den öffentlichen Verkauf und Konsum verbieten und ihre Präventionspolitik weiterbetreiben und Antidrogenkampagnen führen und trotzdem das grundsätzliche Recht auf Zugang zu Drogen und privaten Konsums jedem Erwachsenen einräumen.

Es gäbe zu diesem Modell des Postversands sicher noch einiges zu klären. In welchem Ausmaß dürfte Werbung gemacht werden? Wer würde an der Produktion der Drogen teilnehmen dürfen? Das heißt, dürften die, die jetzt an den Drogen illegal verdienen, einfach in das legale Geschäft überwechseln? Wie würden die Preise geregelt? Usw. Nadelmann räumt ein, daß noch einiges zu diesem Modell zu klären wäre. Aber er hält es doch für eine ernstzunehmende und realistische Alternative zum Supermarkt-Modell.

Gesellschaftliches Verhalten scheint oft effektiver und vernünftiger zu sein, als es so manche Politiker wahrhaben wollen. Beruhigend sind diesbezüglich auch die vielen Entkriminalisierungen, die es bisher in der Geschichte gab und gegen die sich konservative Kräfte so hartnäckig gewehrt haben, weil sie um den Fortbestand der Gesellschaft bangten. Ob freie Meinungsäußerung, Frauenwahlrecht, Presse- und Versammlungsfreiheit oder die Freiheit, sich politisch zusammenzuschließen, und vieles mehr. Es hat sich immer als richtig erwiesen. Bedenkt man, daß die meisten der natürlichen, jahrtausendealten Drogen bei uns immer noch als kulturfremd gelten, so spricht das nicht gerade für unsere Kultur. Und wenn man schon einen Schaden für uns Konsumenten befürchtet, so rechtfertigt dies noch lange kein gesetzliches Verbot. Denn wie heißt es im Volksmund? »Aus Schaden wird man klug!« So laßt uns doch endlich klug werden!

Anmerkungen

1 *Szasz, Tomas S.:* »Ceremonial Chemistry. The Ritual Persecution of Drugs, Addicts, and Pushers«. Holmes Beach, FL: Learning Publications 1985.

2 *Schulz, Gerhard:* »Die Erlebnisgesellschaft. Kultursoziologie der Gegenwart«. Frankfurt a. M. 1993 (Campus).

3 *Goldstein, A.:* »Heroin addiction and the role of methadone in its treatment«. Archives of General Psychiatry. 1972.

4 Versuch im sogenannten Rat-Park der »Simon Fraser University Drug Addiction Research Laboratory«. *Hadaway, P. F.; Alexander, B. K.; Coambs, R. R.; Beyerstein, B.* 1979: »The effect of housing and gender on preference for morphine-sucrose solutions in rats. Psychopharmacology.

5 *Peele, S., Brodsky, A.:* »Love and addiction«. New York, Taplinger, 1975.

6 Zitiert nach *Gerhard, Uta:* »Gesellschaft und Gesundheit. Begründung der Medizinsoziologie«. Frankfurt a. M. 1991.

7 *McKeown, T.:* »Die Bedeutung der Medizin«. Frankfurt a. M. 1982.

8 *Trebach, A. S.:* »The heroin solution«. New Haven, CT: Yale University Press. 1982.

9 *Brecher, E. M.:* »Licit and illicit drugs«. Mount Vernon, NY: Consumer Union. 1972.

10 *Room, R.:* »Treatment seeking populations and larger realities«. In: Alcoholism treatment in transition. London Croom Helm 1980.

11 *Hackler, T.:* »The road to recovery«. United Airlines Magazin. 1983.

12 *Robins, L. N. et al.:* »Vietnam veterans three years after Vietnam: How our study changed our view of heroin«. In the yearbook of substance use and abuse, New York: Human Science Press.

13 *Nadelmann, Ethan:* »Thinking Seriously About Alternatives to Drug Prohibition«. Daedalus 1992.

14 Bei einer Umfrage der »Drug Policy Foundation« und Richard Dennis wurden 1401 Leute befragt. 1991.

15 *Nadelmann, Ethan:* »Thinking Seriously About Alternatives to Drug Prohibition«. Daedalus, Volume 121:3 1992. Dieses »mail-order«- oder Postversand-Modell wurde von Ethan Nadelmann und der »Princeton Working Group on the Future of Drug Use and Alternatives to Drug Prohibition« erarbeitet.

Ullrich Winternitz *ist Redakteur der »Junkfurter Ballergazette«, einem User-Magazin in Frankfurt a. M.*

Jutta Rahmeier

Welche Relevanz hat die Legalisierungsdebatte für Frauen?

Die Debatte über Legalisierung beschäftigt sich mit der Frage, wie das gesellschaftliche Problem des Drogenkonsums als Massenphänomen mit anderen Methoden als der Prohibition geregelt werden könnte. Die Fragestellungen ranken sich um sozialpolitische, ökonomische und rechtliche Aspekte einer veränderten Drogenpolitik. Die Debatte ist verwirrend, sie stellt alte Denkgewohnheiten der bisherigen Drogendiskussion auf den Kopf und ist damit auch zugleich erfrischend provozierend. Alle Diskussionen, die ich kenne und in denen ich involviert war, zeichneten sich aber auch durch eine Menge von Unklarheiten aus, da unterschiedlichste Hoffnungen und Spekulationen mit Ängsten und Befürchtungen durcheinandergewürfelt wurden und oftmals gar nicht klar war und ist, worüber eigentlich geredet wird. Geht es um kontrollierte Abgabe, um totale Freiheit aller Drogen oder um was eigentlich?

Meiner Meinung nach ist die Debatte um Legalisierung nicht mit einem einfachen Ja oder Nein zu beantworten, nicht mit einem »wenn ja, dann auf jeden Fall so«. Mein Interesse liegt darin, die Grauzonen zwischen ja und nein auszuloten und die unterschiedlichen Verwobenheiten drogenabhängiger Frauen darin diskutierbar zu machen. Bisher tauchen weder drogenabhängige Frauen in der Debatte auf – wir können schon froh sein, wenn von Konsumenten und Konsumentinnen geredet wird und Frauen zumindest als existierende Wesen mitgedacht werden – noch haben sich Frauen bisher in die Debatte mit feministischen Positionen eingemischt.

»Frauenperspektiven e. V.« ist Trägerin einer therapeutischen Wohngemeinschaft, einer suchtintegrierten Beratungsstelle sowie eines Mädchenprojektes. Unser Anliegen ist es, Frauen auf den unterschiedlichen Stationen ihrer Drogenabhängigkeit zu begleiten, und wir Mitarbeiterinnen sind somit mit den unterschiedlichsten Problem- und Interessenlagen drogenabhängiger Frauen konfrontiert. Mein Anliegen ist es, die Debatte um Legalisierung mit unseren Arbeitserfahrungen abzugleichen und der Frage nachzugehen, auf welche Problemlage die Legalisierung Antworten gibt und welche Probleme ungelöst bleiben werden.

Einige Schlaglichter zur Lebenssituation drogenabhängiger Frauen unter der Prohibition

Wo immer über Drogenabhängige diskutiert wird, geht es um Spritzen auf Kinderspielplätzen, Dealen auf Plätzen und Straßen, Ansammlungen drogenabhängiger Menschen auf Bahnhöfen, Beschaffungskriminalität und damit um Ängste nichtdrogenkonsumierender Menschen, ausgeraubt oder angebettelt zu werden. In Hamburg haben wir die Situation, daß die Drogenszene sich schwerpunktmäßig in dem Viertel um den Hauptbahnhof aufhält und somit extrem in Konkurrenz gerät zu den Interessen der AnwohnerInnen. BürgerInnenproteste nehmen zu, der Staat reagiert mit einer zunehmenden Verfolgung drogenabhängiger Menschen, um die Szene zu zerstreuen. DrogenkonsumentInnen werden zunehmend unter Druck gesetzt, es gibt nirgends Orte, wo sie sein können und wo illegaler Drogenkonsum nicht gleich moralisch mit dem Zeigefinger bedroht wird, sondern wo Drogengebrauch akzeptiert und geduldet wird. Schlagworte wie akzeptierende Suchtarbeit, Legalisierung von Drogen spiegeln die ausweglose Situation der Drogenpolitik derzeit wider. Die Prohibitionspolitik ist gescheitert, und das verwundert auch nicht, denn mit Verboten ist noch kein gesellschaftliches Problem gelöst worden.

Frauen tauchen in dieser Debatte gar nicht so sehr unter dem Stichwort Beschaffungskriminalität auf, sondern stören das Straßenbild durch Prostitution und damit auch durch umherfahrende Autos, in denen die Freier durch die Wohnviertel brausen. In Hamburg gibt es inzwischen BürgerInneninitiativen, die den Straßenstrich an den Stadtrand verlegen wollen, um eine höhere Lebensqualität für sich und ihre Kinder wiederzuerlangen. Forderungen, die aus der je individuellen Sicht verständlich sind, die aber auch nicht dazu beitragen, die Lebenssituation drogenabhängiger Frauen erträglicher zu machen.

Im Gegenteil — Gewalt und Brutalität gegenüber Frauen haben in den letzten Jahren extrem zugenommen. In unsere Beratungsstelle kommen zunehmend Frauen, die sich zur Drogenbeschaffung in bestimmten Vierteln aufgehalten haben und von Männern in Autos gezerrt wurden und dann stundenlangen Vergewaltigungen und Mißhandlungen ausgesetzt waren. Drogenabhängigkeit allein scheint inzwischen ein Freibrief zu sein.

Wir leben inzwischen in einer Zeit, in der alles, was nicht der Norm entspricht, ausgegrenzt und, wie wir am Beispiel Rassismus sehen, ja auch offensichtlich mit Füßen getreten und vernichtet werden darf. Drogenabhängige gehören dazu, die Frauen trifft es immer doppelt durch sexuelle Gewalt. Wir wissen aus unserer Beratungsstelle von massiven Existenzängsten der Frauen vor Rechtsradikalismus und Ausgrenzung. Frau zu sein, Lesbe zu sein, Immigrantin zu sein und dann auch noch drogenabhängig – das erzeugt Angst. In einigen Fällen haben wir inzwischen Frauen in ihren Wohnungen oder sonstwo aufgesucht, weil angezeigte Vergewaltigungen zu massiven Bedrohungen führten. In Gerichtsprozessen wird den Frauen erfahrungsgemäß nicht geglaubt, und das nicht zuletzt, weil ihr Drogenkonsum bekannt ist, und wer drogenabhängig ist, der geht es nicht mehr um würdevolles Leben, sondern lediglich um Stoff.

Der Legalisierungsvorstoß rückt hier bisher Unmoralisches in den Bereich der Normalität, und das ist auch gut so und längst überfällig. Wäre Heroin nicht mehr illegal, nicht mehr so teuer und nicht mehr von so schlechter stofflicher Qualität, wären die Folgeerscheinungen nicht mehr so kraß. Verelendungsprozesse, Krankheiten, Überdosierungen, Obdachlosigkeit, Prostitution, Verschuldungen: alles Folgeerscheinungen der Illegalität, die durch nichts zu rechtfertigen sind. Menschen, die aus welchen Gründen auch immer Drogen konsumieren, lediglich mit Repression zu antworten und das bis in die Einrichtungen der Drogenhilfe hinein, ist ein unaufhaltbarer Zustand.

In diesem Zusammenhang ist die wiederaufkeimende kritische Diskussion der Verwobenheit therapeutischer Einrichtungen mit repressiven Strategien äußerst begrüßenswert. Viele LegalisierungsbefürworterInnen verknüpfen ihre Argumentation mit Kritik am »Therapie statt Strafe«-Paragraphen 35 BtmG und kritisieren, daß sich das Drogenhilfesystem selbst praktisch zum Vollstrecker staatlicher Verfolgung drogenabhängiger Menschen hat degradieren lassen. Eine sehr berechtigte Kritik, die nicht häufig genug betont werden kann. Der Zwang, der sich dadurch bis in die Einrichtungen des Hilfesystems fortgesetzt hat, hat natürlich wesentlich die Konzeptdiskussionen mitbestimmt. Hierarchisierungen, Sanktionen, Entmündigungen der KlientInnen in Drogentherapien sind nach wie vor an der Tagesordnung. Es gibt nur ganz wenige Einrichtungen in Deutschland, die nach wie vor eine Zusammenarbeit mit der Justiz ablehnen − oft genug auch mit der Konsequenz der schlimmsten Existenzkrisen.

Auch wenn Frauenprojekte nicht an erster Stelle an diesen repressiven Strategien beteiligt waren und sind − wir z. B. geben keine Rückmeldungen an die Justiz, wenn Frauen die Therapie abbrechen −, so wenden sich die Frauen auch nicht rein freiwillig und aus eigener Motivation an uns. Der Weg in die Hilfesysteme ist ganz häufig durch die Folgeerscheinungen der Illegalität beeinflußt. Obdachlosigkeit, Prostitution, Gewalterfahrungen auf der Drogenszene, Verschuldung, Verelendung, die Drohung an Mütter, ihnen die Kinder zu entziehen − also alles Folgeerscheinungen der Illegalität −, lösen eine so starke Verzweiflung aus, daß der Weg in die Beratungsstelle gangbar wird. Kein Bereich der Drogenarbeit ist momentan frei von Zwang. Mißtrauen und Macht durchziehen die therapeutische Arbeit und widersprechen therapeutischen und feministischen Selbstverständnissen.

In bezug auf die beiden genannten Aspekte − Lebensbedingungen auf der Drogenszene auf der einen Seite, Arbeitsbedingungen in Hilfeeinrichtungen auf der anderen Seite − greift die Legalisierung als politische Strategie und trägt unseres Erachtens zur Entschärfung der Situation bei. Die Legalisierung würde der gesamten Verelendung die Spitze brechen, indem beispielweise Konsumentinnen nicht ihr gesamtes Einkommen zur Drogenbeschaffung nutzen müßten und darüber ihre Wohnungen verlören. Die Legalisierung greift in diesem Zusammenhang als *Strategie gegen das sichtbare Elend*, was sich auf den Straßen und in der Öffentlichkeit abspielt.

Hintergründe und Motive weiblichen Drogenkonsums

Sichtbares Elend ist aber nur ein kleiner Teil der Frauenrealität, der mit Drogenabhängigkeit verbunden ist. Es kommen Frauen mit Problemstellungen zu uns, auf die die Legalisierung keine Antworten beinhalten würde. Zu nennen sind beispielsweise Frauen, die aufgrund von psychischen Krisen Wohnung und Arbeit verlieren und Kontakt zur illegalen Drogenszene bekommen, um genau diese Problemlage auszuhalten. Als Mitarbeiterin einer suchtintegrierten Beratungsstelle (d. h. wir sind Anlaufstelle auch für Frauen mit Alkohol- und Medikamentenproblemen) weiß ich, daß Legalität von Drogenkonsum an sich noch kein Garant gegen Verelendung ist −

auch Frauen mit Alkoholproblemen oder mit Freßanfällen sind ganz häufig hoch verschuldet und haben Wohnung und Arbeit verloren.

Ein großer Teil der Frauen, die illegale Drogen konsumieren und unsere Beratungsstelle aufsuchen, sind als Konsumentinnen weder polizeilich registriert noch sind sie von den Folgen der Illegalität so eklatant betroffen, wie ich es am Anfang meines Beitrages skizziert habe. Eine Begründung für die Notwendigkeit einer frauenspezifischen Drogenberatungsstelle war für uns immer die Tatsache, daß das gemischtgeschlechtliche Hilfesystem immer nur einen kleinen Teil der Frauen erreicht hat. Wir haben vermutet, daß ein großer Teil drogenabhängiger Frauen sich von den Angeboten nicht angesprochen fühlt und sich in ihren spezifischen Problemlagen nicht ernst genommen fühlt. Obwohl unsere Beratungsstelle erst seit Ende 1991 existiert, konnten wir nach der kurzen Zeit bereits sagen, daß diese These stimmt. Die Begründung dafür hat unseres Erachtens frauenspezifische Ursachen, und ich möchte im folgenden kurz unseren Arbeitshintergrund darstellen und auf die frauenspezifischen Probleme verweisen, die mit Legalisierung überhaupt nicht gelöst werden.

Der Zusammenhang von Frauen und Drogenkonsum, darüber besteht inzwischen auch in der Fachöffentlichkeit große Einigkeit, ist nur aus der gesellschaftlichen Stellung von Frauen erklär- und verstehbar oder um es mit den Worten einer Münchener Kollegin, Roswitha Soltau, auszudrücken: »Das, was Frauen zu Frauen werden läßt, läßt sie auch zu suchtmittelabhängigen Frauen werden.« Der gesellschaftliche Standort von Frauen bestimmt den Blickwinkel, unter dem sich Frauen »die Welt aneignen« und ihre Lebensperspektive entwickeln. Dieser gesellschaftliche Standort ist nach wie vor gekennzeichnet durch strukturelle Gewalt, Diskriminierung, materielle und emotionale Abhängigkeit, geringe Repräsentanz in der Öffentlichkeit und vieles mehr. Zwar hat sich an der Rolle der Frau in den letzten Jahren einiges verändert, aber die grundsätzlich untergeordnete Stellung ist nach wie vor unangetastet. Die Sozialisation von Frauen vollzieht sich über oft widersprüchliche Erwartungen, die an Frauen gestellt werden, die im wesentlichen aus den Unterschieden von Familienarbeit und Berufsarbeit resultieren: Eigene Interessen vertreten versus für andere sorgen, Durchsetzungsfähigkeit und fachliche Kompetenz versus Einfühlungsvermögen, usw. Festgelegte Vorstellungen von dem, was »männlich« und »weiblich« ist, sowie die Tatsache, daß das herrschende Frauenbild stark über Schönheitsnormen bestimmt wird, bewirken letztlich, daß sich die Identitäten der Frauen brüchiger und widersprüchlicher entwickeln als die von Männern. Drogen aller Art zu konsumieren hängt letztlich damit zusammen, daß die Frauen diese widersprüchlichen Erwartungen nicht ausbalancieren konnten und für sich keinen Lebensentwurf entwickeln konnten, der sich nach ihren eigenen Bedürfnissen richtet. Aus unserer täglichen Arbeit wissen wir, daß die meisten Frauen hierfür auch keine Unterstützung erhalten haben. Drogen zu konsumieren beginnt häufig schleichend und hat in den meisten Fällen die Funktion, diese Verhältnisse auszuhalten und den Erwartungen, die an die Frauen gestellt werden, zu genügen. Wir verstehen Drogenabhängigkeit in diesem Zusammenhang als *Verarbeitungsweise gesellschaftlicher Frauenrealität*. Zu welcher Art von Drogen die Frauen letztlich greifen, hängt im wesentlichen von ihrer Lebenskultur ab.

Allerdings sind es nicht nur die gesellschaftlichen Verhältnisse, die Drogenabhängigkeit als Resultat nahelegen, Frauen sind nicht nur Opfer ihrer Lebensbedingungen, sondern reproduzieren diese auch. Frauen treffen Entscheidungen, gehen Kompromisse ein und/oder entwickeln Widerstandsformen und Alternativen. Einige Motive, Wünsche und Hoffnungen haben den Griff zur Droge bei nahezu allen Frauen begleitet. Aus unserer Arbeit sind uns einige dieser Motive bekannt: In den Biographien vieler Frauen sind Drogen als Vehikel eingebunden, Anerkennung und Zugehörigkeit zu einer bestimmten Clique zu finden, um sich gleichzeitig von den Normen im Elternhaus abgrenzen zu können. Frauen suchen in der Drogenszene ein Zuhause, eine eigene Identität. Heroin als Schlankmacher kenne ich ebenso wie Valium als Möglichkeit, endlich einmal frei von Unsicherheiten zu sein und Kontakte knüpfen zu können — hier insbesondere zu Männern —, ohne sich klein und unscheinbar zu fühlen. Drogen schaffen ein Zusammenhörigkeitsgefühl.

Drogen werden auch als Möglichkeit genutzt, dem Alltagstrott ein Prickeln hinzuzufügen und das ganz häufig von Frauen, die auf den ersten Blick sozial unauffällig leben, einem Beruf nachgehen, sozial eingebunden sind, sich aber nicht damit abfinden wollen, daß dies nun alles gewesen sein soll. Letztlich gibt es ja auch keine Vorbilder für Lebensformen, die nicht nur auf Kinder, Beruf, Familie ausgerichtet sind. Von lesbischen Frauen wissen wir, daß dies einer der größten Konflikte ist, der mit Drogen verbunden ist: keine Orte zu haben, in denen ohne Diskriminierung Liebesbeziehungen zu Frauen gelebt werden können und oftmals auch nur ganz wenige andere Lesben zu kennen.

Last, but not least der Zusammenhang von sexueller Gewalt und Drogenkonsum. Viele Frauen bezeichnen ihren Drogenkonsum als Überlebensstrategie nach sexuellen Gewalterfahrungen, die häufig in der Kindheit begannen und sich über etliche Jahre hingezogen haben. Die meisten haben keine Unterstützungen in den Gewaltverhältnissen erfahren, die meisten Frauen, die ich kenne, fühlen sich mitschuldig oder aber allein schuldig. Die Würde der Frauen ist in diesem Zusammenhang nicht erst als illegale Drogenkonsumentin verletzt worden, sondern bereits als kleines Mädchen.

Die Liste der Ursachen und Hintergründe von Drogenkonsum ließe sich noch fortsetzen, wichtig ist mir, noch einmal zu betonen, daß Frauen aus einem Unterdrückungsverhältnis heraus ihre Lebenserfahrungen verarbeiten. Scham- und Schuldgefühle und damit auch die Tendenz, sich selbst für alles Erlebte verantwortlich zu machen, begleiten die Lebenserfahrungen der Frauen und verknüpfen sich oft fatal mit dem Drogenkonsum. So schämen sich die Frauen nicht nur für ihre Lebenserfahrungen, sondern auch ganz häufig für ihre Sucht und versuchen sie so lange wie möglich zu verheimlichen. Gründe dafür liegen nicht nur in der frauenspezifischen Sozialisation, sondern auch in der geschlechtsspezifischen Bewertung von Drogenkonsum. Folgeerscheinungen der Drogenabhängigkeit – z. B. Beschaffungsprostitution und Verelendung – sind in den Augen vieler Frauen verwerflich und moralisch nicht vertretbar. Auch das Bild der trinkenden Frau an öffentlichen Orten ist nach wie vor gesellschaftlich diskriminiert, während betrunkene Männer nahezu selbstverständlich in das Bild einer Großstadt zu gehören scheinen.

Scham- und Schuldgefühle sind also auf vielfache Weise mit Drogen verknüpft und verhindern ganz häufig, daß die Frauen sich in ihrer konkreten Lebenssituation Hilfe und Unterstützung holen und den Teufelskreis von Verheimlichung unterbrechen.

Der These, daß Legalisierung illegaler Drogen in bezug auf das sichtbare Elend der Frauen Abhilfe schafft, möchte ich nun hinzufügen, daß das *unsichtbare Frauenelend* über eine veränderte Drogenpolitik, die sich am Stoff orientiert, nicht verändert oder berührt wird. Die Ursachen und Hintergründe von Sucht, die letztlich mit der gesellschaftlichen Stellung von Frauen in Zusammenhang stehen, sind über die bisher bekannten Legalisierungsmodelle nicht veränderbar.

Anforderungen an Legalisierungsmodelle aus feministischer Sicht

Aus der Arbeit mit medikamentenabhängigen Frauen wissen wir, daß die Einbeziehung der Medizin, d. h., ÄrztInnen verschreiben Psychopharmaka, eher bewirkt, daß die Frauen ruhiggestellt werden und wenig Möglichkeiten sehen, ihre Lebensverhältnisse zu verändern. Die Frauen tauchen mit ihren Problemen außer in der Medizin nirgendwo auf, sie werden gesellschaftlich nicht auffällig. Die Vorstellung, drogenabhängige Frauen demnächst zweimal wöchentlich zur Arztpraxis zu schicken, damit sie sich dort ihre Ration Heroin abholen können, behagt mir überhaupt nicht. Dies bewirkt letztlich eine weitere Medizinalisierung der Drogenarbeit und stärkt unterm Strich nur die Pharmakonzerne, die sich als einzige eine goldene Nase verdienen. Wenn ich mir angucke, welche Pillen inzwischen auf dem Schwarzmarkt angeboten werden, wobei ich Rohypnol stellvertretend für viele andere vor Augen habe, ist das nicht die Lösung, die für Frauen adäquat ist.

Außerdem ist dies für die Gruppe von Frauen, die bisher sozial unauffällig illegale Drogen konsumiert, keine Lösung. Aus welchen subjektiven Gründen sollten sie ihrer Ärztin oder ihrem Arzt von ihrem Drogenkonsum erzählen und damit riskieren, daß ihre Krankenkasse informiert wird und sie somit auch auf eine bestimmte Art und Weise registriert wird. Frauen, die unsere Beratungsstelle aufsuchen, tun dies, weil sie »Probleme« mit dem Geschlechterverhältnis haben und ihre Abhängigkeit in Verbindung bringen mit Beziehungsproblemen, Familiensituationen, Arbeitsproblemen, etc. Das heißt, sie merken, daß in ihrem Leben so einiges nicht stimmt, und suchen nach Veränderungsmöglichkeiten. Warum sollten wir als Sozialarbeiterinnen sie mit diesen Fragestellungen an ÄrztInnen verweisen?

Auch staatlich kontrollierte Heroinprogramme bringen uns da nicht weiter, wenn wieder nur einige wenige in den Genuß kommen, Heroin zu erhalten. Dies erinnert fatal an die ganzen Substitutionsprogramme mit allen Folgeerscheinungen von Antragstellung und Begründung, Verknüpfung mit psychosozialer Betreuung und würde letztlich die ganzen Zwangssysteme, die es in der Drogenarbeit sowieso schon gibt, nur noch um eins erweitern. Wir befürchten hier, daß Legalisierungsmodelle ganz schnell wieder zu Kontrollzwecken mißbraucht werden und staatliche Repression nur in einem liberaleren Gewand auftaucht.

In diesem Zusammenhang macht mich auch der historische Zeitpunkt etwas stutzig, zu dem die Legalisierungsdebatte stattfindet. Wir leben in einer Zeit gesellschaftlicher Umwälzungen mit gigantischem Ausmaß: Zusammenbruch der Ostblock-Länder, Wiedervereinigung der beiden deutschen Staaten — innenpolitisch heißt dies Sozialabbau und sparen, sparen, sparen. Wir erleben zur Zeit eine Demontage erkämpfter ArbeitnehmerInnenrechte, der Sozialstaat ist am Ende. Gesellschaftlich geht es meines Erachtens darum, daß wir uns daran gewöhnen, daß die Maschen des sozialen Netzes größer werden und wir uns an ein bestimmtes Maß von Verelendung in den Straßen und Wohnvierteln gewöhnen und es nicht mehr problematisieren. Daß die politisch Verantwortlichen nicht bessere Lebensbedingungen für Frauen im Kopf haben und von wirklichen Selbstbestimmungsrechten nicht viel halten, haben wir jüngst in der Abtreibungsdebatte erfahren. Wir Frauen müssen uns in die Debatte um Legalisierung einmischen, müssen Modelle entwickeln, die unsere Belange berücksichtigen. Wir selbst (d. h. der Verein »Frauenperspekiven«) sind in der Diskussion auch noch nicht so weit, daß wir uns bereits auf ein bestimmtes Lieblingsmodell geeinigt hätten.

Meine eingangs gestellte Frage nach der Relevanz der Legalisierungsdebatte für Frauen läßt sich demnach auf zwei Arten beantworten: Nein, sie hat für Frauen wenig Relevanz, da sie die zentralen Problemstellungen nicht berührt und die Unterdrückungsverhältnisse nicht tangiert. Oder: Ja, sie berührt ganz wesentlich die Lebenssituation drogenabhängiger Frauen, dann aber nur in Verknüpfung mit mindestens zehn weiteren Forderungen, die die Lebensbedingungen der Frauen verbessern, wie z. B. Wohnungen, Arbeitsplätze, Kindergartenplätze, Notschlafstellen für Frauen und ihre Kinder, Ausbau frauenspezifischer Arbeit und deren finanzielle Absicherung, um nur einige zu nennen.

Jutta Rahmeier ist Mitbegründerin des Vereins Frauenperspektiven e. V. sowie der suchtintegrierten Beratungsstelle für Frauen in Hamburg.

Hermann Schlömer

Gesundheitsförderung statt Drogenprävention — ein Beitrag zu mehr Menschenwürde und den drogenpolitischen Konsequenzen

Das Elend der Drogenprävention

Das suchtpräventive Debakel der Prohibition
Seit Beginn der 70er Jahre ist in der Bundesrepublik der Besitz und der Erwerb illegalisierter Drogen zum Eigengebrauch und damit auch der Konsum dieser Stoffe unter drastische Strafe gestellt. Aber weder das noch die Verschärfung der Verfolgung und Bestrafung der KonsumentInnen illegaler Drogen Anfang der 80er Jahre hat die prophezeiten generalpräventiven Effekte gebracht. Eine präzise Bewertung der Verbreitung des Konsums illegaler Drogen ist angesichts der nur begrenzten Aussagekraft der verfügbaren Daten zwar nicht möglich. Aber zusammengenommen legen die polizeilichen Kriminalstatistiken, die Befunde der regelmäßigen Drogenaffinitätsuntersuchungen der Bundeszentrale für gesundheitliche Aufklärung, die Ergebnisse anderer Befragungen etc. die Vermutung nahe, daß die Zahl der KonsumentInnen illegaler Drogen in der alten BRD seit 1969 zugenommen hat bzw. in den letzten Jahren zumindest nicht entscheidend zurückgedrängt werden konnte.

Vor dem Hintergrund dieser Lagebewertung haben die Bundesregierung und Länderregierungen in ihren drogenpolitischen Programmen der letzten Jahre zunehmend die Bedeutung drogenpräventiver Bemühungen als Ergänzung repressiver Versuche zur Reduzierung der Nachfrage nach illegalisierten Drogen herausgestellt. Drogenprävention wird mittlerweile von vielen Institutionen und Menschen in diesem Lande als wichtige gesellschaftliche Aufgabe angesehen und eingeklagt. Dabei wird oft ausschließlich oder erst einmal nur an die häufig auch als »Rauschgifte« titulierten illegalisierten Substanzen und die Verhütung des Konsums illegalisierter Drogen mittels Abschreckungspädagogik gedacht.

Das trifft insbesondere auch auf den 1990 von der Bundesregierung mit Stolz öffentlich präsentierten Nationalen Rauschgiftbekämpfungsplan zu. Der erhebt entsprechend dem einleitenden Plädoyer des Bundeskanzlers für eine Ächtung des Drogenkonsums

(S. 3) die »totale Abstinenz im Hinblick auf illegale Drogen« zum obersten Leitziel aller präventiven Maßnahmen (S. 17). »Prävention, Therapie und Repression sollen«, so der Kriminaloberrat im Bundeskriminalamt Volker Limburg, »Hand in Hand« das »Gesamtziel verfolgen.« (S. 86) Quasi als Erläuterung der Philosophie des Nationalen Rauschgiftbekämpfungsplans, in dem die fünfseitige Darstellung der Drogenpräventionsmaßnahmen gegenüber den 20 der Repression gewidmeten Seiten als drogenpolitischer Wurmfortsatz verblaßt, unterstreicht Volker Limburg mit dem Hinweis auf ihre »Präventivfunktion« (S. 87) den besonderen drogenpolitischen Stellenwert der Repression. Die Tatsache, daß die Polizei in der Bundesrepublik Deutschland über die meisten Drogenpräventionskräfte verfügt und selbst in einem drogenpolitisch sich liberal verstehenden Bundesland wie Hamburg die Landespolizei mehr Drogenpräventionsbeamte einstellen konnte als die Schulbehörde Fachkräfte für Suchtprävention, unterstreicht: Die Repression ist bundesweit nach wie vor konstituierendes Element der Drogenprävention.

Von der präventiven Ineffektivität der Strafbedrohung und Bestrafung des illegalisierten Drogenkonsums war bereits die Rede. Darüber hinaus sollte jedoch nicht übersehen werden, daß Abschreckungspädagogik und auf Strafdrohung und Bestrafung gestützte Drogenprävention von illegalisiertem Drogenkonsum hinsichtlich ihrer vorgetragenen präventiven Zielsetzung kontraproduktive Effekte hat und darüber hinaus die grundgesetzlich geschützte freie Entfaltung der Persönlichkeit und damit die Menschenwürde beeinträchtigt:

a) Vor allem das gesetzliche Verbot des Cannabiskonsums kriminalisiert normales jugendliches Experimentierverhalten. Für die Lebensphase Jugend ist Experimentier- und auch Risikoverhalten normal, ja unentbehrlich für die persönliche Entwicklung. Im Umgang mit Risiken testen Jugendliche ihre Fähigkeiten und Grenzen. Wie Peter Franzkowiak im Rahmen seiner beeindruckenden Studie über den »Stellenwert von Rauchen und Alkoholkonsum im Alltag von 15- bis 20jährigen« nachweisen konnte, »ist das Aufsspielsetzen ihrer körperlichen Unversehrtheit und Leistungsfähigkeit für Jugendliche eher eine Option der Selbstverwirklichung und Erkundung als ein Einstieg in evtl. drohende Gesundheitsschäden« (S. 22). Überdramatisierungen solcher Verhaltensweisen sind bei der Selbstfindung hinderlich. Warnungen vor schädlichen Folgen laufen im übrigen, wie uns die vergeblichen Warnungen der Gesundheitsminister auf den Verpackungen und Werbematerialien der Zigarettenhersteller seit Jahren lehren, nicht nur bei Jugendlichen zumeist ins Leere oder in die Lächerlichkeit.

All das trifft auch für den Umgang mit illegalen Drogen zu. Insbesondere der experimentelle Umgang Jugendlicher mit Haschisch oder Marihuana ist in den alten Bundesländern der Bundesrepublik Deutschland ein weitverbreitetes, relativ normales Phänomen. Diese Konsumexperimente beeinträchtigen in der Regel nicht die Persönlichkeitsentwicklung. Sie münden in den meisten Fällen auch nicht in einen süchtigen Cannabisgebrauch (vgl. Shedler und Block sowie Simon u. a.) und schon gar nicht in Heroinabhängigkeit.

Was die hier berührte These von Cannabis als Einstiegsdroge zum Heroinkonsum betrifft, so ist es eigentlich nur noch erstaunlich, daß sie trotz zahlreicher wissenschaftlicher Gegenbefunde (vgl. Projektgruppe TU drop, S. 150 ff. und Kindermann u. a. S. 108 f.) immer noch die öffentliche Meinung beherrscht. Walter Bärsch, ehemaliger Präsident des Deutschen Kinderschutzbundes, hat die Unsinnigkeit dieser These mit der Unhaltbarkeit der Behauptung verglichen, kindliches Fahrradfahren prädestiniere zum späteren Porsche-Gebrauch (vgl. Steininger).

b) Es muß davon ausgegangen werden, daß die Attraktivität des Verbotenen, die ja mit der Illegalisierung des Drogenkonsums insbesondere für Jugendliche einhergeht, für nicht wenige Heranwachsende eine verführerische Aufforderung darstellt und die GrenzüberschreiterInnen zu einer Bagatellisierung der tatsächlich zu berücksichtigenden Konsumrisiken provoziert. Der Reiz des Verbotenen und des gesellschaftlich organisierten »Räuber-und-Gendarm«-Spiels dürfte aus zwei Gründen besonders hoch zu veranschlagen sein. Zum einen halten u. a. viele CannabiskonsumentInnen und dem Cannabiskonsum gegenüber Aufgeschlossene einen kontrollierten Genuß dieser illegalisierten Droge ohne große Folgeschäden berechtigterweise für möglich. Zum anderen kommen bei den KonsumentInnen aller illegalisierten Drogen Schuldgefühle wegen des Konsums, der ja nicht wie andere strafbedrohte Verhaltensweisen zu Lasten Dritter stattfindet, selten auf. Die für die 80er Jahre festgestellte Rückläufigkeit des Cannabiskonsums in den Niederlanden führen niederländische Experten im übrigen quasi im Umkehrschluß zur These von der Attraktivität des Verbotenen u. a. auf einen Attraktivitätsverlust des Konsums der illegalen Drogen zurück. Diese Attraktivitätseinbuße wird nachvollziehbar auf die de facto praktizierte Entkriminalisierung des Gebrauches der illegalisierten Drogen zurückgeführt.

c) Die Kriminalisierung des Gebrauchs illegalisierter Drogen begründet drogenpolitische Doppelmoral und erschwert so suchtpräventive Bemühungen. Strafbedrohung und Bestrafung wird von KonsumentInnen illegalisierter Drogen in der Regel und zu Recht als ungerechter Eingriff in die eigene persönliche Autonomie abgelehnt. Das gilt um so mehr, als die doch sonst gesellschaftlich hochgeschätzte Konsumfreiheit mißachtet und der ansonsten respektierte Rechtsgrundsatz der Straffreiheit für Selbstbeschädigung verletzt wird.

Die aktuelle Prohibition wird zudem von den meisten Betroffenen als Ausdruck der Doppelmoral einer dem sogar exzessiven Verbrauch der legalen Drogen (Alkoholika, Nikotin, Psychopharmaka etc.) zugewandten Gesellschaft abgelehnt.

Denn die Kriminalisierung des Gebrauchs der gegenwärtig illegalisierten Drogen geht in der Regel einher mit einer Abschreckungsaufklärung, die die Risiken des Konsums legaler Drogen verharmlost und die des Konsums illegaler Drogen in unsachlicher Weise überdramatisiert bzw. die Heil- bzw. Problemlinderungs- und Genußpotentiale dieser Stoffe unterschlägt. Sie trägt so bei vielen, die den Gebrauch der illegalisierten Drogen praktizieren oder für sich in Betracht ziehen, zu einer Unglaubwürdigkeit des gesamten aufklärerischen Engagements bei. Illegale Drogen werden nämlich wie legale Drogen wegen ihrer subjektiv empfundenen Genuß- und Problemlinderungspotentiale konsumiert. Abschreckende Botschaften in bezug auf die illegalisierten Drogen aus dem Munde derjenigen, die mit den legalen Drogen unübersehbar ihre massiven Probleme haben, müssen unglaubwürdig wirken.

Ein besonders prägnantes Licht auf die hier angesprochene Doppelmoral wirft die jüngste von der Devise »Freie Fahrt für betrunkene Bürger« geprägte Debatte um die zulässige Alkohol-Promille-Grenze im Straßenverkehr und ein neueres Urteil des obersten bayerischen Landesgerichts. Dieses Urteil bescheinigt Eltern, die in Anwesenheit ihrer Kinder rauchen und diese dabei ja nach weislich als PassivraucherInnen einem höheren Risiko für Atemwegs- und spätere Lungenkrebserkrankungen aussetzen, daß sie dabei in Wahrnehmung ihres Grundrechts auf freie Entfaltung der

Persönlichkeit rechtens handeln (vgl. AZ: 1Z BR 104/92 zit. nach FR: 2. 6. 1993).

d) Die prohibitive Drogenprävention befördert eine aus suchtpräventiver Sicht gefährliche Dämonisierung und Mystifizierung der illegalisierten Stoffe. Sie vermittelt mit Parolen wie »Keine Macht den Drogen!« und »Schlimm genug, daß es Drogen gibt« (Anzeigenkampagne zur Suchtprävention der Bundeszentrale für gesundheitliche Aufklärung) den Eindruck, daß Konsumverfahren aus den Eigenschaften der Substanzen und nicht aus gesundheitsunzuträglichen (zu häufig, zu hoch oder zu unkontrolliert dosiert etc.) Konsummustern entspringen. Das beeinträchtigt in gravierender Weise die Möglichkeiten und die Bereitschaft derjenigen, die sich für den Konsum der illegalisierten Droge entscheiden, Suchtrisiken zu vermeiden und darüber hinaus sich Konsumformen anzueignen, die dem Genuß dienen und dem Körper und der Psyche möglichst wenig schaden.

e) Die Kriminalisierung des Gebrauchs illegalisierter Drogen erhöht auch noch in direkter Weise das Suchtrisiko:

– Sie verhindert über die Verbreitung von Angst vor Entdeckung und Bestrafung die aus präventiver Sicht notwendige offene Reflexion von Probier- und Gelegenheitskonsumerfahrungen. Die rechtzeitige Artikulation von Hilfsbedürfnissen und Wahrnehmung von Hilfen seitens Suchtgefährdeter und Drogenabhängiger wird so gelähmt, die ggfs. notwendige helfende Aufmerksamkeit oder integrierende Fürsorge der familiären, schulischen, beruflichen und sonstigen sozialen Umgebung erschwert.

– Sie beschert den Drogenkonsumenten oft bereits im Probierstadium frühzeitige Stigmatisierungen und Ausgrenzungen. Das kann so schließlich einen sich wechselseitig verstärkenden Prozeß von zunehmender Identifizierung mit der Außenseiterrolle und dem subkulturellen Drogenmilieu einerseits und fortschreitender gesellschaftlicher Ausgrenzung andererseits provozieren und ein Abgleiten in Drogenabhängigkeit noch befördern.

– Drogenprävention, die sich im wesentlichen auf Abschreckung vor dem Konsum illegaler Drogen beschränkt, dürfte darüber hinaus durch Nichtbeachtung oder Vernachlässigung des legalen Drogenkonsums diesen verharmlosen und auch so präventive Chancen verspielen. Denn die Beschäftigung mit den exotischen illegalen Drogen, die von Grusel- und Neugierdegefühlen getragen und begleitet wird, entlastet nicht selten von der Auseinandersetzung mit den naheliegenden Risiken und Suchtgefahren, von dem, was bereits legalerweise Drogenprobleme macht bzw. demnächst machen könnte.

Die legale Seite der drogenpolitischen Entmündigung

Die drogenpolitische Kehrseite der Prohibition sind gesetzliche Regeln und eine breite gesellschaftliche Toleranz von Regelverstößen, die es den Herstellern, Händlern und Verkäufern der legalen Drogen gestattet, in aufdringlicher, allgegenwärtiger, pausenloser und zum Teil verantwortungsloser Manier Alkoholika, Tabakwaren, Psychopharmaka an die Frau, den Mann und auch das Kind zu bringen. Während ein rigoroses Konsumverbot in bezug auf die illegalisierten Drogen betrieben wird, gilt im Bereich der legalen Drogen fast ein Konsumgebot, dem sich kaum jemand leicht entziehen kann. Der legale Markt definiert »Drogenkonsum als Warenkonsum« und »zielt auf maximalen Verbrauch, Absatz und Profit« (Marzahn, Zur Möglichkeit . . . , S. 123), koste es, was es wolle.

Unter ständiger Mißachtung jugendschutzgesetzlicher Bestimmungen wird in dieser Gesellschaft der Verkauf von sogenannten weichen und auch harten Alkoholika an Kinder allzu oft praktiziert und toleriert. Trotz eindeutiger Belege für einen hohen Zusammenhang zwischen Alkoholkonsum und schweren Verkehrsunfällen wird leidenschaftlich an dem Promille-Spielraum für Alkohol trinkende AutofahrerInnen festgehalten. Wir leisten uns Alkoholverkauf an Tankstellen, mit anderen Worten: Abfüllstationen auch für Autochauffeure.

Der Nichtraucherschutz in der Bundesrepublik Deutschland hat zweifellos eine aufsteigende Konjunktur, ist aber nach wie vor, wie die bislang noch vergeblichen Bemühungen um generelle Nichtraucherregelungen in Flugzeugen der Lufthansa zeigen, ein mühsames Geschäft. Die Bundesrepublik weist weltweit die höchste Dichte von auch Kindern zugänglichen Zigarettenautomaten auf. Wo bleibt da der Jugendschutz?

Diverse Untersuchungen belegen die massenhafte, gewinnorientierte oder unreflektierte ärztliche Verschreibung bzw. anderweitige Abgabe von Psychopharmaka an Erwachsene und Kinder. Was das letztere betrifft, so wird von einigen Psychopharmakaherstellern skrupellos und ungestraft für die Verabreichung von Psychopharmaka an Kinder mit psychosozialen Verhaltensauffälligkeiten und Schulschwierigkeiten geworben (vgl. die Werbung für das Nerven-Tonikum Glutiagil), suchtriskante Verhaltensweisen angebahnt und so die freie Entfaltung der gesundheitlichen Entwicklung der Kinder gefährdet.

Hinzukommen die verlogenen Versprechungen, mit denen für den Kauf von Alkoholika und Tabakwaren geworben werden darf und die mit den gesellschaftlich gängigen Leitbildern hinsichtlich des Gebrauchs der legalen Drogen einhergehen. Werbeslogans wie »Come together« vermitteln, die Nikotinzigarette sei ein entscheidendes Medium der Völkerverständigung. Trinkfestigkeit wird als unverzichtbarer Männlichkeitsnachweis verkauft. Für viele Menschen in diesem Lande ist das feierliche Begehen festlicher oder erfreulicher Ereignisse ohne exzessiven Alkoholkonsum kaum vorstellbar. Kinder und Jugendliche erleben insgesamt eine Erwachsenengesellschaft, in der soziale Anerkennung, Entspannung und Erleichterung bei Konflikten und Beschwerden jedweder Art oft nur noch oder vorzugsweise mittels des Konsums legaler Drogen angestrebt wird und vielfach in Suchtproblemen mündet.

An die bereits erwähnte hohe Risikobereitschaft vor allem Jugendlicher appellieren die Produzenten der legalen Drogen in unverantwortlicher und zuweilen auch zynischer Weise. Nach Camel-Globetrottern und Marlboro-Cowboys erleben wir nun den Versuch eines englischen Zigarettenherstellers, mit einer Marke namens »Death« und einem Totenkopf auf den Packungen die Horrorgelüste potentieller junger Kunden zu stimulieren und geschäftlich zu mißbrauchen.

Gesundheitsförderung statt Drogenprävention und seine drogenpolitischen Konsequenzen

Die Aufdringlichkeiten und Verantwortungslosigkeiten des legalen Drogenmarktes bzw. des gesellschaftlich verbreiteten Umgangs mit den legalen Drogen verhindern genauso wie die Prohibition und Drogenprävention bei den illegalen Drogen in einer die potentiellen und tatsächlichen KonsumentInnen bevormundenden Weise die Aneignung kontrollierter, Suchtrisiken vermeidender Umgangsformen (Abstinenz als eine Form mit inbegriffen) mit diesen Stoffen (vgl. Marzahn, Plädoyer . . .).

Diese doppelte Bevormundung mißachtet zum einen das Selbstbestimmungsrecht des einzelnen, das selbst nach konservativer staatsrechtlicher Auslegung des Grundgesetzes zum »Begriffskern« der in Artikel 1 als unantastbar erklärten Menschenwürde gehört.

Nach Rechtsprechung des Bundesverfassungsgerichtes fordert das Bekenntnis zur Menschenwürde im Artikel 1 des Grundgesetzes, die autonome Verfügung jedes/jeder einzelnen über sich selbst zu schützen und das Recht aller zu respektieren, »selber darüber zu entscheiden, was« ihrer »Menschenwürde entspricht«. Das wird auch für, von außen betrachtet, selbstschädigende Verhaltensweisen so gefordert. (Maunz und Zippelius, S. 179).

Die doppelte drogenpolitische Entmündigung beschert den Betroffenen zum anderen, wie ausgeführt, massive Gesundheits- und Suchtrisiken. Dadurch wird die gesunde und freie Entfaltung der Persönlichkeit und die Menschenwürde ebenfalls verfassungswidrig beeinträchtigt. Nach dem sich auch in der Bundesrepublik Deutschland durchsetzenden Gesundheitsverständnis der Weltgesundheitsorganisation, das Gesundheit als höchst individuelle und ständigen Veränderungen ausgesetzte Gesamtheit körperlichen, psychischen und sozialen Wohlbefindens begreift, zielt Gesundheitsförderung insbesondere darauf ab, die Selbstbestimmungsfähigkeiten und -möglichkeiten der einzelnen Menschen zu fördern und zu schützen (vgl. Ottawa Charta sowie Trojan und Stumm). Das berührt wesentlich die individuelle Freiheit der Lebensgestaltung sowie die Förderung von psychischen und sozialen Kompetenzen, das Leben möglichst ohne Angewiesenheit auf Suchtverhaltensweisen genießen, gestalten und bewältigen zu können. In diesem Sinne erscheint Gesundheitsförderung statt Drogenprävention ein wichtiger Beitrag zu mehr Menschenwürde.

In der Bilanz der zusammengetragenen Gesichtspunkte müssen die aktuelle Kriminalisierung des Gebrauchs illegalisierter Drogen auf der einen und die sozial verantwortungslosen Spielräume für die Werbung, den Verkauf, die Abgabe und den Konsum der legalen Drogen auf der anderen Seite als schwerwiegende Behinderung gesundheitsförderlicher Bemühungen bewertet werden. Eine Entkriminalisierung des Gebrauchs der aktuell illegalisierten Drogen, die ohne eine Abschaffung des geltenden Betäubungsmittelrechts kaum vorstellbar ist, ein Werbeverbot für alle Drogen, ein Verbot von Zigarettenautomaten und Alkoholverkauf an Tankstellen, eine striktere gewerbliche Kontrolle hinsichtlich der Beachtung des Jugendschutzes beim Alkoholikaverkauf und intensiverer NichtraucherInnenschutz würden die gesundheitsförderlichen Spielräume vermutlich erheblich erweitern und zu einer freieren gesundheitsförderlicheren Entfaltung der Persönlichkeiten beitragen.

Eine spürbare Hinwendung zur Gesundheitsförderung bedeutet aber auch, moralisierende kostspielige Belehrungskampagnen künftig zu unterlassen und statt dessen mehr in den Bereichen Kinderbetreuung, Schule, Jugendhilfe, Wohnungsbau, Arbeitsmarkt und Städteplanung zu investieren, dort gesundheitsförderlicher zu agieren und bei allen Planungen den Betroffenen möglichst viel Gestaltungsspielraum und Kontrolle über ihre eigenen Handlungsbedingungen zu ermöglichen.

Literatur

Böllinger, Lorenz: Strafrecht, Drogenpolitik und Verfassung, in: Kritische Justiz, 24 (4), 1991, S. 393−408.

Bundeskriminalamt: Rauschgiftjahresberichte 1989 bis 1992.

Bundesminister für Jugend, Familie, Frauen und Gesundheit und des Inneren (Hrsg.): Nationaler Rauschgiftbekämpfungsplan, Bonn 1990.

Bundeszentrale für gesundheitliche Aufklärung (Hrsg.): Die Entwicklung der Drogenaffinität Jugendlicher, Material 6.2.10.

Deutsche Hauptstelle gegen die Suchtgefahren: Jahrbücher 1978 bis 1993, Hamm/Westfalen.

Franzkowiak, P.: Risikoverhalten und Gesundheitsbewußtsein bei Jugendlichen, Berlin.

Happel, H. V.: Aktuelle Forschungsergebnisse zum Einstieg in den Drogenkonsum − abgeleitete Präventionsstrategien für die Praxis, Vortrag, Frankfurt 1990.

Hurrelmann, K. und Nordlohne E.: Drogen im Jugendalter, in: Pädagogik, Heft 12/Dezember 1989, S. 26−29.

Kindermann, W. u. a.: Drogenabhängig − Lebenswelten zwischen Szene, Justiz, Therapie und Drogenfreiheit, Freiburg 1989.

Limburg, V.: Prävention durch Drogenreduktion, in: Deutsche Hauptstelle gegen die Suchtgefahren (Hrsg.): Drogenpolitik und Drogenhilfe, Freiburg 1991, S. 85−89.

Marzahn, C.: Zur Möglichkeit der Selbsthilfe von Drogenabhängigen, in: Bossong, H., Marzahn, C. und Scheerer, S. (Hrsg.): Sucht und Ordnung, Frankfurt a. M. 1983, S. 118−125.

Marzahn, C.: Plädoyer für eine gemeine Drogenkultur, in: Beck u. a.: Das Recht auf Ungezogenheit, Reinbek bei Hamburg 1983, S. 105−134.

Maunz, T. und Zippelius, R.: Deutsches Strafrecht, 28. Auflage, München 1991.

Ministerium für Arbeit, Gesundheit und Soziales NRW (Hrsg.): Prävention zwischen Genuß und Sucht, 1991.

Projektgruppe TU drop: Heroinabhängigkeit unbetreuter Jugendlicher, Weinheim/Basel 1984.

Shedler, J. und Block, J.: Adolescent Drug Use and Psychological Health, in: American Psychologist, May 1990, Vol 45, Nr. 5, S. 612—630.

Simon, R., Herbst, K. und Grieb, L.: Repräsentativerhebung 1990 zum Konsum und Mißbrauch von illegalen Drogen, alkoholischen Getränken, Medikamenten und Tabakwaren — Regionalauswertung für die Hansestadt Hamburg, München 1992.

Steininger, R.: Illegale Drogen in der schulischen Prävention, in: Umwelt und Gesundheit, Heft 1/2, 1988, Köln, S. 78—93.

Trojan, A. und Stumm, B.: Gesundheit fördern statt kontrollieren, Frankfurt a. M. 1992.

Hermann Schlömer, *Lehrer und Psychologe, ist Dozent am Institut für Lehrerfortbildung in Hamburg.*

Peter Cohen

Wie würde legalisierter Drogengebrauch im Alltag aussehen?

Wenn wir über Legalisierung diskutieren, dann muß man sich fragen, welches Material wir haben, um uns ein Bild davon machen zu können, wie so etwas aussehen würde. Wie würde eine Legalisierung im Alltag für Drogengebraucher *und* für Nichtdrogengebraucher aussehen, wenn wir von dem ausgehen, was wir darüber wissen, wie Millionen von Menschen bereits — heute verbotene — Drogen nehmen.

Diese Frage ist interessant, weil sie dem Konzept der Legalisierung seine utopische Dimension (Assoziation) entzieht. Es kann denen, die sich solch eine Situation nicht vorstellen können, eine bessere Grundlage geben, von der aus man mögliche Vor- und Nachteile von einem praktischen Blickwinkel aus betrachten kann. Ich sage praktisch, weil ich heute Legalisierung nicht mehr von einem grundsätzlichen und bedeutsamen ethischen und philosophischen Standpunkt aus diskutieren will. Sondern heute gehe ich davon aus, daß all die Fragen bezüglich der Moral und unserer Vorstellung von einer drogengebrauchenden Menschheit gelöst sind, so daß wir uns eher der praktischen Seite der Legalisierung zuwenden können.

Eine Legalisierung gegenwärtig verbotener Drogen würde diese über gut bekannte Verteilungswege Kunden zugänglich machen, die freiwillig kommen, um frei erhältliche Waren zu kaufen. Was würde passieren? Würde jeder anfangen, diese Drogen zu gebrauchen? Würde jeder, der damit anfängt, zerstörerische Gebrauchsmuster entwickeln? Würden zerstörerische Gebrauchsmuster in Zukunft ebenso gefährlich sein wie heute? Wenn Menschen Drogen gebrauchen und sie keine zerstörerischen Gebrauchsmuster entwickeln wollen, werden sie in der Lage sein, solche Muster zu vermeiden, oder werden die pharmakologischen Eigenschaften dieser nun sauberen Drogen verhindern, daß diese destruktiven Muster Bestand haben?

Solche Fragen sind, wie ich sagte, nicht moralisch sondern sehr praktisch, und ich will versuchen, sie zu beantworten, indem ich

Überlegungen anstelle auf der Grundlage empirischen Materials, das uns aus Forschungen in den Niederlanden und anderswo zur Verfügung steht.

Eine der zwingendsten Fragen, die jeder an die Legalisierung stellt, ist: Würde jeder beginnen Drogen zu nehmen oder sie wenigstens probieren? Wir wissen es natürlich nicht. Der einzige Weg, sich einer Antwort zu nähern, ist, Beispiele von Situationen zu finden, die der Legalisierung ähneln, weil einige ihrer Bedingungen denen ähnlich sind, die bei der Legalisierung bestehen werden. Solche Situationen existieren tatsächlich, mit unterschiedlichen Ähnlichkeiten.

Natürlich sind meine besten Kenntnisse solcher Situationen sehr stark an Amsterdam gebunden. Deshalb werde ich meine Beispiele anhand der Situation in Amsterdam entwickeln. In dieser Stadt haben wir der Legalisierung ähnliche Situationen in bezug auf Cannabis, Kokain, Amphetaminen und Exstasy, der Grad der Ähnlichkeit entspricht dieser Reihenfolge. Cannabis ist nun fast überall erhältlich, in über 300 Einzelhandelsläden, in großer Vielfalt, was die Qualität und deshalb auch den Preis angeht.

Die Zugänglichkeit zu Kokain ist weniger nah an einer Situation der Legalisierung, obwohl erfahrene Kokaingebraucher sehr gut wissen, wo man Kokain bekommt, eine fast hundertprozentige Sicherheit bezüglich der Qualität und keinen Ärger mit der Polizei oder mit dem Verteiler haben. Kokain wird nicht über Läden vertrieben, sondern hauptsächlich über private Verkäufer (apartment dealers) und zu einem geringen Teil über Disco-Dealer. Wir haben auch ein Straßen(verkaufs)system, das andere Gruppen von sogenannten Junkie-typischen Gebrauchern versorgt.

Sowohl für Kokain als auch für Cannabis besteht ein relativ unproblematisches Verteilersystem. Der große Unterschied liegt in der Gruppenzugehörigkeit, die man braucht, um Zugang zu haben. Bei Cannabis ist fast keine Gruppenzugehörigkeit nötig. Coffeeshops, die Cannabis verkaufen, sind sehr leicht zu finden, wie jeder Amsterdam-Tourist bezeugen kann. Selbst ein völlig Fremder in der Stadt kann in ein paar Minuten, nachdem er in die Stadt gekommen ist, einen Cannabis-Shop finden.

Private Kokain-Dealer können nur erreicht werden, wenn man von einem zuverlässigen und erfahrenen Kokaingebraucher eingeführt wird. Stellen wir uns also wieder einen völlig Fremden vor. Er oder sie wird keinen Zugang zu einem Privat-Dealer haben, weil er/sie ihn nicht kennenlernen wird. Der Fremde wird einen Kokain-Gebraucher kennenlernen müssen, der einen eigenen Dealer hat, aber dieser Kokain-Gebraucher wird seine Quelle nicht einfach preisgeben. Warum deinen Dealer mit einer Person behelligen, die du nur einmal getroffen hast? Wie auch immer, jemand, der Kokain gebrauchen will, wird sich in die typischen, durchaus kontaktfreudigen Kreise begeben, wo Kokain zu bekommen ist. Dort wird er schnell auf Kokain stoßen und etwas von einem Gebraucher kaufen können. Einwohner von Amsterdam haben Zugang zu beidem, Cannabis und Kokain. Und das auf sehr einfache Weise, obwohl ich wiederholen muß, daß ein Unterschied in der Zugänglichkeit zu beiden Drogen besteht.

Was sind die Ergebnisse in bezug auf Anteile der Bevölkerung, die diese Drogen gebrauchen? Lifetime-prevalence (das heißt »jemals im Leben gebraucht«) wurde in Amsterdam 1987, 1990 und gerade kürzlich 1993 (mit einer anderen Methode) gemessen. In all diesen Jahren fanden wir eine Lifetime-prevalence von ungefähr 25 Prozent. Das bedeutet, daß von allen Einwohnern der Stadt über zwölf Jahre 25 Prozent jemals in ihrem Leben Cannabis gebraucht haben, selbst wenn es nur einmal war. Trotz dieser allgemeinen, extrem leichten Zugänglichkeit, haben 75 Prozent der Bevölkerung Cannabis niemals auch nur angerührt.

Die wirkliche Erhältlichkeit einer Droge ist eine Sache, ihr kulturelles Image und deshalb ihre kulturelle Zugänglichkeit eine andere. Das kulturelle Image von Cannabis in Amsterdam war, soweit ich weiß, niemals Gegenstand einer Untersuchung, aber von meinem langen Aufenthalt in dieser Stadt würde ich davon ausgehen, daß das Image mit einer gewissen Lässigkeit, bestimmt nicht mit Vorstellungen von Gefahr und Randständigkeit verbunden wird.

Also, ein problemloses Image und ein allgemeiner Zugang zu einer verbotenen Droge haben in Amsterdam zu einer Lifetime-prevalence von nicht mehr als 25 Prozent geführt. Dies könnte Teil einer Antwort auf die Frage sein, was die völlige Legalisierung einer verbotenen Droge bedeuten könnte. An einem Ort, wo eine De-facto-Legalisierung stattgefunden hat, hat sich eine sehr große Mehrheit dagegen entschieden, die Droge auch nur ein einziges Mal zu konsumieren. Vergleichen wir diesen Befund mit der Situation in einer ähnlich großen Stadt: Washington.

Wir wissen (aufgrund von NIDA-Daten von 1991), daß die Lifetime-prevalence dort, und zwar unter den bekanntlich sehr erschwerten Bedingungen der Zugänglichkeit, 36 Prozent beträgt. Mit Kokain bewegen wir uns auf anderem Boden. Kokain hat seit der Crack-Panik in den USA ein weniger günstiges Image. Das Verteilungsnetz ist ebenfalls sehr viel weniger transparent als das von Cannabis. Aber, wie ich bereits sagte, jeder, der an Kokain interessiert ist, würde es finden. Kokain wurde jemals gebraucht in Amsterdam von ungefähr fünf Prozent der Bevölkerung. Von denen haben drei Viertel es nicht mehr als 25mal gebraucht und sollten deshalb als gelegentliche oder experimentierende Gebraucher betrachtet werden.

Ich bin sicher, daß in Amsterdam ein Teil der Bevölkerung mit Kokain experimentieren würde, wenn sich ihm eine sehr günstige Gelegenheit bieten würde. Das heißt, wenn jemand, den sie kennen, es ihnen anböte. Wenn solche potentiellen Experimentierer keine Bekannten haben, die Kokain gerbauchen, experimentieren sie ganz einfach nicht. Bessere Zugänglichkeit zu Kokain würde dies nicht ändern, wenigstens nicht sehr stark. Meine Schätzung ist, daß sich, wenn alle potentiellen Experimentierer Kokain versuchen würden, die Lifetime-prevalence in Amsterdam verdoppeln oder, eher unwahrscheinlicher, verdreifachen würde. Diese letzte Schätzung bedeutet, daß sich die Lifetime-prevalence auf 15 Prozent erhöhen würde. Ist das hoch? (Die Lifetime-prevalence in Washington betrug 1991 13,5 %). Ein US-amerikanischer Forscher (Siegel) meint, daß seine Forschungsdaten anzeigen, daß nur zehn Prozent aller experimentierenden Konsumenten eventuell dazu übergingen, Kokain mehr oder weniger regelmäßig zu nehmen. In Amsterdam haben wir dasselbe gefunden. Das heißt, daß wiederholter oder regelmäßiger Gebrauch von Kokain nur für einen kleinen Teil der »Jemals-im-Leben«-Gebraucher zutrifft.

Lassen Sie uns nun fortfahren mit unserer unsicheren Berechnung. In einem System der Legalisierung könnten auch andere Formen von Kokain als das Pulver auf den Markt kommen, z. B. Lotionen mit unterschiedlichen Graden von Wirksamkeit (wie die unterschiedlichen Biere, die wir kennen). Stellen wir uns vor, daß bei einer völligen Legalisierung von Kokain die Lifetime-prevalence (Tonic-Konsum mit einbezogen) nicht auf die vorher geschätzten 15 Prozent, sondern auf 30 Prozent steigen würde. Wenn der kontinuierliche Gebrauch von zehn Prozent des gesamten Gebrauchs bleiben würde, würden wir einen regelmäßigen Konsum von Kokain bei drei Prozent der Bevölkerung haben.

Unter unseren Amsterdamer Bedingungen fanden wir, daß ein Fünftel aller erfahrenen Kokaingebraucher eine Phase hoher Dosierung durchläuft. Dies bedeutet Kokaingebrauch von 2,5 Gramm in der Woche oder mehr. Hochdosierte Gebraucher von Kokain verbrauchen etwa acht Gramm in der Woche. Ihre Phase hochdosierten Konsums dauerte etwa 18 Monate. Für die meisten werden die negativen Effekte von Kokain zu einer solchen Belastung, daß sie entweder ganz aufhören oder auf ein niedrigeres Niveau übergehen. In unserer Kokainforschung fanden wir, daß sechs Prozent der Langzeitgebraucher von Kokain an einem Punkt ihrer Karriere ein Selbstbild als Problemgebraucher entwickeln.

Übertragen wir diese Zahlen und Erfahrungen auf die Einwohner von Amsterdamm, ergibt sich folgendes: Wenn unter der völligen Legalisierung 30 Prozent aller Amsterdamer Kokain probieren würden, würden drei Prozent regelmäßige Gebraucher. Wenn ungefähr ein Fünftel Phasen starken Gebrauchs entwickelt, haben wir an irgendeinem Tag 0,6 Prozent der Bevölkerung, die Kokain sehr stark konsumieren. Für Amsterdam bedeutet das drei- bis viertausend Personen. Von diesen werden mindestens zehn Prozent eine Drogenbehandlung beanspruchen, ungefähr vierhundert. Dies ist keine große Belastung, verglichen mit den hohen Kosten der Probibition.

Doch bitte bedenken Sie, daß dies alles reine Spekulation ist. Aber eine Spekulation, die weit realistischer ist als die implizite Spekulation des Systems der totalen Prohibition, daß jeder anfangen würde, Kokain zu gebrauchen, daß viele, wenn nicht die meisten, problematische Gebrauchsmuster entwickeln würden und daß die Kosten für die Gesellschaft astronomisch wären.

Bezogen auf Cannabis ergibt sich ein anderes Bild. Wir wissen, daß die Lifetime-prevalence in Amsterdam ungefähr 25 Prozent beträgt und der regelmäßige Gebrauch ungefähr zehn Prozent. Dies zeigt, daß der Anteil regelmäßiger Gebraucher höher ist als bei Kokain. Ebenso wie beim Kokain kontrollieren die meisten Konsumenten, auch regelmäßige Gebraucher, ihren Konsum in einer Weise, der allgemeinen Vorstellungen davon entspricht, wie ein kontrollierter Gebrauch auszusehen hat.

In bezug auf Heroin ist es sehr schwer, überhaupt Spekulationen anzustellen. Wir wissen, daß Opiate nicht populär sind in Amsterdam. Sie waren es nie, selbst nicht in der Zeit, als Opium fast umsonst zu bekommen war, in der Zeit, in der es der chinesischen

Gemeinde in unserer Stadt überlassen blieb, Opium zu importieren und zu rauchen, die Zeit von ungefähr 1930 bis 1965, mit einer kurzen Unterbrechung von fünf Jahren. Opiate waren unpopulär in Kolonialzeiten, als die holländische Regierung Opium in den holländischen »Indies« gewann. Genever war die Droge der Holländer in den holländischen »Indies«, nicht Opium. Opium war die Droge der »koelies« oder seltsamen Chinesen. Heute beträgt die Lifetimeprevalence von Heroin in der Amsterdamer Bevölkerung ungefähr 0,2 Prozent. Selbst wenn man freies Heroin am Postschalter ausgäbe, würde sich dieser Anteil nicht wesentlich vergrößern. Heroin wird als Droge für Außenseiter, Fremde, Randständige betrachtet. Solange der Anteil dieser Personen gering bleibt, wird die Lifetime-prevalence gering bleiben. Wenn unter Bedingungen der völligen Freigabe Heroin für diejenigen zugänglich würde, die es suchen, und wenn sich das schlechte Image von Heroin irgendwie veränderte, würde Heroin maximal das werden, was Morphium vor der Zeit der Prohibition war: eine Droge für einen Teil der Bevölkerung, hauptsächlich Frauen, die diese Droge in einer Art und Weise nimmt, die niemanden stört.

Die Attraktivität von Opiaten war in westlichen Gesellschaften immer gering. Lesen Sie Musto, Morgan, Berridge. Völlig legalisiertes Opium würde keine großen Probleme bereiten, wenigstens sicherlich geringere als die Probleme, die wir jetzt haben. In einem legalisierten Zusammenhang würden leicht rauchbare oder orale (flüssige) Formen von Opiaten die riskanteren, wie Injektionen, ersetzen. Aber selbst das Injizieren würde weniger riskant sein, wie wir in den Niederlanden sehen, wo die Politik liberal ist und eine Versorgung mit sterilen Bestecken so normal geworden ist, daß selbst intravenös applizierende Gebraucher relativ geringe Risiken eingehen.

Was wissen wir von den Formen, in denen die Gebraucher ihren Konsum steuern und kontrollieren? Wie gehen die Menschen in Amsterdam, die Kokain, Exstasy, Cannabis, manchmal sogar LSD oder Amphetamine benutzen, mit diesen Drogen um? Was können wir von ihnen lernen, um ein realistisches Bild davon zu zeichnen, wie der Drogengebrauch unter legalen Bedingungen der Erhältlichkeit aussehen könnte?

Lassen sie mich meine Lieblingstheorie vorstellen. Drogen werden gebraucht aus Gründen, die soziale und individuelle Funktionen miteinander verbinden. Selbst wenn sich in der Drogenkarriere eines einzelnen Menschen die Bedeutung dieser Funktionen von mehr individuellen zu eher sozialen wandelt. Um funktional zu sein, müssen Drogen nach Regeln gebraucht werden, die diesen Funktionen entsprechen. Wenn jemand Drogen ohne Regeln benutzt, wie können sie den beabsichtigten Funktionen dienen? Von dieser Perspektive aus ist kein Drogengebrauch ohne Regeln oder Gebrauchsanleitungen vorstellbar.

Aber was wichtiger ist, wir werden in einer Theorie des Drogengebrauchs berücksichtigen müssen, daß die pharmakologischen Eigenschaften einer Substanz nur ein Aspekt sind. Pharmakologische Eigenschaften definieren nicht die Funktionen, sie ermöglichen sie. Welche Funktionen genau ermöglicht oder gewählt werden, ist eine Frage der Person, der sozialen Umgebung oder der historischen Phase, der Kultur etc.

Nun, was können wir mit einer solchen These machen? Zunächst können wir nach Beweisen in der Feldforschung suchen. Witzigerweise haben wir in den Niederlanden nie Forschungen über Gebrauchsmuster betrieben, aber wir wissen einiges über Kokain, Exstasy und Heroin. Wenn wir uns Kokain- oder Exstasygebraucher ansehen, dann werden wir uns auf Gebraucher in der Gemeinde konzentrieren, das heißt nicht auf Personen, die sich in Behandlungsprogrammen befinden. Dieser Typ von Gebrauchern, der die Mehrheit der Amsterdamer Konsumenten darstellt, ganz sicher aber auch anderswo, gebraucht Drogen hauptsächlich zu Spaßzwecken: ausgehen, tanzen, essen, mit Freunden reden, eine gute Zeit zusammen haben.

Regeln beziehen sich weniger auf Geldsummen, die für Drogen ausgegeben werden, sondern eher auf den Typus von Gelegenheit oder geistigen Situationen (»mental situations«). Genau dasselbe können wir für Exstasy sagen. Andere Regeln beziehen sich auf Formen des Mischkonsums von Drogen, um bestimmte Funktionen zu verstärken. Und ein nicht unwichtiger Satz von Regeln bezieht sich auf Formen, mit denen negative Effekte von Drogen vermieden oder die von Mischkonsum gering gehalten werden können.

Wir wissen, daß Tausende von Personen, die gegenwärtig illegale Drogen in Amsterdam benutzen, dies seit Jahren tun, indem sie diese Regeln anwenden. Das Konzept oder die Regeln, nach denen Drogengebrauch stattfindet, ist sehr handlich, weil das, was wir tun, sehr einfach ist: Wir betrachten einfach die Besonderheiten der Funktionen. Wenn die Funktion sich ändert, ändern sich auch die Regeln.

Dieses Konzept erlaubt uns, selbst hohe Konsumlevel als regel-orientiert zu betrachten. Jean-Paul Grund stellte in einer Gruppe von Gebrauchern, die regelmäßig und stark Opiate und Kokain konsumieren, in Rotterdam fest, daß sich ihre Regeln von denen der Straßentyp-Gebraucher sehr unterscheiden, weil die jeweiligen Funktionen unterschiedlich sind. Wenn der Konsument die Effekte einer Droge täglich mit einer bestimmten Intensität haben will, ver-ändern sich die Regeln. Drogengebrauchsmuster können also un-terschieden werden aufgrund der Funktionen, denen sie dienen, und bezüglich der Priorität, die eine Funktion in bezug auf eine andere hat.

Zum Beispiel wünscht ein Drogengebraucher einen bestimmten Effekt, der aber der Fähigkeit gegenübersteht, am nächsten Tag zur Arbeit zu gehen. Hier hat die Arbeit am nächsten Tag die Priorität. Wenn Arbeit am nächsten Tag nicht die Priorität hat, weil man nicht zur Arbeit gehen will oder man arbeitslos ist, wird eine sol-che Priorität nicht entwickelt. Der meiste Drogengebrauch, den wir bislang als unkontrolliert wahrgenommen haben, ist in Wirk-lichkeit in hohem Maße kontrolliert, aber bezogen auf Regeln, die als abweichend betrachtet werden. Weil die Personen, die diese Regeln anwenden, so betrachtet werden. Die, die in unserer Gesell-schaft Junkies − Gebraucher − genannt werden, kontrollieren ihren Gebrauch, setzen aber andere Prioritäten. Das Wort »unkon-trolliert« bedeutet: »Wir verstehen nicht, warum diese Person Dro-gen in dieser Form gebraucht«. Lassen Sie uns das Wort »unkon-trolliert« für Situationen vorbehalten, in denen Personen aus bestimmten Gründen Drogen gebrauchen, in einer Form, die nicht mehr den Funktionen dient, denen sie dienen sollte. Dies passiert manchmal bei einigen Konsumenten, und wir sollten uns fragen, warum so etwas passiert.

Sind die Gründe ausschließlich pharmakologische? Ich denke nicht. Dies ist ein sehr schwieriger Gegenstand. Wie ich schon anderswo geschrieben habe, könnten wir gut die Hypothese aufstel-len, daß der Verlust an Kompetenz, Drogen das machen zu lassen, was man mit ihnen machen wollte, eine komplizierte Mischung aus drogenbezogenen und setting-bezogenen Variablen ist, die weitge-hend unerforscht sind. Oder wir könnten auch sagen, daß ein klei-ner Teil der schweren Gebraucher nicht mehr viele Funktionen hat, die er Drogen zuschreiben will, sondern nur noch eine: so sehr betäubt zu sein wie möglich. Doch selbst das ist nicht einfach unter den gegenwärtigen Bedingungen. Man muß eine bestimmte Kompetenz haben, das zu tun, und Kompetenz ist strukturiertes Verhalten in bezug auf bestimmte Absichten.

Lassen Sie mich zurückkommen zum Ausgangspunkt: Wie würde legalisierter Drogengebrauch aussehen? Nach allem, was ich gesagt habe, haben Sie vielleicht noch keinen Anhaltspunkt. Was Sie vielleicht berücksichtigen sollten, ist, daß fast jeder Drogengebrauch, den wir sehen, durch bestimmte Regeln kontrolliert ist. In einer legalisierten Situation würden wir dies ebenfalls sehen. In einer legalisierten Situation werden wir dieselben Dinge sehen, die wir schon jetzt sehen, das heißt, daß die meisten drogenkonsumierenden Personen diese Drogen in ein bereits bestehendes Prioritätssystem einbetten. Manchmal verschiebt der Drogengebrauch die Prioritäten, oder er verschiebt sie zeitweise, aber dasselbe kann passieren mit Dingen wie Liebe, Arbeit, Sport, Musik etc.

Dr. Peter Cohen ist Soziologe und Psychologe an der Universität Amsterdam.

Hamburger Erklärung

Die in Hamburg auf dem 2. Bundesdrogenkongreß des Bundesverbandes für akzeptierende Drogenarbeit und humane Drogenpolitik, akzept e. V., vom 3. bis 6. Juni 1993 versammelten über 950 VertreterInnen von Selbsthilfegruppen für DrogengebraucherInnen, Drogen- und AIDS-Hilfe-Einrichtungen, JuristInnen, MedizinerInnen, Elterngruppen, WissenschaftlerInnen und StudentInnen erklären:

1. Im Artikel 1 des Grundgesetzes der Bundesrepublik Deutschland wird formuliert: »Die Würde des Menschen ist unantastbar. Sie zu achten und zu schützen ist die Verpflichtung aller staatlichen Gewalt.« Die Menschenrechte kann der Staat nicht willkürlich gewähren oder verweigern, er hat sie für alle zu gewährleisten: die Menschenwürde, das Recht auf Leben und körperliche Unversehrtheit, die Gleichheit vor dem Gesetz, die Glaubens- und Gewissensfreiheit.

2. Dagegen steht, daß der Staat in unserer Gesellschaft über das bestehende Betäubungsmittelgesetz das drogenfreie (abstinente) Leben als abstraktes Prinzip notfalls unter Verletzung der Würde des einzelnen Gebrauchers der in diesem Gesetz als illegal definierten Substanzen – besonders Heroin, Cannabis oder Cocain – vorschreiben will.

3. Die Jugendlichen und Erwachsenen beiderlei Geschlechts, die verbotene Drogen nehmen, werden verfolgt und unterdrückt. Diese staatliche Drogenpolitik hat zu der Situation geführt, daß jährlich Hunderttausende Ermittlungsverfahren und mehrere zehntausend Verurteilungen wegen Verstoßes gegen das BtmG und Beschaffungskriminalität – die von der durch die Prohibition erzwungenen Schwarzmarktsituation hervorgerufen wird – stattfinden; in den Gefängnissen sitzen Tausende von DrogengebraucherInnen; durch klandestine Konsumformen in oft unhygienischen Verhältnissen sind täglich Zehntausende von KonsumentInnen gefährdet, sich mit verschiedenen Krankheiten einschließlich HIV bzw. AIDS zu infizieren.

4. Die durch dieses Gesetz und die ihm zugrundeliegende Politik erzwungene Praxis schafft für mehr als hunderttausend Menschen mitten in unserer demokratischen Gesellschaft eine menschenunwürdige Alltagssituation.

5. Trotz ständiger Aufstockung der personellen und materiellen Ressourcen zur »Rauschgiftbekämpfung« gelingt es nicht, den illegalen Drogenmarkt einzudämmen oder gar auszutrocknen. Nicht einmal zehn Prozent der eingeführten illegalen Drogen werden sichergestellt. Ein generalpräventiver Effekt des gesteigerten Einsatzes von Polizei und Zoll ist nicht erkennbar.

6. Wir fordern dagegen: Akzeptanz und Freiwilligkeit als Prinzipien der Drogenhilfe müssen Grundlage jeder staatlichen Intervention sein. In den bestehenden therapeutischen Einrichtungen ist ein entwürdigender Umgang mit entzugswilligen Betroffenen an der Tagesordnung. Kontaktverbote, Reglementierungen und strafende Maßnahmen werden als therapeutische Mittel deklariert, was eine Therapieabbrecherquote von bis zu 70 Prozent zur Folge hat.

7. Das Verbot von Drogen, insbesondere deren strafrechtliche Sanktion, muß abgeschafft werden. Das Strafrecht ist als Mittel der gesundheitlichen und sozialen Kontrolle von Drogenproblemen nicht geeignet. Es produziert Verelendung der KonsumentInnen von verbotenen Drogen und nimmt den Tod vieler Menschen billigend in Kauf. Der Konsum von Drogen und der Kleinhandel zum Eigenverbrauch müssen in einem ersten Schritt von der Strafverfolgung ausgenommen werden.

8. Die Bundesregierung wird aufgefordert, das internationale Suchtstoffübereinkommen nicht zu ratifizieren und das damit zusammenhängende Ausführungsgesetz wieder aufzuheben. Der Kongreß kritisiert und bedauert, daß der Bundesrat in diesen Tagen den Antrag Hamburgs auf Aufhebung bzw. Nichtunterzeichnung der beiden Gesetze abgelehnt und statt dessen beiden Gesetzen zugestimmt hat. Dies war ein Signal in die falsche Richtung: Die Politik der Repression ist ungeeignet und menschenverachtend; Bund und Länder sind aufgefordert, endlich eine humane Drogenpolitik einzuleiten.

9. Menschen, die bestimmte Drogen nehmen, die heute illegal sind, müssen in die Lage versetzt werden, diese Drogen in qualitätsmäßig sauberer Form zu erhalten, um ihnen ein menschenwürdiges Leben mit Drogen zu ermöglichen. Denjenigen, die Probleme mit diesem eigenverantworteten Konsum haben oder in Abhängigkeit von diesen Drogen geraten, müssen jederzeit ad-

äquate und leicht zugängliche Hilfen zum Überleben und zum Ausstieg aus dem Konsum zur Verfügung stehen. Zu diesen Angeboten gehören heute insbesondere:

- Überlebenshilfen einschließlich der Bereitstellung von Räumen, in denen unter hygienischen Bedingungen konsumiert werden kann;
- Vergabe von Spritzbestecken zur HIV-Prävention;
- Vergabe von Methadon und anderen Substitutionsmitteln;
- kontrollierte Vergabe von Heroin an langjährig Abhängige;
- jederzeit Möglichkeit zur Entgiftung;
- jederzeit Möglichkeit zur drogenfreien Therapie.

10. Jugendlichen soll das Erproben verschiedener Drogen nicht durch Abschreckung und Verbot erschwert, sondern durch lebensbejahende und gesundheitsbewußte Aufklärung begleitet werden, so daß gesundheitliche Folgeschäden möglichst minimiert oder ganz verhindert werden. Doppelbödige Moral schadet einer solchen realistischen Aufklärung.

11. Als erste Schritte zu einem legalen Zugang zu noch verbotenen Drogen sehen wir die legale Verschreibung von Heroin. Die Bundesländer Hamburg und Hessen haben in dieser Richtung Initiativen ergriffen, die wir als ein Signal für eine Veränderung der Drogenpolitik begrüßen. Zudem fordern wir, daß Cannabis legalisiert, d. h. nach dem Muster der holländischen Coffeeshops frei verkäuflich wird.

12. Mit der Vereinigung Deutschlands hat sich in der Bundesrepublik die Situation zur Drogenthematik entscheidend verändert: Durch die neuen Bundesländer sind neue Problemlagen entstanden, die neue Antworten verlangen. Die illegalisierte Drogenszene der alten Bundesländer gibt es in den neuen Bundesländern noch nicht. Im Mittelpunkt der Aufmerksamkeit stehen deshalb Probleme im Umgang mit legalen Drogen und Fragen der Prävention des Drogenmißbrauchs im Hinblick auf die erwarteten illegalisierten Drogen. Dadurch eröffnet sich die Chance eines neuen Umgangs mit Drogen in der Gesellschaft, wenn auf die unreflektierte und kolonialistische Übertragung bereits gescheiterter Prohibitionsstrategien aus den alten Bundesländern verzichtet werden könnte. akzept tritt dafür ein, die historisch einmalige Situation im Osten Deutschlands für die Entwicklung neuer Wege in der Drogenpolitik zu nutzen. Der 2. Bundeskongreß von akzept möchte alle an der Drogenthematik interessierten und engagierten Menschen in den neuen

Bundesländern ermutigen und unterstützen, eigene Ansätze zu denken und zu produzieren und sich gegen alle Versuche einer Bevormundung aus den alten Bundesländern zu wehren. Es kommt in Ost und West darauf an, eine neue Form des sozialen Umgangs mit dem vorhandenen Wissen zum Drogenkonsum zu entwickeln.